STARK

ABITUR-WISSEN GESCHICHTE

Ulrich Winkler

Deutschland von 1945 bis zur Gegenwart

STARK

Umschlagbild: © ullstein bild – Jurisch(L)

ISBN 978-3-89449-580-0

aktualisierte Auflage
www.stark-verlag.de
1. Auflage 2003

Inhalt

Autor: Ulrich Winkler

Vorwort

Liebe Schülerinnen, liebe Schüler,

zu Beginn des 21. Jahrhunderts hat Deutschland, jahrzehntelang Krisenherd der Weltpolitik, in **Frieden und Freiheit** wieder seinen Platz in der **Mitte Europas** eingenommen. Parlamentarische Demokratie und Soziale Marktwirtschaft, Europäische Integration und Westbindung haben die Bundesrepublik zu einem anerkannten und stabilen **Partner** in der **demokratischen Weltgemeinschaft** gemacht.

Aber die Ereignisse und Entwicklungen von 40 Jahren Teilung Deutschlands und Europas wirken nach, sie bestimmen auch heute noch den **Handlungsrahmen deutscher** und **europäischer Politik**. Ob in der Debatte um die Übernahme größerer Verantwortung in NATO und UNO oder die Beteiligung der Bundeswehr an Militäraktionen im „Grauen Krieg“ gegen den internationalen Terrorismus – die während der 50er-Jahre erfolgten Weichenstellungen sind unumkehrbar und Garanten größtmöglicher Sicherheit. Auch die inneren Probleme, wie z. B. Arbeitslosigkeit und Finanzkrise, sind Langzeitwirkungen der Teilung Deutschlands, des „real existierenden Sozialismus“ in der DDR und der Wiedervereinigung. Erst in Kenntnis dieser Zusammenhänge können **Lösungsansätze** zur **Bewältigung der Zukunftsaufgaben** erfasst, verstanden und beurteilt werden.

Im vorliegenden Band werden die **Grundlinien der deutschen Geschichte von 1945** bis in die **Gegenwart** nachgezeichnet und über eigene Kapitel in den Rahmen der **weltpolitischen** und **europäischen Entwicklung** eingebunden. Auf der Grundlage der gegenwärtigen fachwissenschaftlichen und politischen Diskussion werden grundlegende Entscheidungen und Wendepunkte der Politik reflektiert und Ausblicke auf die weitere Entwicklung gegeben. Die Gliederung in die drei Bereiche **deutsche Entwicklung**, **internationaler Rahmen** und **Europäische Integration** erleichtert das Verständnis der Zusammenhänge und ermöglicht die schnelle Herstellung von Bezügen und Zuordnungen. Chronologien ergänzen die Kapitel, erleichtern zeitliche Einordnungen und geben zusammenfassend einen Überblick über wichtige Ereignisse. Damit wird dieses Buch Ihnen eine zuverlässige Hilfe bei der Vorbereitung auf Abitur, Klausuren und Referate sein.

Ulrich Winkler

Deutschland nach der Kapitulation

Das besiegte Deutschland

Mit der Unterzeichnung der **bedingungslosen Kapitulation** der „Großdeutschen Wehrmacht" am 7. Mai 1945 durch Generaloberst Jodl gegenüber den Westalliierten in Reims und am 8. Mai durch Generalfeldmarschall Keitel in Berlin-Karlshorst gegenüber der Roten Armee war der formale Schlussstrich unter den Zweiten Weltkrieg gezogen. Er hatte insgesamt ca. 55 Millionen Menschenleben gekostet. Die Sowjetunion hatte mit weit über 20 Millionen Toten die meisten Opfer zu beklagen; Deutschland, von dessen Boden der Krieg ausgegangen war, verzeichnete insgesamt sieben Millionen Tote.

Aus eigener Kraft war das deutsche Volk nicht willens und auch nicht fähig gewesen, das nationalsozialistische Regime zu beseitigen und den Krieg zu beenden. Auch angesichts der militärischen Niederlage und sogar nach dem Selbstmord Hitlers am 30. 4. 1945 hatten deutsche Truppen weiter gekämpft, teils aus Furcht vor der Rache der Sieger, teils aus ungebrochener Zustimmung zur NS-Ideologie. Als die Kapitulation am 9. 5. 1945 in Kraft trat, war Deutschland militärisch vernichtend geschlagen und weitgehend von den alliierten Truppen erobert. Der deutsche Staat hatte aufgehört zu existieren, seine Bevölkerung war nur noch mit dem eigenen Überleben beschäftigt. Nach sechs Jahren Krieg war Deutschland personell und materiell ausgezehrt; zwölf Jahre NS-Regime, die Gräuel des Krieges, Rassenhass und Völkermord hatten es moralisch ausgehöhlt. Nur eine Minderheit begriff zum Zeitpunkt der bedingungslosen Kapitulation des Dritten Reiches die Niederlage im „totalen Krieg" als **Befreiung**, als Chance für einen Neuanfang.

Deutschland in der „Stunde Null"

Deutschland in der „Stunde Null" war ein Land, in dem alles, was bis 1945 gegolten hatte, zusammengebrochen und zerstört war. Es war dem Willen der Siegermächte unterworfen, deren Absichten die Deutschen nicht kannten. Sicher war allen bewusst, dass man Deutschland für den Krieg zur Verantwortung ziehen, Täter und Schuldige bestrafen würde. In welchem Umfang dies erfolgen und was das für den Einzelnen und für Deutschland insgesamt bedeuten könnte, blieb ungewiss. Die „Stunde Null" barg aber auch die Chance eines Neuanfangs, des Aufbaus eines demokratischen Deutschlands. „Stunde Null" meint beides: Angst, Unsicherheit und Hunger ebenso wie das Gefühl der Freiheit und der Eröffnung neuer Lebensperspektiven. Einen konsequenten Neuanfang gab es aber nicht. Politische und gesellschaftliche Entwicklungslinien aus der Zeit vor 1945 blieben ungebrochen wirksam und reichten letztlich weit in die Geschichte der Bundesrepublik und der DDR hinein. Was folgte, war kein radikaler Bruch mit allen Kontinuitäten, sondern eher ein „improvisierter Wiederaufbau".

Amerikanische Truppen waren in der Mitte und im Süden Deutschlands weit bis nach Sachsen und Thüringen, britische nach Norddeutschland vorgestoßen, die Rote Armee hatte den nordöstlichen Teil Deutschlands und die Hauptstadt Berlin erobert. Überall herrschten **chaotische Zustände**. Ca. 10 % der deutschen Bevölkerung hatten den Krieg nicht überlebt. 11 Millionen deutsche Soldaten befanden sich in Kriegsgefangenschaft, aus der viele nicht mehr zurückkehrten, 2,5 Millionen waren schwer verwundet worden und galten als „schwerstversehrt". Ca. 500 000 Menschen waren den Bombenangriffen zum Opfer gefallen.

Die deutschen Städte waren weitgehend **Trümmerstädte**. Luftangriffe hatten ein Drittel aller Wohnungen zerstört oder beschädigt, in den größeren Städten sogar über die Hälfte – z. B. in Düren 99 %, in Würzburg 74 %, in Köln 70 %, in Hamburg 54 %. Industrie und Landwirtschaft waren durch Bombenangriffe und Kampfhandlungen schwer geschädigt, Eisenbahn- und Fernstraßennetz größtenteils zusammengebrochen. Funktionsfähige Brücken waren die Ausnahme, die Wasserwege durch Trümmer blockiert. Auf den Straßen fuhren Pferdekarren statt Autos. Deutschland war in Teilräume zerschnitten: Personen-, Waren-, Post-, Telefon- und Dienstleistungsverkehr gab es kaum.

Frauen und Kinder übernahmen in Handarbeit die Aufräumarbeiten in den zerstörten Städten.

Die **geringen Produktionsmengen** in Landwirtschaft und Industrie reichten für eine Versorgung der Bevölkerung nicht aus. Sofort nach der Besetzung waren strategisch wichtige Anlagen von den Siegern demontiert worden, es fehlte an Kleidung und den einfachsten Gebrauchsgütern. Das volle Ausmaß der Katastrophe zeigte sich im sogenannten **Hungerwinter** 1946/47. Alle Nahrungsmittelreserven waren durch den kalten Winter aufgebraucht und die vom Völkerbund empfohlene Norm von 3 000 Kalorien pro Tag wurde mit ca. 1450 Kalorien weit unterschritten. Trotz der Hilfe aus dem westlichen Ausland, vor allem aus Amerika (Care-Pakete), hatten viele Menschen nur auf dem „Schwarzen Markt" oder bei „Hamsterfahrten" ins ländliche Umland die Möglichkeit, das Lebensnotwendige zu kaufen oder zu tauschen. Angesichts der Wertlosigkeit von Geld und Lebensmittelkarten waren Zigaretten Währungsersatz.

Infolge der Mangelversorgung nahmen ansteckende Krankheiten stark zu. Die Not der Menschen im Hungerwinter wurde zusätzlich durch eine **Heizkrise** verschärft, da in den zum Teil stark zerstörten und veralteten Bergbaubetrieben nicht genügend Kohle gefördert werden konnte.

Das Elend der Wohnsituation (noch 1950 fehlten für das Gebiet der Bundesrepublik 4,7 Millionen Wohnungen) begünstigte außerdem die soziale Verwahrlosung der deutschen Gesellschaft: Hohe Jugendkriminalität, Einbrüche und Raubmorde waren Ausdruck fehlender Orientierungen und des allgegenwärtigen Hungers in der „Zusammenbruchgesellschaft".

Für die hungernde und frierende Bevölkerung gab es längst nicht genügend Arbeitsplätze. 1946 waren nur 40 % der Bevölkerung erwerbstätig, die Zahl der Arbeitslosen lag bei ca. 3,5 Millionen. Aber auch die Beschäftigten waren

Gemüseanbau, auch vor dem Brandenburger Tor, half den allgegenwärtigen Hunger zu bekämpfen.

nicht ausgelastet. Die durchschnittliche Arbeitszeit pro Woche betrug im Frühjahr 1947 weniger als 39 Stunden für Männer und 35 Stunden für Frauen, in den Kriegsjahren war sie um zehn Stunden höher gewesen. Ohne Rohstoffe, ausreichende Transportkapazitäten und kaufkräftige Nachfrage gab es nur wenig zu produzieren und zu handeln, stattdessen mussten Trümmer und Schutt beseitigt, zerstörte Anlagen notdürftig wieder geflickt und aufgebaut werden. Die Mütter, Schwestern und Töchter der im Krieg gefallenen, gefangenen und versehrten Männer beseitigten die Hinterlassenschaften des Krieges („Trümmerfrauen") und ernährten die Familien. Sie konnten aber die der Wirtschaft fehlenden qualifizierten Facharbeiter, Meister und Gesellen kaum ersetzen.

Unter diesen Bedingungen sahen auch die Besatzungstruppen in vielen Fällen in den Deutschen nicht mehr nur Feinde. Während die sowjetischen Truppen bei der Eroberung und Besetzung selten Rücksicht auf die Zivilbevölkerung genommen hatten und vor allem wegen Vergewaltigungen gefürchtet waren, musste die amerikanische Militäradministration schon bald ein **Fraternisierungsverbot** erlassen, um zu engen Kontakt zwischen den amerikanischen Soldaten und der weiblichen Bevölkerung zu unterbinden.

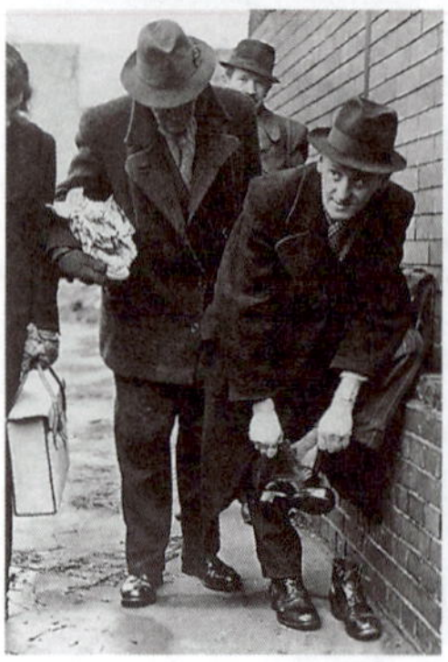

In den Nachkriegsjahren fehlte es an fast allem: Notunterkünfte mussten für Ausgebombte und Vertriebene die Häuser und Wohnungen ersetzen. Auf dem Schwarzen Markt wurden die wenigen Wertsachen gegen Lebensnotwendiges getauscht.

Flucht und Vertreibung

Bis 1950 wurden ca. 12 Millionen Deutsche aus den ehemaligen Ostgebieten vertrieben oder waren vor Kriegsende vor der Roten Armee aus Ostpreußen, Schlesien, Hinterpommern, dem Sudetenland und anderen deutschsprachigen Gebieten geflohen. Es handelte sich um eine Völkerwanderung gewaltigen Ausmaßes, von der in erster Linie Frauen, Kinder und Greise betroffen waren. Gegen Ende des Krieges waren die Fluchtströme ständig angewachsen. Während der Flucht nach Westen spielten sich direkt hinter der sich auflösenden Front unbeschreibliche Szenen der Entbehrungen, des Leidens und der Grausamkeiten ab. Die sowjetischen Truppen beschossen Frauen, Kinder und alte Männer ebenso wie die kämpfenden Truppen; Vergewaltigungen und wahllose Morde verwandelten geordnete Trecks in panisch fliehende Flüchtlingsströme.

Der **Flucht** vor der Roten Armee (die Hälfte der 8,5 Millionen umfassenden deutschstämmigen Bevölkerung östlich von Oder und Neiße) folgte sofort nach Beendigung der Kämpfe eine mit brutalen Methoden erzwungene **wilde Vertreibung**. Bis zur geregelten Vertreibung, die in Artikel XIII des Potsdamer Abkommens festgelegt wurde, mussten ca. 250 000 Deutsche innerhalb von Stunden Haus und Hof verlassen, um den neuen Besitzern Platz zu machen. Viele Menschen wurden in sowjetische Lager verschleppt, aus denen nur wenige zurückkehrten. Die Zahl der während der Flucht und Vertreibung getöteten Deutschen wird auf 2,5 Millionen geschätzt.

Flucht und Vertreibung hatten die neuen Westgrenzen der Sowjetunion und Polens faktisch besiegelt. Danach folgten staatlich verordnete **Zwangsumsiedlungen**, z. B. im Sudetenland auf der Grundlage der rechtlich heute noch umstrittenen Beneš-Dekrete, mit denen die dort verbliebenen Deutschen systematisch enteignet und vertrieben wurden. Dabei waren sich die Besatzungsmächte im Konzept der **ethnischen Entmischung innerhalb Europas** einig. Die Flüchtlinge und Vertriebenen sollten nicht mehr zurückkehren und mussten auf Dauer in ihrer neuen Heimat aufgenommen und integriert werden. In den Aufnahmegebieten stiegen die Bevölkerungszahlen rapide an und verschärften ökonomische, soziale und politische Probleme. Vor allem in den Westzonen war die Bevölkerung durch **Überalterung** und **Frauenüberschuss** gekennzeichnet. Die Zuziehenden brachten andere Wertvorstellungen und Traditionen mit und veränderten so die gewachsene Struktur ihrer neuen Heimat. Ihre Integration hat die deutsche Nachkriegsgeschichte nachhaltig beeinflusst und blieb ein über Jahrzehnte wichtiges Thema. Dass die Integration nicht zuletzt deswegen gelang, weil die Flüchtlinge und Vertriebenen selbst wesentlich zum Wiederaufbau Deutschlands beitrugen, kann als große gesellschaftliche Leistung angesehen werden.

Neben den Flüchtlingen und Vertriebenen befanden sich bei Kriegsende acht bis zehn Millionen **Displaced Persons** (DP's), während des Krieges nach Deutschland verschleppte Ausländer, in Deutschland. Deren Unterbringung, Versorgung und Repatriierung stellte die Besatzungsmächte vor große Schwierigkeiten, zumal viele DP's nicht in ihre unter dem Einfluss Moskaus in kommunistische Regime umgewandelte Herkunftsländer zurückkehren wollten. Ihr Verbleib innerhalb Deutschlands vergrößerte die sozialen Probleme.

Deutschlandpolitik der Siegermächte

Der Nürnberger Kriegsverbrecher-Prozess

Bei Kriegsende bestand Einigkeit unter den Siegermächten, dass die für die Nazi-Verbrechen Verantwortlichen zur Rechenschaft gezogen werden müssen. Am 20. November 1945 begann in **Nürnberg**, der Stadt der Parteitage und -aufmärsche, **der Prozess gegen die Hauptkriegsverbrecher**, die Führungselite des Dritten Reiches, so weit man ihrer habhaft werden konnte. Unter den 22 Angeklagten befanden sich Reichsmarschall Göring, Außenminister von Ribbentrop, Innenminister Frick, Rüstungsminister Speer, Generalfeldmarschall Keitel, Generaloberst Jodl, Admiral Dönitz, der Nachfolger Hitlers, Hitlers Stellvertreter Heß, der während des Krieges nach England geflogen und dort verhaftet worden war. Die Anklagepunkte lauteten: **Verbrechen gegen den Frieden** (Führen eines Angriffskrieges), **Kriegsverbrechen** (Verletzung der internationalen Kriegskonventionen, z. B. Misshandlung und Ermordung von Kriegsgefangenen), **Verbrechen gegen die Menschlichkeit** (z. B. Verfolgungen und Ermordungen aus rassistischen Gründen, Völkermord). Die Ankläger und Richter des Internationalen Militärgerichtshofs (IMG) kamen aus den Siegernationen. Mögliche Kriegsverbrechen der Alliierten waren nicht Gegenstand des Prozesses. Als problematisch erwies sich, dass das Führen eines Angriffskrieges international noch nicht sanktioniert war, sodass vonseiten der Angeklagten der Grundsatz „keine Strafe ohne Gesetz“ ins Feld geführt werden konnte. Die alliierten Juristen verurteilten 12 Angeklagte zum Tod, unter ihnen Göring, der sich der Vollstreckung durch Selbstmord entzog, Ribbentrop und Keitel. Haftstrafen gab es u. a. für Heß (lebenslänglich), Speer (20 Jahre) und Dönitz (10 Jahre). Freigesprochen wurden u. a. Hitlers ehemaliger Vizekanzler von Papen und Reichsarbeitsführer Schacht. Die Verurteilten verbüßten ihre Strafe im Kriegsverbrechergefängnis in Berlin-Spandau und wurden bis auf Heß 1966 freigelassen. Bis zu dessen Selbstmord 1987, also 40 Jahre lang, wechselten sich die Alliierten in der Bewachung des Gefangenen ab.

Wenn auch die deutsche Öffentlichkeit den Nürnberger Prozess kaum wahrnahm und häufig eher von „Siegerjustiz“ sprach, muss dagegen argumentiert werden, dass auch nach deutschem Recht die begangenen Verbrechen mit schweren Strafen bedroht waren. An den Nürnberger Prozess, der Anstoß zur Weiterentwicklung des Völkerrechts gab, schlossen sich zahlreiche Nachfolgeprozesse zunächst gegen führende Politiker, Diplomaten, Industrielle, Ärzte und hohe SS-Führer des NS-Regimes an, die auch von deutschen Gerichten geführt wurden. Insgesamt wurden in den drei Westzonen über 5 000 Personen angeklagt und 668 Todesurteile gefällt.

Die konsequente Aufarbeitung von NS-Verbrechen erfolgte allerdings erst ab 1958 mit der Gründung der „Zentralstelle zur Aufklärung nationalsozialistischer Gewaltverbrechen" in Ludwigsburg. Nach dem Prozess gegen Adolf Eichmann in Jerusalem 1961, der für die Organisation der Judenvernichtung von der Erfassung der jüdischen Bevölkerung bis zu ihrem Transport in die Vernichtungslager verantwortlich war, wurden NS-Täter auch in der Bundesrepublik in Großverfahren vor Gericht gestellt: Frankfurter Auschwitz-Prozess (1963–1965), Majdanek-Prozess in Düsseldorf (1975–1981). Daneben fanden viele weitere Verfahren gegen Einzelpersonen statt, in denen aber immer weniger Tatzeugen für die weit über 50 Jahre zurückliegenden Verbrechen gefunden werden konnten. Dennoch müssen NS-Verbrecher noch heute mit einem Prozess rechnen, da es für Mord keine Verjährungsfrist gibt.

Politische Ordnungsvorstellungen der Siegermächte

Die Formel von der bedingungslosen Kapitulation („unconditional surrender"), auf Drängen des amerikanischen Präsidenten Roosevelt auf der Konferenz in Casablanca 1943 erhoben und seitdem von den Alliierten gemeinsam verfochten, war zunächst ein **militärisches Ziel**, das am 9. 5. 1945 erreicht war. Der Krieg der Weltanschauungen konnte nur mit einer völligen Niederschlagung und Unterwerfung des Gegners enden. Zugleich war damit aber auch der **politische Weg** gewiesen, wie mit Deutschland zu verfahren sei. Einig waren sich die Siegermächte darin, Deutschland als besiegten und besetzten Feindesstaat zu behandeln, angemessene Wiedergutmachungsleistungen einzufordern und künftig ein Höchstmaß an Sicherheit vor Deutschland zu erlangen. Allerdings gingen die Vorstellungen über die sich daraus ergebenden Fragen weit auseinander: Was sollte mit dem Deutschen Reich als **Staatswesen** sowie mit seinem **Territorium** geschehen und wie sollte das **deutsche Volk** behandelt werden? Zu verschieden waren die Interessen der Hauptkriegführenden, als dass eine Einigung zwischen Roosevelt, Stalin und Churchill bei den Treffen von Teheran Ende 1943 und Jalta im Februar 1945 möglich gewesen wäre. Bei der Übernahme der obersten Regierungsgewalt in Deutschland am 5. Juni 1945 waren nur die komplette Besetzung Deutschlands, seine Teilung in Besatzungszonen sowie die Prinzipien der Besatzungspolitik unumstritten: **Denazifizierung, Demilitarisierung, Demokratisierung, Demontage, Dezentralisierung** („fünf D's"). Über das „Wie" gingen die Auffassungen weit auseinander und mündeten in der Folge in die Fortsetzung des Weltanschauungskrieges – nun zwischen den ideologisch verfeindeten Siegermächten.

Auf **amerikanischer Seite** verbanden sich die Überzeugungen vom Selbstbestimmungsrecht und der Unabhängigkeit der Völker mit wirtschaftlichen und Sicherheitsinteressen. Mit der **„Open-door"-Politik** hielten sich die USA alle Optionen offen, einer nach Kriegsende weltumspannenden Wirtschaftskraft größtmöglichen Einfluss zu sichern. Während des Krieges gegen Deutschland und Japan war die Sowjetunion als wichtiger Verbündeter der freien Welt entsprechend der **„One World"**-Konzeption Präsident Roosevelts materiell in großem Umfang unterstützt worden. Um aber nach Kriegsende Deutschlands potenzielle Wirtschaftskraft in den Wirtschaftsverbund der „One World" eingliedern zu können, wurden Überlegungen zur völligen Deindustrialisierung und Agrarisierung Deutschlands, wie sie der **Morgenthau-Plan** von 1944 vorgesehen hatte, sowie Vorschläge einer Zerstückelung Deutschlands in fünf Teilstaaten schnell wieder fallen gelassen. Im Gegenteil – um der Sowjetunion einen möglichen Zugriff auf das industrielle Potenzial des Ruhrgebiets für Reparationsleistungen verweigern zu können, gestand Roosevelt während der Konferenz von Jalta 1945 Stalin die Westverschiebung Russlands und damit auch Polens zu. Hier wurde die Oder-Neiße-Linie als Ostgrenze Deutschlands festgeschrieben. Die amerikanische Strategie, sich alle Möglichkeiten offen zu lassen, reichte in die Nachkriegsjahre hinein. Pläne zur Eindämmung der Sowjetunion durch eine Politik der (militärischen) Stärke, die Beherrschung wichtiger Punkte der Erde durch die Stationierung eigener Streitkräfte und die Einbeziehung eines wirtschaftlich starken Westeuropas einschließlich Deutschlands in ein demokratisch-kapitalistisches Lager gewannen erst mit dem Amtsantritt Trumans 1945 Oberhand.

In der **Sowjetunion** war man aufgrund ideologischer Ansichten von einem unüberbrückbaren Gegensatz zwischen kapitalistischer und kommunistischer Welt **(Zwei-Lager-Theorie)** überzeugt. Solange der Krieg dauerte, war die UdSSR auf die Hilfe der Westalliierten angewiesen. Erst ab 1944 distanzierte sich Stalin langsam von seinen Verbündeten, um seine sicherheitspolitischen Interessen, die Schaffung eines Gürtels abhängiger Staaten an der Westgrenze der UdSSR und die Verschiebung der russischen, polnischen und entsprechend der deutschen Grenzen nach Westen, zu verwirklichen. Von einer möglichen Teilung Deutschlands rückte Stalin bereits Anfang 1945 ab, um sich den Zugriff auf größtmögliche Reparationen zu sichern. Trotz der militärischen Zusammenarbeit mit den Westalliierten ging er Ende 1944 dazu über, Maßnahmen zum **Aufbau einer antifaschistisch-demokratischen Ordnung** unter Führung der Kommunistischen Partei Deutschlands vorzubereiten. Aus Respekt vor der militärischen Stärke der USA, vor allem deren Atomwaffen, scheute Stalin bis Kriegsende vor Konflikten mit ihnen zurück und richtete seine Behandlung Deutschlands weitgehend flexibel nach

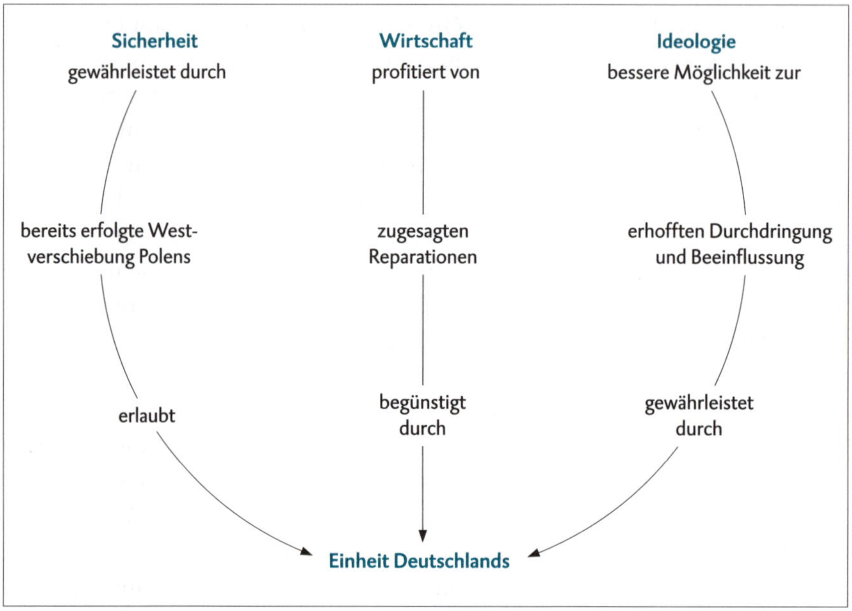

Stalins Interesse an der Einheit Deutschlands

der amerikanischen Reaktion auf seine Vorstöße aus, um das neben der Grenzfrage zweite wesentliche Ziel, die Gewährung weitreichender Reparationsleistungen aus Deutschland, nicht zu gefährden.

Während die **britische Politik** im Krieg darauf ausgerichtet war, Deutschland durch die Abtrennung Preußens von Süddeutschland zu zerschlagen, war sie nach der völligen Niederlage Deutschlands unter dem Eindruck wachsenden sowjetischen Einflusses von der **Sorge über eine künftige russische Vormachtstellung in Europa** geprägt. Nur mit Unterstützung der USA könnte ein militärisch schwächeres Großbritannien zugleich dem Druck auf dem Kontinent und in allen anderen Teilen des Empires begegnen. Daher drängte Churchill – anders als die USA – auf möglichst konkrete Absprachen, wandte sich gegen die frühzeitig erfolgte Festlegung der Oder-Neiße-Linie und stand auch Überlegungen offener gegenüber, Deutschlands Wirtschaftskraft nicht gänzlich zu zerstören.

Die **französischen Vorstellungen** waren in erster Linie von sicherheitspolitischen Überlegungen dominiert: Nur ein möglichst **schwacher Nachbar Deutschland** konnte Frankreich nicht gefährlich werden. De Gaulle forderte daher die Schaffung eines Rheinland-Staates und die Internationalisierung des Ruhrgebietes, um das deutsche Wirtschaftspotenzial kontrollieren und nutzen zu können. Allerdings war Frankreich auf den Konferenzen während des

Krieges nicht vertreten, der Status als vierte Besatzungsmacht war erst in Jalta 1945 durch die „Großen Drei“ beschlossen worden.

So hatten die Alliierten in der „Stunde Null“ ihr gemeinsames vorrangiges Ziel, Nazi-Deutschland endgültig zu besiegen, erreicht. Was nun aber im Einzelnen tatsächlich aus Deutschland werden sollte, war noch völlig unklar, als am 5. Juni 1945 in der **Berliner Erklärung** die alliierten Oberbefehlshaber in Deutschland (Eisenhower, Montgomery, Schukow, de Lattre Tassigny) in den vier Zonen und vier Sektoren Berlins für den Alliierten Kontrollrat die oberste Regierungsgewalt in Deutschland – als Rechtsbegriff in den Grenzen vom 31. 12. 1937 – übernahmen.

Die Potsdamer Konferenz

Das letzte Gipfeltreffen der „großen Drei“ der Anti-Hitler-Koalition fand vom 17. Juli bis zum 2. August 1945 in Potsdam statt. In Schloss Cäcilienhof konferierten die Staats- bzw. Regierungschefs der USA, UdSSR und Großbritanniens allerdings in veränderter Zusammensetzung. Präsident **Truman** war im April 1945 Nachfolger des verstorbenen **Roosevelt** geworden und während der Konferenz wurde der konservative britische Premier **Churchill** nach den Unterhauswahlen durch den Labour-Politiker **Attlee** abgelöst. Neben **Stalin** saßen also neue, außenpolitisch weniger erfahrene Politiker der Westmächte. Die Divergenzen, die sich während der Kriegskonferenzen abgezeichnet hatten, verstärkten sich in Potsdam, da die UdSSR mit der Übergabe der Gebiete östlich der Oder und Neiße an Polen vollendete Tatsachen geschaffen hatte. In harten Auseinandersetzungen ging es um die Zukunft Deutschlands und Europas. Unter Rückgriff auf frühere Vereinbarungen wurde zunächst grundsätzlich Einigkeit über die Zusammenarbeit der Kriegskoalition hergestellt.

Die Einigkeit, die Churchill, Truman und Stalin hier noch demonstrierten, war nicht von langer Dauer.

Da sich die Alliierten aber nicht auf einen Konsens für die Umsetzung der „fünf D's" verständigen konnten, einigten sie sich auf weitgehende Handlungsfreiheit und Unabhängigkeit innerhalb ihrer jeweiligen Besatzungszonen. Die Bestimmungen des **Potsdamer Abkommens**, dessen Wirksamkeit einem völkerrechtlichen Vertrag gleichkam, spiegeln diese Ambivalenz vom Willen zur Kooperation und wachsendem Misstrauen:

- Einrichtung eines **Außenministerrates** (unter Einbeziehung Frankreichs) zur Vorbereitung eines Friedensvertrages und zur Beratung territorialer Fragen, der mehrmals ergebnislos tagte;
- Ausübung der Regierungsgewalt in den Besatzungszonen durch die militärischen Oberbefehlshaber bzw. gemeinsam durch einen **Alliierten Kontrollrat**, in den Sektoren Berlins durch die Alliierte Kommandantur;
- Demilitarisierung, Denazifizierung, Demokratisierung, Dezentralisierung und Demontage (bei Erhaltung Deutschlands als wirtschaftliche Einheit);
- Reparationen (ohne klare Festlegungen auf Bereiche und Zahlen, faktisch durchgesetztes Prinzip der zonengebundenen Reparationsentnahme);
- Territoriale Bestimmungen: nördliches Ostpreußen (mit Königsberg) an die UdSSR, südliches Ostpreußen an Polen, Verschiebung Polens zur **Oder-Neiße-Linie** durch Verlust deutscher Ostgebiete; jedoch Vertagung der endgültigen Festlegung der Grenzen auf einen späteren Friedensvertrag;
- „ordnungsgemäße und humane Überführung" der deutschen Bevölkerung aus diesen Ostgebieten, womit die Vertreibung aus Polen und der Tschechoslowakei beschönigend umschrieben wurde.

Wenn auch die Divergenzen der Siegermächte in Potsdam deutlicher als je zuvor zutage traten, so ist dennoch mit dem Potsdamer Abkommen eine Vereinbarung über eine **einheitliche alliierte Besatzungspolitik** getroffen worden, an die sich die vier Mächte in ihren Grundzügen auch gehalten haben. Weniger die Sowjetunion als vielmehr Frankreich, das wie bei den Kriegskonferenzen auch in Potsdam nicht beteiligt war und die Beschlüsse für sich nicht als verbindlich ansah, erwies sich als Hindernis einer gemeinsamen Deutschlandpolitik.

Aufteilung in Besatzungszonen

Die Aufteilung Deutschlands in Besatzungszonen war bereits in den Londoner Protokollen 1944 festgelegt worden: Die **amerikanische Zone** umfasste die Länder Bayern, Groß-Hessen, Württemberg-Baden und, als Versorgungsstützpunkt für die Lieferungen auf dem Seeweg, Bremen. Die **britische Zone** bestand aus Schleswig-Holstein, Hamburg, Nordrhein-Westfalen und Niedersachsen. Aus diesen Zonen wurden **Frankreich** Rheinland-Pfalz, Südbaden und Württemberg-Hohenzollern als eigenständige Zone zugeschlagen. Die **sowjetische Militäradministration** (SMAD) gliederte die **Sowjetische Besatzungszone** (SBZ) frühzeitig in Brandenburg, Thüringen, Sachsen, Sachsen-Anhalt, Mecklenburg-Vorpommern. Amerikanische Truppen, die weit bis nach Thüringen und Sachsen vorgestoßen waren, zogen sich im Sommer 1945 auf die vereinbarten Linien zurück und rückten im Gegenzug in die Westsektoren Berlins ein. Der ungehinderte Zugang zu den Westsektoren war für drei Luftkorridore schriftlich, für die Landverbindungen nur mündlich geregelt.

Die sowjetische Zone war im Norden agrarisch, im Süden eher industriell geprägt. Sie konnte sich aus eigener Kraft mit Nahrungsmitteln, allerdings kaum mit Rohstoffen versorgen. Ähnlich sah es in der amerikanischen Zone aus. Die industriell wichtigste Zone war die britische. Sie war zugleich die Zone mit der höchsten Bevölkerungsdichte und hatte daher einen erheblichen Bedarf an Nahrungsmitteln. Am kleinsten war die französische Zone, deren Industriepotenzial im Saargebiet auf Frankreich ausgerichtet wurde. Bei der Zonenaufteilung standen pragmatische Überlegungen im Vordergrund. So sollten annähernd gleich große Verwaltungsräume geschaffen werden. In der Phase der gegenseitigen politischen Abschottung wurde aber deutlich, wie unsinnig die Zerschneidung gewachsener Kultur- und Wirtschaftsräume war.

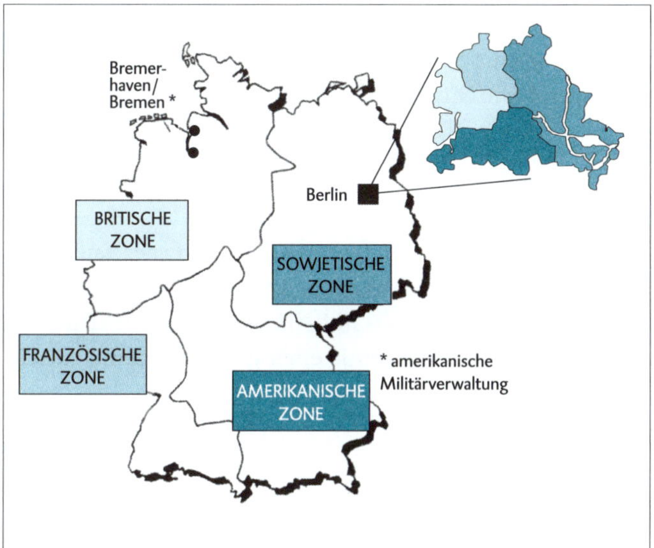

Am 5. Juni 1945 wird Deutschland in vier Besatzungszonen aufgeteilt. Die Regierung übernimmt ein Alliierter Kontrollrat.

Chronologie	
8. Mai 1945	Bedingungslose Kapitulation
5. Juni 1945	Berliner Erklärung der vier Oberbefehlshaber
9. Juni 1945	Errichtung der Sowjetischen Militäradministration in Deutschland
10. Juni 1945	Zulassung demokratischer Parteien in der SBZ und in Berlin
11. Juni 1945	Gründungsaufruf der KPD in Berlin
15. Juni 1945	Gründung der SPD in Berlin
26. Juni 1945	Gründung der CDU in Berlin; Gründung der UN in San Francisco
5. Juli 1945	Gründung der LDPD in Berlin
17. Juli – 2. Aug. 1945	Konferenz von Potsdam (2. August: Potsdamer Abkommen)
6./9. Aug. 1945	Atombomben auf Hiroshima und Nagasaki
30. Aug. 1945	Errichtung des Alliierten Kontrollrats
19. Sept. 1945	Bildung der Länder Bayern, (Nord)Württemberg-Baden und Hessen (US-Zone)
20. Nov. 1945 –1. Okt. 1946	Nürnberger Hauptkriegsverbrecherprozess

Der Weg in die deutsche Spaltung

Entzweiung der Siegermächte

Die Lage 1945/46

Die Divergenzen der Siegermächte, die während der Kriegskonferenzen in Teheran (Ende 1943) und Jalta (Februar 1945) hinter den militärischen Fragen zurückgestanden hatten, traten bei der **Potsdamer Konferenz** (Juli/August 1945) deutlich zutage. Die politischen, wirtschaftlichen und gesellschaftlichen Gegensätze zwischen der UdSSR und den westlichen Alliierten: parlamentarische Demokratie – kommunistische Diktatur, Marktwirtschaft – Planwirtschaft, pluralistische – monistische Gesellschaftsstrukturen, bestimmten Absichten, Zielsetzungen und Umsetzung der Potsdamer Beschlüsse. Die Einigung auf Grundzüge der Besatzungspolitik bedeutete nicht, dass es für ihre Durchführung gemeinsam definierte Ziele gegeben hätte. Wenn es auch in Einzelpunkten durchaus Verständigungen gab, etwa bei der Abschaffung des Staates Preußen im Februar 1947, so ist doch die **Praxis der Besatzungspolitik** in den einzelnen Zonen sehr **unterschiedlich** gewesen.

Die Verständigung auf den Fortbestand der Einheit Deutschlands war nicht die Grundlage für die Bildung eines neuen Deutschlands, sondern Ausdruck der Differenzen der Alliierten. Stalin war in hohem Maße daran gelegen, die in Jalta vereinbarten Entschädigungen für die russischen Kriegsverluste durch **Reparationszahlungen aus ganz Deutschland** zu erhalten. Um die drohende Ausweitung des sowjetisch-kommunistischen Einflusses nach Westen zu verhindern, wurden der Sowjetunion die alleinige Verfügung über das Wirtschaftspotenzial der SBZ und zur Befriedigung ihrer Sicherheitsinteressen die De-facto-Verschiebung der russischen und polnischen Westgrenzen zugestanden („Package Deal"). Unter diesen Bedingungen konnte der Alliierte Kontrollrat als „Regierung" Gesamtdeutschlands nicht funktionieren und bereits 1945 war die Trennung zwischen Ost und West verfestigt. Damit waren die Voraussetzungen für eine Orientierung der SBZ nach Osten gegeben und es bahnte sich ein langfristiger ökonomischer Aderlass mit der Verarmung der Bevölkerung der SBZ an.

Die beginnende Entzweiung der Siegermächte ist auch in der **Entwicklung in Osteuropa** begründet. Die russischen Truppen zogen aus den befreiten Gebieten, aus Ungarn, Polen, der Tschechoslowakei, Bulgarien, Rumänien und den baltischen Staaten nicht mehr ab. Mit militärischer Absicherung wurden Kräfte unterstützt, die auf eine Etablierung des Kommunismus hinarbeiteten. Gegner dieser Politik wurden wie in der SBZ verhaftet, verschleppt und eliminiert. Die polnische Bevölkerung musste ihre Heimatgebiete im Osten des Landes verlassen, der nach dem Potsdamer Abkommen an Russland fiel, und wurde in den ehemaligen deutschen Ostgebieten angesiedelt. Im Westen verstärkte sich der Eindruck, dass die Sowjetunion in diesen Ländern unter dem Deckmantel der Befreiung und des Wiederaufbaus eine **Politik der vollendeten Tatsachen** betrieb, die ihre Abschottung vom restlichen Europa und eine systematische Etablierung kommunistischer Regime zum Ziel hatte. Churchill formulierte dafür schon 1945 den Ausdruck des **Eisernen Vorhangs**. Diese **Sowjetisierung** kann aber nicht nur mit machtpolitischem bzw. ideologisch begründetem Expansionswillen erklärt werden, sondern auch mit einem sowjetischen Sicherheitsbedürfnis nach den schrecklichen Erfahrungen des Zweiten Weltkrieges (20 Millionen sowjetische Opfer).

Auch zwischen den **Westalliierten** gab es Meinungsverschiedenheiten in Bezug auf die Behandlung Deutschlands. **Frankreich**, das als direkter Nachbar am meisten unter Deutschland zu leiden gehabt hatte, widersetzte sich allen Bestrebungen zur Einrichtung von Zentralinstanzen und strebte die Bildung eines losen Staatenbundes mit souveränen Gliedstaaten an. Das **Saargebiet** wurde ohne Zustimmung der anderen Alliierten aus der gemeinsamen Verwaltung herausgelöst. Dieser Versuch, es letztlich Frankreich einzuverleiben, belastete die Beziehungen zu den anderen Siegermächten erheblich, erschwerte den Aufbau einer gemeinsamen Strategie gegen die UdSSR und behinderte die Zusammenarbeit mit den Verwaltungen, die sich in den Westzonen herausbildeten. Die Haltung der **USA** war deutlich moderater, der amerikanischen Führung ging es 1945/46 vor allem darum, ihre Truppen aus Europa abziehen zu können. Anstehende Probleme wurden daher eher pragmatisch nach ihrer Dringlichkeit angegangen. In Hinblick auf die wirtschaftliche Lebensfähigkeit Deutschlands waren die USA von allen Siegermächten am stärksten um die Einheit des Besatzungsgebietes bemüht. **Großbritannien** kann man in seinem Verhältnis zu Deutschland etwa zwischen Frankreich und den USA ansiedeln.

Die Neuorientierung der amerikanischen Außenpolitik

In der Folge der russischen Expansion und Sowjetisierung in Osteuropa kam es ab 1946 zu einer Neuorientierung in der amerikanischen Außenpolitik. Die zunehmende Rivalität zwischen den USA und der UdSSR vergrößerte sich durch die Aufdeckung eines russischen Agentenringes, der amerikanische Atomgeheimnisse an Moskau weitergegeben hatte, und verstärkte das amerikanische Misstrauen gegenüber dem ehemaligen Verbündeten. Zur Demonstration militärischer Stärke nahmen daraufhin die USA Atomwaffenversuche auf dem Bikini-Atoll im Pazifik auf.

Im Frühjahr 1946 legten die USA auf der Pariser Außenministerkonferenz mit dem **Byrnes-Plan** einen Vorschlag für ein Viermächteabkommen über ein souveränes, aber vollständig entmilitarisiertes, von den Alliierten kontrolliertes und damit neutralisiertes Deutschland vor. Damit gingen die Amerikaner weit über das hinaus, was Stalin 1952 anbieten sollte. Die russische Ablehnung des Entwurfs, auf der **Moskauer Außenministerkonferenz** 1947 verbunden mit der Forderung nach „demokratischer Umgestaltung Deutschlands" und Beteiligung an der Kontrolle über das Ruhrgebiet, war in westlichen Augen nicht in einem berechtigten Sicherheitsinteresse der UdSSR begründet. Briten und Amerikaner sahen darin vor dem Hintergrund der Veränderungen in Osteuropa und in der SBZ sowie eines wachsenden kommunistischen Einflusses in Griechenland und in der Türkei vielmehr den **Ausdruck einer offensiven Politik sowjetrussischer Expansion**. Daher befürworteten sie jetzt eine stärkere ökonomische Zusammenarbeit der Westzonen, um ein weiteres Ausgreifen des Kommunismus zu verhindern. Mit der Rede des US-Außenminister Byrnes im September 1946 in Stuttgart legten sich die USA dann auch öffentlich auf eine Politik fest, um nach dem Willen des amerikanischen Präsidenten **Truman (Truman-Doktrin)** das weitere Ausgreifen der UdSSR eindämmen zu können (**Containment-Politik**): Sollten totalitäre Regime den internationalen Frieden, die Sicherheit der USA und das Selbstbestimmungsrecht der Völker bedrohen, würden die USA die betroffenen Völker wirtschaftlich und finanziell unterstützen.

Deutschlandpolitik	**Potsdamer Abkommen** • politische und wirtschaftliche Schwächung Deutschlands • keine politische Zentralgewalt • „non fraternization"	**Marshall-Plan** • wirtschaftlicher Wiederaufbau Deutschlands • deutsche Selbstverwaltung und Zentralregierung	• Berliner Blockade • Spaltung Deutschlands
	1945 →	1947 →	1949 →
Internationale Politik	**Anti-Hitler-Koalition** • „One World" (Roosevelt)	**Beginn des Ost-West-Konfliktes** • Truman-Doktrin	**Kalter Krieg**

Die Deutschlandfrage in der amerikanischen Politik 1945–1949

Der amerikanische Präsident Harry S. Truman und sein Außenminister George C. Marshall entwickelten 1947 den Marshallplan.

Wirtschaftlich verbunden wurde die **Containment-Politik** 1947 mit einem Hilfsangebot des neuen amerikanischen Außenministers George Marshall für die vom Krieg schwer geschädigten europäischen Staaten. Der **Marshallplan** sah eine Wiederaufbauhilfe zur Sanierung ihrer Volkswirtschaften vor. Von den Empfängerländern beantragte Dollarbeträge wurden mit der Auflage zur Verfügung gestellt, amerikanische Waren zu importieren. Den Warengegenwert mussten die Importeure in Landeswährung auf sogenannte Gegenwertkonten einzahlen. Diese bildeten ein Sondervermögen, das für Investitionskredite verwendet werden konnte. Zunächst breit gestreut, konzentrierten sich die Investitionen bald auf Grundstoffindustrien, Kohlebergbau, Wohnungsbau, Schiffs- und Kraftwerke. Die herausragende wirtschaftliche Bedeutung des **European Recovery Program (ERP)** für West-Deutschland lag darin, Devisen für die benötigten Einfuhren gewährt und einen Fonds für Investitionen geschaffen zu haben. Zusammen mit der Aufhebung der Bewirtschaftungsmaßnahmen und der Währungsreform ist das ERP Initialzündung für die wirtschaftliche Entwicklung der Bundesrepublik gewesen. Es setzte eine europäische Zusammenarbeit voraus, die sich als eine der Wurzeln der europäischen Integration erweisen sollte, und vertiefte sie zugleich. Formell galt das Angebot des Marshallplans mit seinen großzügigen Krediten auch für die UdSSR und ihre Satellitenstaaten, die die Hilfe jedoch ablehnten bzw. ablehnen mussten, um nicht in amerikanische Abhängigkeit zu geraten. Aus den ehemaligen Bündnispartnern der Anti-Hitler-Koalition waren Gegner im beginnenden Kalten Krieg geworden.

Die Entnazifizierung

Die auf der Potsdamer Konferenz vereinbarte **Entnazifizierung** sah die Aufhebung der NS-Gesetzgebung, das Verbot sämtlicher NS-Organisationen und die Tilgung aller öffentlichen Erinnerungen (z. B. Straßennamen) vor. Dieser formale Rahmen wurde in den vier Besatzungszonen gleich gehandhabt. Die inhaltliche Ausfüllung war aber geprägt durch unterschiedliche gesellschaftspolitische Vorstellungen über die Entstehung des Faschismus und divergierende Prioritätensetzungen, in zunehmendem Maße auch durch die beginnenden Ost-West-Spannungen. Da der NSDAP ca. acht Millionen Mitglieder angehört hatten, weitere vier Millionen in Unterorganisationen, musste ein Fünftel der Bevölkerung Deutschlands einem Entnazifizierungsverfahren unterzogen werden. Einige Spezialisten und Wissenschaftler waren allerdings sofort nach Kriegsende – ohne Entnazifizierung – in die USA und Sowjetunion gebracht worden, um dort beim Aufbau strategisch wichtiger Industrien, z. B. in den Raketenprogrammen, eingesetzt zu werden.

In der **Sowjetischen Besatzungszone** verband sich mit der Entnazifizierung die **endgültige Auslöschung feudaler Strukturen des preußisch-deutschen Militarismus**. Die Sowjetunion griff daher am konsequentesten und effektivsten durch. Bodenreform, Enteignung, Verstaatlichung, Volkseigene Betriebe (VEBs) und Sowjetische Aktiengesellschaften (SAGs) sowie personelle Säuberung sollten ein Wiederaufleben von Militarismus und Faschismus definitiv unmöglich machen. Offiziere der Wehrmacht und alle Angehörigen der NSDAP, SA und SS wurden registriert, Belastete aus ihren Ämtern entlassen und viele verhaftet. Über 120 000 Personen, darunter auch viele unschuldige Jugendliche, wurden zwischen 1945 und 1948 in Sonderlagern des sowjetischen Geheimdienstes interniert, viele von ihnen kamen während der Haft ums Leben. Da in der SBZ der Anteil landwirtschaftlichen Großgrundbesitzes der „preußischen Junker" besonders hoch war, wurden im September/Oktober 1945 in einer **Bodenreform**, dem Kernstück sowjetischer Sozialisierungspolitik, alle Betriebe über 100 ha enteignet und die Flächen an Umsiedler und Landlose verteilt. Nach der Reform betrug die durchschnittliche Betriebsgröße unrentable 8 ha. Die Bodenreform war nur eine Durchgangsstation zur Kollektivierung der Landwirtschaft, und auch die Verstaatlichung von über 7 000 Industriebetrieben ging über das Anliegen „Entnazifizierung" hinaus.

Die gezielte **politische Säuberung** bezog sich in erster Linie auf die Justiz, die Polizei und das Erziehungswesen. Fachkräfte und kleine Mitläufer („kleine Pg's") wurden hingegen bereits im Sommer 1946 re-integriert. Ob das radikale Vorgehen, bei dem immer weniger Unterschiede zwischen ehemaligen Nazis und Gegnern der sowjetischen Militäradministration (SMAD) gemacht wurden, tatsächlich zu einem Bewusstseinswandel in der Bevölkerung geführt hat, bleibt allerdings sehr zweifelhaft.

In den **westlichen Besatzungszonen** wurden Bodenreform, Enteignung und Verstaatlichung dagegen sehr pragmatisch und in zunehmender Abgrenzung zur ideologischen Zielsetzung der Sowjetunion betrieben. Der Anteil der ländlichen Bevölkerung war aufgrund der hohen städtischen Dichte relativ gering, sodass Nahrungsmittel zur Versorgung der Bevölkerung importiert werden mussten; es gab für Briten und Amerikaner kaum einen zwingenden Grund, Großgrundbesitz zu enteignen. Kernstück der Entnazifizierung blieb daher die **personelle Säuberung**. In der ersten Besatzungsdirektive wurde die Entlassung aller Mitglieder der NSDAP und verdächtiger Personen angeordnet. Auch in den Westzonen wurden Belastete und Verdächtige verhaftet. In einer **Fragebogenaktion** versuchten die USA, die persönlichen Verhältnisse (Schulbildung, Beruf u. ä.), aber vor allem die Zugehörigkeit zu nationalsozialistischen Organisationen zu erfassen. Bald allerdings stand der bürokratische Aufwand der Entnazifizierung dem Bestreben der Militäradministration entgegen, Deutschland wieder wirtschaftlich gesunden zu lassen und ein Vordringen des Sozialismus zu verhindern. Spruchkammern mit deutschen Laienrichtern übernahmen daher die Einteilung der Bevölkerung in die verschiedenen Kategorien: Hauptschuldige, Aktivisten, Militaristen, Nutznießer, Minderbelastete, Mitläufer, Entlastete. Die Strafen reichten von Bußgeldzahlungen über Berufsverbote und Umerziehungslager bis zu Zwangsarbeit. Fehlende Unterlagen über eine mögliche Nazi-Vergangenheit, die noch rechtzeitig beseitigt worden waren, erkaufte Leumundszeugnisse („Persilscheine") oder ungerechtfertigte Denunziationen erschwerten die Arbeit der Spruchkammern. Die Ende 1946 verfügte Dienstverpflichtung geeigneter Personen für den Wiederaufbau führte mit dazu, dass Entnazifizierung, personelle Säuberung und Rehabilitierung ineinander übergingen und statt der Entnazifizierung die Rehabilitation im Vordergrund stand.

„Habe ich den nicht schon mal gesehen?" Karikatur von 1947.

Im Frühjahr 1948 galt die Aktion als abgeschlossen. Über 90 % waren als unbelastet oder als Mitläufer eingestuft worden. Zehn Prozent wurden wegen ihrer NS-Vergangenheit verurteilt, aber nur ein Prozent auch tatsächlich bestraft. Das starre Kategoriensystem hatte wesentlich dazu beigetragen, dass die **Entnazifizierung in den Westzonen als gescheitert** angesehen werden muss. Als ungerecht wurde vor allem empfunden, dass die harmloseren Fälle, die sich nicht durch Tarnung, Anpassung oder „Persilscheine" der Strafverfolgung entziehen konnten, als erste und streng, die schwer belasteten Täter aber erst später und dann deutlich milder behandelt wurden.

Zeitgleich mit der Entnazifizierung sollten die Deutschen nach dem Willen der Alliierten einer **Umerziehung** („re-education") zur Demokratie unterworfen werden. Ansatzpunkte bildeten die Schulen, aber in überfüllten Klassen mit veraltetem bzw. nazistisch geprägtem Lehrmaterial und belasteten Lehrern war das positive Gegenstück zur Entnazifizierung nicht zu verwirklichen. Nur in der SBZ ging man auch in diesem Bereich radikal vor, in den Westzonen scheiterten die amerikanischen Pläne zur Reform des Bildungswesens am Widerstand der deutschen Zivilverwaltungen und am Mangel ausgebildeter „Schulhelfer" (z. B. Studenten) sowie Pensionäre, die mit der Durchführung des Unterrichts betraut werden hätten können. Auch Kinoprogramme („Wochenschau"), Zeitungen, Theater und Volkshochschulen waren der Umerziehung verpflichtet, doch war die Bereitschaft der Deutschen zum Umdenken zum einen vielleicht aus Scham und zum anderen sicher auch wegen ihrer materiellen Sorgen gering. Selbst die Konfrontation mit Filmen über die Befreiung der Konzentrationslager durch die Alliierten bewirkte in den meisten Fällen nicht mehr als ein kurzes Nachdenken. Eine intensive Auseinandersetzung mit der Vergangenheit erfolgte erst viel später. Der Kritik an der mangelnden Entnazifizierung kann entgegengehalten werden, dass dadurch zumindest oberflächlich die Identifikation der Bevölkerung mit der neuen politischen Ordnung erleichtert wurde.

Der Neubeginn des politischen Lebens

Die Militärverwaltung in den Besatzungszonen ließ sich ohne qualifiziertes deutsches Personal kaum realisieren. Vor allem den Briten und Amerikanern fehlten Beamte mit entsprechenden Deutschkenntnissen, sie delegierten daher schon frühzeitig viele Aufgaben an die bestehenden deutschen Verwaltungen. Dagegen erfolgte die sowjetische Einflussnahme in der SBZ bis auf die lokale Ebene, unterstützt durch in der Sowjetunion gebildete Gruppen deutscher Kommunisten, die bereits in den letzten Kriegstagen in Berlin, Schwerin und Dresden die antifaschistischen Verwaltungsprinzipien umgesetzt hatten.

Das politische Leben im Nachkriegsdeutschland begann damit, dass sich Verfolgte und Widerstandskämpfer (v. a. Kommunisten, Sozialdemokraten und engagierte Christen) mit älteren Politikern der Weimarer Republik in **Antifaschistischen Ausschüssen** zusammenfanden. Ihre Aufgaben sahen sie im Aufspüren von NS-Verbrechern, in der Besetzung der Spruchkammern zur Entnazifizierung, der Organisation der ersten Wiederaufbauarbeiten, Verwaltungsarbeiten und der Versorgung der Bevölkerung. Diese Tätigkeiten erfolgten unter strenger Kontrolle der Alliierten, ähnlich wie die Gründung der Parteien.

Kennzeichnend für den Aufbruch in die neue Zeit war neben der Bewältigung der materiellen Existenz der „Hunger" nach Informationen und Kultur. In Ruinen nahmen Theaterensembles und Orchester bald nach Kriegsende ihre Arbeit auf. Schriftsteller verarbeiteten die Erfahrungen des Krieges bzw. der Nachkriegszeit und bewirkten eine intensive Auseinandersetzung mit den Geschehnissen. Unter der Aufsicht der Alliierten wurden Rundfunkanstalten neu gegründet und Lizenzen für die Publikation von Zeitungen und Zeitschriften vergeben. In dieser Zeit war es einzelnen Personen wie zum Beispiel Axel Cäsar Springer möglich, dank guter Kontakte zu den Besatzungsoffizieren die entsprechenden Genehmigungen für Druck und Papierzuteilungen zu erhalten, mit denen der Grundstock späterer Pressekonzerne gelegt wurde. Während in der SBZ alle kulturellen Aktivitäten einer rigiden Kontrolle durch die SMAD unterworfen waren, leisteten die Medien zwischen 1945 und 1947 in den Westzonen einen entscheidenden Beitrag zum Aufbau des demokratischen Parlamentarismus.

Die Gründung von Parteien

Die in Potsdam vereinbarte Schaffung demokratischer Verhältnisse war ohne die Mitwirkung politischer Parteien nicht möglich. Vor allem die Politiker von SPD und KPD griffen dabei Traditionen der Weimarer Republik auf, während christlich orientierte, bürgerliche und liberale Parteien sich deutlich von ihren Vorläuferorganisationen unterschieden.

Bereits im Krieg waren in der Sowjetunion deutsche Exilkommunisten auf eine künftige kommunistische Umgestaltung Deutschlands vorbereitet und in den letzten Kriegstagen in das von der Roten Armee besetzte Gebiet geflogen worden. Die **Gruppe Ulbricht** unter dem späteren Staats- und Parteichef der DDR **Walter Ulbricht** sorgte in Berlin und in der SBZ für die Etablierung der **KPD** und eine Besetzung der Schlüsselpositionen, vor allem im Bildungs- und Polizeiwesen, mit KPD-Angehörigen. Um den demokratischen Anschein zu wahren, arbeiteten diese Institutionen mit den auf Anordnung der SMAD gegründeten Parteien zusammen: der Christlich-Demokratischen Union **(CDU)**, der Liberal-Demokratischen Partei **(LDPD)**, der National-Demokratischen Partei **(NPD)**, der Sozialdemokratischen Partei **(SPD)** und der Demokratischen Bauernpartei **(DBD)**.

Für den „antifaschistischen Aufbau“ in der Sowjetischen Besatzungszone wurden vor allem Jugendliche mobilisiert.

Besonders auf die 1945 bzw. 1946 gegründeten Massenorganisationen Freier Deutscher Gewerkschaftsbund **(FDGB)** und Freie Deutsche Jugend **(FDJ)** gewann die KPD schnell beherrschenden Einfluss. Im April 1946 erfolgte die **Zwangsvereinigung** von KPD und SPD zur Sozialistischen Einheitspartei Deutschlands **(SED)** mit den beiden Vorsitzenden **Wilhelm Pieck** (dem späteren Staatspräsidenten der DDR) und **Otto Grotewohl** (dem späteren Ministerpräsidenten der DDR). Formell wurde die Vereinigung mit der historischen Erfahrung begründet, dass die in der Weimarer Republik gespaltene Arbeiterklasse den Nationalsozialismus nicht hatte verhindern können. Nur eine einheitliche Arbeiterpartei könne die großen Aufgaben des Wiederaufbaus und der Umgestaltung Deutschlands in fortschrittlicher Art meistern. Tatsächlich aber sollte durch den Zusammenschluss mit der SPD, der mehr Rückhalt in der Bevölkerung zugetraut wurde, eine Verringerung des kommunistischen Einflusses verhindert werden. Dies gelang: bei den Landtagswahlen im September 1946 erreichte die SED in allen Ländern zumindest die relative Mehrheit. Nur in Berlin, wo sich die SPD in den Westsektoren weiterhin zur Wahl stellen konnte, blieb die SED noch hinter der CDU zurück.

In den folgenden Jahren wurden systematisch die **sozialdemokratischen Elemente** in der SED immer mehr **zurückgedrängt**, die Partei folgte dem Vorbild der KPdSU und wandelte sich zur Kaderpartei, in der ausgesuchte, ideologisch zuverlässige, linientreue und besonders geschulte Funktionäre („Kader“) die Anweisungen („Direktiven“) der Parteispitze umsetzten und die Massen organisierten. Dem Druck vonseiten der SMAD ausgesetzt, flohen viele Politiker, die sich der Zwangsvereinigung widersetzt hatten und weiterhin sozialdemokratische Positionen vertraten, in die Westzonen. Damit war die stärkste politische Kraft, die Sozialdemokratie, nicht mehr in der Lage, ihre Wirkung für die politische Entwicklung Gesamtdeutschlands zu entfalten.

Während in der sowjetischen Besatzungszone die Parteigründungen auf Anordnung der SMAD „von oben nach unten“ erfolgten, liefen sie in den westlichen Besatzungszonen umgekehrt „von unten nach oben". Die SPD konnte auf ihre alten Strukturen zurückgreifen, die sofort nach der Befreiung wieder aufgebaut wurden. Eine der wichtigsten Ortsgruppen entstand in Hannover unter Kurt Schumacher. Er wurde im Mai 1946 Vorsitzender der SPD in den Westzonen. Als Gegner jeder Zusammenarbeit mit der KPD ging er auf Distanz zur Ost-SPD. Unter seiner Führung behielt die SPD zentrale sozialistische Forderungen, wie zum Beispiel die Verstaatlichung großer Betriebe, aufrecht. Erst mit dem **Godesberger Programm** von 1959 legte sie diese marxistischen Positionen endgültig ab.

Aus den alten liberalen Gruppierungen der Weimarer Republik entstand die Freie Demokratische Partei **(FDP)**. **Theodor Heuss** wurde 1948 ihr erster Vorsitzender, später erster Bundespräsident. Die FDP betonte die individuelle Freiheit und trat für die **Marktwirtschaft** ein.

Durch den Zusammenschluss von christlich orientierten Politikern, vor allem ehemaliger Zentrumsmitglieder, entstand die Christlich-Demokratische Union (CDU), die sich von Anfang an als Partei aller sozialer Schichten der Gesellschaft, als Volkspartei verstand. Die regionalen Gruppen schlossen sich erst 1950 zur Gesamtpartei unter dem Vorsitzenden **Konrad Adenauer** zusammen. Nach längeren Diskussionen zwischen bürgerlichem Flügel und christlichen Gewerkschaften („christlicher Sozialismus") über die Frage der Sozialisierung von Betrieben wurde im **Ahlener Programm** 1947 das Konzept der **sozialen Marktwirtschaft** befürwortet. In Bayern entwickelte die Christlich-Soziale Union **(CSU)** ähnliche politische Vorstellungen wie ihre Schwesterpartei CDU. Sie sah und sieht sich als Repräsentantin Bayerns und hob die Bundesstaatlichkeit in ihrem Programm deutlich hervor. Ihr erster Vorsitzender wurde Josef Müller.

Weitere Parteien, unter ihnen die KPD, erlangten nach Anfangserfolgen in den 50er-Jahren keine weitreichende Bedeutung mehr.

Sehr früh also war die politische Landschaft der späteren Bundesrepublik durch die beiden großen Volksparteien und die Liberalen geprägt. Ihnen gelang es in den Folgejahren, zum einen die westdeutsche Bevölkerung fest an die demokratischen Grundwerte der Bundesrepublik zu binden und zum anderen fast alle gesellschaftlichen Gruppierungen so zu integrieren, dass – von geringfügigen Kurskorrekturen abgesehen – die deutsche Politik in fast allen wichtigen Fragen eine erstaunlich große Konstanz zeigte. Sie bewies den Bündnispartnern, dass das deutsche Volk sich nach 12 Jahren Hitler-Diktatur tatsächlich gewandelt hatte und zu einem verlässlichen Bündnispartner geworden war.

SBZ	Westzonen
Sozialistische Umgestaltung bei strenger Kontrolle der SMAD:	Demokratischer Aufbau bei gleichzeitiger Kontrolle der Militärbehörden („Demokratur"):
• Zentralverwaltungen: Koordination der Länderregierungen • Zusammenfassung der Parteien im „antifaschistisch-demokratischen Block" • Zwangsvereinigung von SPD und KPD zur SED	• freie Wahlen • Vereinigungsfreiheit • Pressefreiheit (aber mit Zensur) • eigenständige Parteien
• Zentralisierung der Wirtschaft durch Verstaatlichung von Privat-Besitz: VEBs, Gründung von SAGs • Die UdSSR entnimmt der Zone hohe Reparationsleistungen als Ersatz für Kriegsschäden	• Dezentralisierung der Wirtschaft durch Entflechtung von Unternehmensgruppen • Der Marshall-Plan ermöglicht „Hilfe zur Selbsthilfe"
• Der FDGB als „Transmissionsriemen der SED"	• Unabhängige Gewerkschaften: Einigung von Arbeitgebern und Arbeitnehmern

Die Entwicklung zu zwei deutschen Staaten ist vorgezeichnet.

Die Entwicklung der Besatzungszonen mit Beginn des Kalten Krieges

Die Entstehung von Ländern und Zonenverwaltungen

Schon ab 1945 wurden in der SBZ, in den folgenden beiden Jahren auch in den westlichen Besatzungszonen, Länder gebildet, Landesregierungen aus Vertretern verschiedener Parteien eingesetzt, kommunale Behörden eingerichtet und erste **Landtagswahlen** zwischen Januar und September 1946 abgehalten. Während die SPD in Hessen, Schleswig-Holstein, Niedersachsen, Bremen und Hamburg Mehrheiten fand, gelang dies der CDU in den übrigen Ländern. In der amerikanischen Zone entstand 1945 ein **Länderrat** der Ministerpräsidenten als übergreifende Institution mit Sitz in Stuttgart. Die Briten bemühten sich um einen eher zentralistischen Aufbau ihrer Zone mit Zonenämtern für Landwirtschaft, Wirtschaft und Arbeit sowie einem Zonenbeirat aus den Länder- und Provinzchefs. Die Franzosen ließen zunächst kein länderübergreifendes politisches Leben zu und schotteten ihre Zone von den anderen ab („seidener Vorhang"). Die Kontrolle deutscher Verwaltungsstellen war hier besonders streng, und nur sehr zögerlich wurden Parteien zugelassen, die auf das „D" in ihrem Namen zunächst verzichten mussten. Mit Demontagen versuchte Frankreich, sich für die Kriegsverluste zu entschädigen. Das **Saarland** blieb bis zum 1. 1. 1957 wirtschaftlich und politisch von Frankreich abhängig, es gehörte aber nicht zur französischen Zone. Allmählich glichen jedoch die westlichen Alliierten ihre Vorstellungen einander an, sodass sich das politische Leben in ihren Zonen grundsätzlich von dem in der **SBZ** unterschied. Hier wurden weiterhin **schwerwiegende Eingriffe** der Besatzungsmacht in den **Privatbesitz** vorgenommen. Aus der Bodenreform erwuchsen im Zuge verordneter gegenseitiger Hilfe erste Ansätze genossenschaftlich geführter Betriebe. Es kam zur Enteignung von Grundbesitz und Industrieanlagen sowie zu rigorosen Demontagen. Für die gesamte Zone wurden länderübergreifende Zentralverwaltungen geschaffen und ebenso wie alle Behörden streng kontrolliert.

In der Phase des Übergangs der bestehenden Spannungen unter den Siegermächten zum „Kalten Krieg" berief der bayerische Ministerpräsident Ehard im Juni 1947 eine **Ministerpräsidentenkonferenz in München** ein. Dieser einzige deutsche Versuch, einer sich abzeichnenden Teilung eigene Vorstellungen entgegenzusetzen, scheiterte, da kein Konsens darüber erzielt werden konnte, ob wirtschaftliche, politische oder Fragen der deutschen Einheit behandelt werden sollten. Der Druck der Militärregierungen, gegenseitige Schuldzuweisungen und ideologische Widersprüche verhinderten eine ernsthafte Diskussion über eine parlamentarische Ordnung und Regierungsbildung für ganz Deutschland.

Die Gründung der beiden deutschen Saaten

Die Verschmelzung der westlichen Besatzungszonen

Schon 1946 hatten die Amerikaner vorgeschlagen, die vier Zonen wirtschaftlich zu vereinigen. Da die UdSSR und Frankreich dies abgelehnt hatten, erfolgte am 1. 1. 1947 vor dem Hintergrund der Containment-Politik nur der Zusammenschluss der amerikanischen und der britischen Zone. Diese **Bi-Zone** erhielt gemeinsame Verwaltungseinrichtungen, z. B. für Wirtschaft, Landwirtschaft, Finanzen und Verkehr. Ein amerikanisch-britisches Abkommen vom Mai 1947 stellte sie unter eine Art deutscher parlamentarischer Verantwortung mit einem sogenannten **Wirtschaftsrat**, der von den verschiedenen Landtagen gewählt werden sollte und sich am 25. Juni 1947 konstituierte. In diesem Gremium befand sich die SPD aufgrund der Landtagswahlergebnisse in der Minderheit. Die Dominanz der Koalition bürgerlicher Kräfte im Wirtschaftsrat ist sicher auch ausschlaggebend dafür gewesen, dass in den ersten 20 Jahren der Bundesrepublik die SPD nur die Rolle einer „konstruktiven Opposition" spielen konnte. Die Gründung der „Bi-Zone" war das **Ende der gemeinsamen Verwaltung Deutschlands** durch die vier Siegermächte, wenn auch der Austritt der UdSSR aus dem Alliierten Kontrollrat erst am 20. 3. 1948 erfolgte.

Die Sowjetunion hatte die osteuropäischen Staaten nach 1945 durch Beistandspakte an sich gebunden und unterstützte die neu gegründeten Volksrepubliken in Europa und Asien. Die Westalliierten, die darin ein Ausgreifen des Kommunismus sahen, beschleunigten daher ihrerseits in Europa die Ausbildung eines entsprechenden Bündnissystems. Am 17. 3. 1948 schlossen sich Großbritannien, Frankreich und die Benelux-Staaten im **Brüsseler Pakt** zusammen. Dieser Beistandspakt gegen jeden äußeren Angriff, vor allem vonseiten eines wiedererstarkten Deutschlands, war eine wesentliche Voraussetzung für die folgende Eingliederung West-Deutschlands in die westeuropäische Staatengemeinschaft. Nachdem die USA und Großbritannien im Februar 1948 einer Einbeziehung des Saargebietes in das französische Wirtschaftssystem zugestimmt hatten, war auch Frankreich bereit, seine Zone im Zuge der **Londoner Sechsmächtekonferenz** (USA, Großbritannien, Frankreich, Benelux-Staaten) von Februar bis Juni 1948 der Bi-Zone anzugliedern **(Tri-Zone)**. Damit war bis auf das spätere Saarland das Staatsgebiet eines künftigen westdeutschen Teilstaates festgelegt.

Im Sommer 1948 wurde der Marshallplan in den drei westlichen Besatzungszonen angenommen. Neben seinen kurz- und mittelfristigen ökonomischen Folgen kann er vor allem durch die langfristige Einbindung Westdeutschlands in die Außenwirtschaft sowie die Außen- und Sicherheitspolitik des westlichen Bündnissystems als die entscheidende Weichenstellung für die weitere Entwicklung gesehen werden.

Die Währungsreform

Nachdem sich die westlichen Siegermächte und die UdSSR zunehmend entfremdet hatten, und die UdSSR aus Protest dagegen am 20. 3. 1948 den Alliierten Kontrollrat verließ, stellte die **Währungsreform in den Westzonen im Juni 1948** einen weiteren entscheidenden Schritt zur deutschen Spaltung dar. Die Reichsmark war wertlos, die „Zigarettenwährung" des Schwarzmarktes ebenfalls. Eine stabile Währung war notwendig, um Warenproduktion und -verteilung bedarfsgerecht anzukurbeln und auch, weil die Durchführung des Marshallplanes und die Funktionsfähigkeit des ERP von ihr abhingen. Die USA bereiteten die Währungsreform ohne Einbeziehung deutscher Stellen vor – sogar die neuen Banknoten waren in den USA gedruckt worden –, kündigten sie am 18. Juni 1948 an und setzten sie bereits zwei Tage später um. Jeder Bewohner erhielt 40 Deutsche Mark (DM) als „Kopfgeld" sofort ausgezahlt, alte Reichsmark konnten umgetauscht werden; für 10 RM bekam man 0,65 DM. **Ludwig Erhard**, der Direktor im Wirtschaftsrat, sorgte für die Abschaffung von Bezugsscheinsystem und Preisbindung, um den

„Schwarzen Markt“ zu unterbinden und die **soziale Marktwirtschaft** zu fördern. Markt und Wettbewerb sollten als wirtschaftliche Regulatoren gelten, staatliche Lenkung mit Ausnahme sozialpolitischer Maßnahmen abgebaut werden. Gleichsam über Nacht waren die Schaufenster gefüllt, die bisher zurückgehaltenen Waren vermittelten ein annäherndes Gleichgewicht von monetärer Nachfrage und realem Güterangebot. Mit dem Erfolg der Währungsreform begannen Industrie und Gewerbe – unterstützt durch die Mittel aus dem ERP – der Marktnachfrage entsprechend zu produzieren und die Bevölkerung mit lebensnotwendigen Gütern zu versorgen. Mit diesem ersten Schritt begann das, was nachträglich als **deutsches Wirtschaftswunder** bezeichnet wurde, wenn sich auch das freie Spiel der Kräfte in der neu etablierten sozialen Marktwirtschaft erst einpendeln musste. Sachwerte waren nicht unter die Währungsreform gefallen. Erst mit dem Lastenausgleichsgesetz 1952 wurde die anfängliche Begünstigung der Besitzer von Immobilien, Industrieanlagen etc. gegenüber den Sparern ausgeglichen.

Die Antwort der SMAD war wenige Tage später eine eigene **Währungsreform in der SBZ**, die auch für ganz Berlin gelten sollte. Mit ihr wurde das System der sozialistischen Planwirtschaft endgültig etabliert, das eine staatlich gelenkte Planung, Steuerung und Bedarfsdeckung vorsah.

Berliner Blockade

Direkte Konsequenz der Währungsreform, mit der die Westalliierten ihre Teilstaatslösung vorantrieben, war die Berliner Blockade, die Sperrung aller Land- und Wasserverbindungen von und nach Berlin durch die Sowjets. Nach der ostzonalen Währungsreform am 23. 6. 1948, die nach dem Willen der SMAD für ganz Berlin gelten sollte, führten die Westalliierten am 25. 6. 1948

Volle Schaufenster nach der Währungsreform: Dennoch konnten nicht alle Wünsche mit dem „Kopfgeld“ erfüllt werden.

die DM in den Westsektoren ein. Begründet wurde die sowjetische Großblockade zu Land und zu Wasser, die vom 24. 6. 1948 bis zum 12. 5. 1949 andauerte, mit „technischen Schwierigkeiten". Dass in West-Berlin bis zum 20. 3. 1949 zwei Währungen galten, war für die Bevölkerung kaum von Belang. Für die weitere Entwicklung von erheblich größerer Bedeutung war, dass von russischer Seite erstmals die These vertreten wurde, ganz Berlin sei Teil der sowjetischen Zone und nehme eine gewisse Sonderstellung ein. Die Westalliierten sollten aus der Stadt abziehen und auf die Gründung eines westdeutschen Teilstaates verzichten. In Verwirklichung der Beistandsgarantien der alliierten Militärs wurde die Abriegelung durch die Einrichtung einer von General Clay organisierten **Luftbrücke** durchbrochen, die einzige Verbindung von und nach Berlin, über die es zwischen den Siegermächten schriftliche Vereinbarungen gab. Auf ihrem Höhepunkt landeten über 900 Flugzeuge, von den Berlinern „Rosinenbomber" genannt, täglich in Abständen von ein bis zwei Minuten auf den schnell ausgebauten Flughäfen im Westteil der Stadt. Fast ein Jahr wurde Berlin mit allen lebensnotwendigen Gütern in annähernd 200 000 Flügen mit 1,44 Mill. t Gütern aus der Luft versorgt. Dies führte in der Stadt und in Westdeutschland zu einem ausgeprägten **Antikommunismus** und zu einer **engen Bindungsbereitschaft an die Amerikaner**. Aus den Besatzungsmächten wurden Schutzmächte. Mit der Spaltung des Berliner Magistrats nach den Wahlen im Dezember 1948 – Bürgermeister waren im Westen Ernst Reuter (SPD), im Osten der Sohn des Weimarer Reichspräsidenten Friedrich Ebert (SED) – war die deutsche Spaltung vorweggenommen.

Mit der Berliner Blockade war zum ersten Mal der **Symbolgehalt Berlins** im Ost-West-Konflikt offenbar geworden. Dank des entschiedenen Vorgehens der Westalliierten hatte die UdSSR ihr Ziel, die Gründung eines westdeutschen

Fast ein Jahr musste Berlin durch „Rosinenbomber" mit allen lebensnotwendigen Gütern aus der Luft versorgt werden.

Staates zu verhindern, nicht erreicht. Am 12. 5. 1949 wurde die Berliner Blockade beendet, für die sowjetische Führung blieb die Insellage West-Berlins aber weiterhin ein Faustpfand bei künftigen Auseinandersetzungen.

Die Gründung der Bundesrepublik Deutschland

Die Londoner Sechsmächtekonferenz hatte über die Gründungsmodalitäten eines westdeutschen Teilstaates verhandelt, das Ergebnis wurde den Ministerpräsidenten der Westzonen im Juli 1948 in den **Frankfurter Dokumenten** übermittelt. Die westlichen Militärgouverneure forderten sie darin auf, eine demokratisch-bundesstaatliche Verfassung ausarbeiten zu lassen, eine Länderneuordnung vorzubereiten und zum geplanten Besatzungsstatut Stellung zu nehmen. Von den Deutschen vorgebrachte Bedenken, damit sei die deutsche Spaltung besiegelt, blieben ohne Wirkungen. Der Aufforderung der Militärgouverneure nachkommend trat im August 1948 in **Herrenchiemsee** ein Expertenkonvent zusammen und arbeitete einen Entwurf für die neue Verfassung aus. Am 1. 9. 1948 tagte zum ersten Mal der sogenannte **Parlamentarische Rat** mit seinen 65 Abgeordneten, die von den Landtagen entsandt wurden, und fünf beratenden Berliner Vertretern. Dem Parlamentarischen Rat gehörten jeweils 27 stimmberechtigte Abgeordnete von SPD und CDU/CSU, fünf von der FDP sowie je zwei von Zentrum, Deutscher Partei (DP) und KPD an. Führende Persönlichkeiten waren **Konrad Adenauer** (CDU) als Präsident und **Carlo Schmid** (SPD), der Justizminister von Württemberg-Hohenzollern, als Vorsitzender des Hauptausschusses. Zu diskutieren war neben der Verteilung der Staatsgewalt auf die verschiedenen staatlichen Institutionen vor allem die **föderale Struktur des neuen Staates** und die **Hauptstadtfrage**. Die neue Verfassung war als Provisorium bis zur Wiedervereinigung gedacht, sie enthielt an exponierter Stelle Grundrechte sowie Bestimmungen, die als **„Erfahrungen aus Weimar"** bezeichnet werden können, wie z. B. das Konzept einer wehrhaften Demokratie, die Abhängigkeit der Regierung vom Parlament, das konstruktive Misstrauensvotum, die Befugnisse des Staatsoberhauptes. Mit 53 zu 12 Stimmen nahm der Parlamentarische Rat am 8. 5. 1949 das **„Grundgesetz"**, wie die Verfassung hieß, um den provisorischen Charakter zu verdeutlichen, an. Die Landtage stimmten ebenfalls zu, nur der bayerische Landtag lehnte das Grundgesetz ab, weil ihm seine Bestimmungen als zu wenig föderalistisch erschienen, ohne allerdings damit gegen die Integration Bayerns in die neue Bundesrepublik zu plädieren. Nach seiner **Verkündung am 23. 5. 1949** trat die „Gründungsurkunde" der **Bundesrepublik Deutschland** einen Tag später in Kraft. Bonn wurde als Regierungssitz ausgewählt und damit provisorische Hauptstadt. Gleichzeitig wurde auch das **Besatzungsstatut** wirksam, in dem sich die Westalliierten wesentliche

Eingriffsrechte in die staatliche und politische Ordnung der Bundesrepublik vorbehielten. Wenn sie davon in den folgenden Jahren auch kaum Gebrauch machten, so wurde dennoch die Rückgewinnung der vollen Souveränität der Bundesrepublik zu einer zentralen Aufgabe der Bundesregierung.

Die Gründung der DDR

Während der Londoner Außenministerkonferenz 1947, die wegen unvereinbarer Standpunkte in der Deutschlandfrage abgebrochen wurde, rief die SED in allen Zonen zur Bildung eines **Volkskongresses für Einheit und Frieden** auf. Der Aufruf erweckte einen demokratischen Anschein und sollte den gesamtdeutschen Aspekt der Veranstaltung suggerieren, zumal die Bildung einer gesamtdeutschen Regierung von den Delegierten, die am 6. und 7. Dezember zusammentrafen, gefordert wurde. In den Westzonen traf dieser Vorstoß auf wenig Resonanz und bewirkte sogar die **endgültige Spaltung gesamtdeutsch organisierter Parteien** wie der CDU und der Liberalen. Nach der Absetzung ihrer Vorsitzenden durch die SMAD wurde die CDU als größte bürgerliche Partei Deutschlands auf eine „Rumpfexistenz" im Westen beschränkt. Beraten wurde auch der SED-Entwurf einer Verfassung, die dem Anschein nach für Gesamt-Deutschland gelten sollte. Man muss aber davon ausgehen, dass die SMAD bereits die Bildung eines sozialistischen ostdeutschen Teilstaates anvisierte, zumal die ökonomischen (Enteignungen) und politischen (kommunistische Machterweiterung) Strukturveränderungen der sowjetischen Besatzungszone darauf hinwiesen. Mit der Betonung des gesamtdeutschen Aspekts und der zeitverzögerten Gründung des ostdeutschen Teilstaates wollte man die Verantwortung für die deutsche Spaltung allein dem Westen zuweisen.

Im März 1948 tagte ein zweiter deutscher Volkskongress, der weiterhin den nationalen und überparteilichen Aspekt betonte, in dem aber noch mehr Kommunisten als im ersten Volkskongress vertreten waren. Der aus dem zweiten Volkskongress gebildete **Deutsche Volksrat** unter der Leitung von Otto Grotewohl billigte den Verfassungsentwurf der SED für eine **Deutsche Demokratische Republik**, ohne ihn in Kraft zu setzen. Man kann davon ausgehen, dass erst der Ausgang der Berliner Blockade und die Entwicklungen im Westen, wo der Parlamentarische Rat gerade mit der Arbeit am Grundgesetz beschäftigt war, abgewartet werden sollten. Ein dritter Volkskongress, aus Wahlen am 15./16. 5. 1949 hervorgegangen, bestätigte die Verfassung am 29. 5. 1949, also nach der Gründung der Bundesrepublik, und setzte einen **zweiten deutschen Volksrat** ein, der sich zur **provisorischen Volkskammer** erklärte und am **7. 10. 1949 die Gründung der DDR** proklamierte. Berlin wurde zur Hauptstadt bestimmt, obwohl dies im Widerspruch zu dem von den vier Siegermächten vereinbarten Sonderstatus der Stadt stand.

Die Verfassung der DDR zeigte formal die Kennzeichen einer Demokratie, jedoch waren die Unterschiede zwischen Verfassungstext und Verfassungswirklichkeit gravierend. Die Wahlen hatten reinen Bestätigungscharakter, da nur die „Nationale Front" wählbar war, in der die SED, die von ihr beherrschten Blockparteien und Massenorganisationen proportional vertreten waren. Über diese Einheitsliste war die Sitzverteilung in der Volkskammer von vornherein festgelegt. Verfassungsrechtlich verankert war auch die Planwirtschaft.

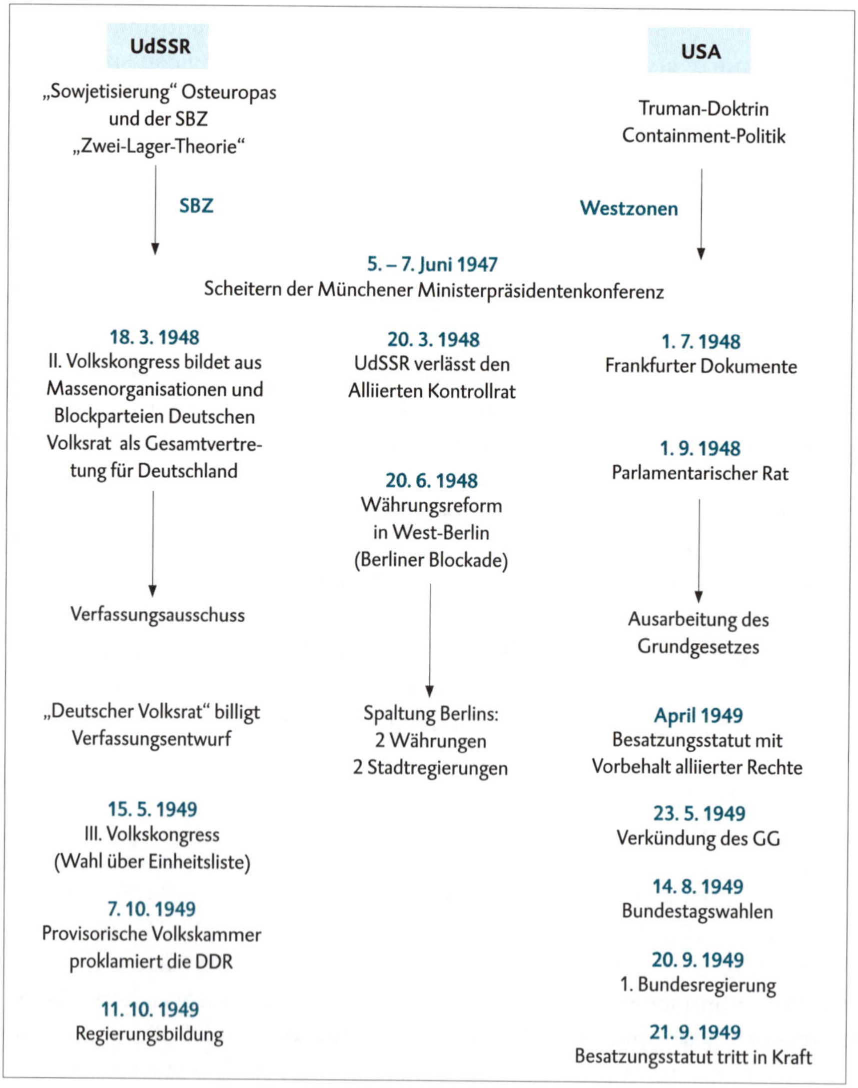

Die Gründung der beiden deutschen Staaten

Chronologie	
21./22. April 1946	Vereinigung von KPD und SPD der SBZ zur SED
6. Sept. 1946	Stuttgarter Rede von US-Außenminister Byrnes
1. Jan. 1947	Zusammenschluss der amerikanischen und britischen Besatzungszone zur Bizone
3. Febr. 1947	Ahlener Programm der CDU
15. Febr. 1947	Auflösung Preußens durch das Kontrollratsgesetz Nr. 46
10. März – 24. April 1947	Moskauer Außenministerkonferenz
12. März 1947	Trumandoktrin
5. Juni 1947	US-Außenminister Marshall verkündet ein Wiederaufbauprogramm für Europa (Marshallplan)
6.–7. Juni 1947	Münchner Ministerpräsidentenkonferenz
14. Juni 1947	Deutsche Wirtschaftskommission in der SBZ
25. Juni 1947	Konstituierung des bizonalen Wirtschaftsrates
20. Febr.– 1. Juni 1948	Sechsmächtekonferenz in London
17. März 1948	Brüsseler Pakt
20. März 1948	Sowjets verlassen Alliierten Kontrollrat
20. Juni 1948	Währungsreform in den Westzonen/Aufhebung der Zwangswirtschaft
23. Juni 1948	Währungsreform in der SBZ
24. Juni 1948–12. Mai 1949	Berliner Blockade
26. Juni 1948	Beginn der Luftbrücke
1. Juli 1948	Frankfurter Dokumente
10.–23. Aug. 1948	Verfassungskonvent von Herrenchiemsee
1. Sept. 1948	Konstituierung des Parlamentarischen Rates in Bonn
19. März 1949	Deutscher Volksrat billigt Verfassung für eine „Deutsche Demokratische Republik“
4. April 1949	Gründung der NATO in Washington
8. April 1949	Bildung der Trizone
5. Mai 1949	Gründung des Europarates in London
8. Mai 1949	Annahme des Grundgesetzes
23. Mai 1949	Verkündung des Grundgesetzes
7. Okt. 1949	Gründung der Deutschen Demokratischen Republik

Die Welt im Kalten Krieg

Als **Kalter Krieg** wird die zeitlich begrenzte Form der Konfrontation zwischen den USA und der UdSSR bezeichnet, die nach 1945 begann, mit der Verkündung des Marshallplans 1947 offen ausbrach und bis zur Kuba-Krise 1962 andauerte. In dieser Zeitspanne verfestigte sich der Ost-West-Konflikt institutionell, geografisch und psychologisch zu einem Wettlauf zwischen der Sowjetunion und den USA um machtpolitischen Einfluss und militärische Überlegenheit. Der Begriff „Kalter Krieg" kennzeichnet einen Spannungszustand unterhalb einer bewaffneten Auseinandersetzung, er wurde aber ideologisch, ökonomisch und verbal umso heftiger und erbitterter ausgetragen.

Kalter Krieg und Entstehung der beiden deutschen Staaten

Während die historisch-politische Richtung der „Traditionalisten" die Sowjetisierung Osteuropas mit ihren bedrohlichen Folgen für Westeuropa und die USA als den Hauptgrund für die Entstehung des Kalten Krieges ansieht, betonen die „Revisionisten" die Missachtung, ja Gefährdung der im Krieg ruinierten UdSSR durch die globalen Zielsetzungen der US-Wirtschaft. Beide Ansätze gehen dabei davon aus, dass die Konfrontation in den unterschiedlichen ideologischen Systemen der USA und der UdSSR selbst begründet sei.

Andere Historiker verstehen unter dem Kalten Krieg einen **Mechanismus wechselseitiger Fehlwahrnehmung** und **Konfliktverschärfung**. Die Sicherheitspolitik der UdSSR sei dabei als unbegrenzter Expansionismus gedeutet worden, dem die amerikanische Billigung oder sogar Unterstützung – bei aller Anerkennung der russischen Sicherheitsinteressen – entschieden verweigert werden musste. Diese Aufkündigung der Kooperation in Krieg und Wiederaufbau der Sowjetunion war aus Sicht der Moskauer Führung Bestandteil des aggressiven Kapitalismus und seiner Führungsmacht, den USA, der man mit noch härterer und entschiedener abgrenzender Sicherheitspolitik begegnen müsste.

In Deutschland stießen diese beiden Interessen unmittelbar aufeinander. Die Entstehung der beiden deutschen Staaten war Ergebnis, nicht Ursache des Kalten Krieges. Bundesrepublik und DDR waren eher Spielbälle als Akteure des Geschehens. So galt die amerikanische Containment-Politik aber nicht nur der Eindämmung der Sowjetunion, sondern auch der eines potenziell starken

Deutschlands („Dual Containment"). Mit dem Marshallplan war die Integration der Westzonen und der späteren Bundesrepublik in das westliche System von Marktwirtschaft und parlamentarischer Demokratie unumkehrbar geworden. Da die 1948 gegründete **Organisation für europäische wirtschaftliche Zusammenarbeit (OEEC)** nicht in der Lage war, die Verteilung der Hilfsgelder des ERP zu übernehmen, wurden die **USA** durch die Kontrolle der Gegenwertkonten des ERP zur **unbestrittenen Führungsmacht des westlichen Europas**. Der Außenhandel Westdeutschlands mit Europa und den USA stieg stark an, der mit dem Osten und der Interzonenhandel nahmen ab. Die Integration der SBZ bzw. DDR in den östlichen Block erfolgte zeitgleich. Die SED mit ihren in Russland geschulten Spitzenfunktionären ordnete sich bereitwillig den Vorstellungen der Moskauer Zentrale unter. Mit der Einbindung der späteren DDR in Wirtschaftsstruktur und -system des 1948 gegründeten **Rats für gegenseitige Wirtschaftshilfe (RGW)** gingen eine Abnahme des Handels mit dem Westen und seine Zunahme mit dem Osten einher. Bereits 1948 war daher die Aufteilung Deutschlands in zwei Staaten mit verschiedenen Gesellschafts- und Wirtschaftssystemen de facto vollzogen.

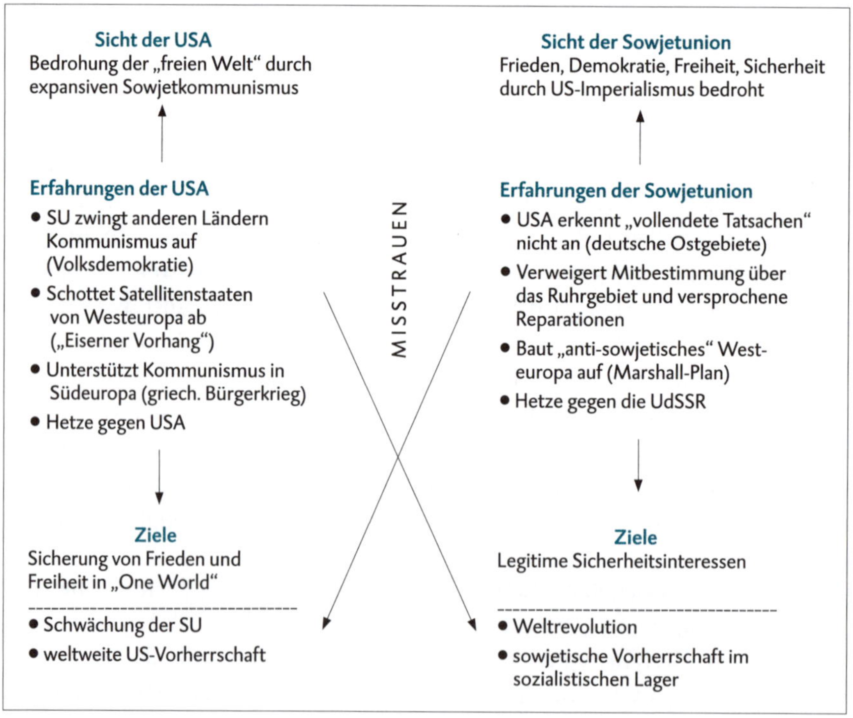

Die Entstehung des Kalten Krieges

Internationale Politik im Kalten Krieg

Die Teilung Deutschlands war somit Ausdruck der internationalen Entwicklung in der Nachkriegszeit, der Entzweiung der Siegermächte des Zweiten Weltkrieges. Der **Kalte Krieg** mit seinen schablonenhaften Feindbildern prägte auch die weitere Entwicklung. Die beiden Führungsmächte der Welt, USA und UdSSR, grenzten ihre Einflusssphären voneinander ab und banden zahlreiche Staaten durch außen- und sicherheitspolitische Bündnisse an sich. An den Nahtstellen der Blöcke standen sich Amerikaner und Sowjets unmittelbar gegenüber, hier war die Gefahr einer direkten militärischen Konfrontation besonders groß. Erst die Erfahrung, dass keine der beiden Mächte eine Veränderung des Status quo hinzunehmen bereit war und der „kalte" Krieg tatsächlich in einen „heißen" umschlagen konnte, führte nach der Kuba-Krise zu der Einsicht, die Interessensgegensätze in einem System von Entspannung und weltweiter Sicherheit ausgleichen zu müssen.

Vom Containment zum Roll Back

Ähnlich wie Deutschland war Korea seit 1948 in zwei Staaten geteilt. Am 25. Juni 1950 marschierten Truppen des kommunistischen Nordkoreas in Südkorea ein, Kontingente der UNO unter dem Kommando der USA führten den Gegenangriff, den Verbände der kommunistischen VR China stoppten. Mit dem Rückzug beider Seiten auf die Trennungslinie am 38. Breitengrad endete der **Korea-Krieg** und es erfolgte die völlige Abschottung des kommunistischen Nord- vom demokratischen Südkorea. Nur eine abwehrbereite westliche Welt hatte die kommunistische Expansion stoppen können.
Allerdings hatte die UdSSR 1949 das amerikanische **Atomwaffenmonopol** durchbrochen und konnte einen amerikanischen Atomwaffeneinsatz, die „massive Vergeltung", mit einem **nuklearen Gegenschlag** beantworten. Um in weiteren Konflikten auch unterhalb dieser Schwelle handlungsfähig zu bleiben, förderten die USA daher die konventionelle militärische Aufrüstung in Westeuropa und banden weitere Länder in ihr Bündnissystem ein. In dieses Konzept gehörten auch die Stationierung amerikanischer Truppen in Japan nach Abschluss eines Friedensvertrages im September 1951, militärische Beistandspakte mit den Philippinen, Australien und Neuseeland, die Aufnahme der Türkei und Griechenlands in die NATO im Februar 1952, der Ausbau des amerikanischen Militärpotenzials mit der Wasserstoffbombe. Der Wandel von der Containment-Politik zum Zurückdrängen des Kommunismus **(Roll Back)** wurde besonders von John F. Dulles betrieben, dem Außenminister des amerikanischen Präsidenten Eisenhower.

Im Koreakrieg kämpften nordkoreanische Truppen gegen Südkorea, das in erster Linie von den USA unterstützt wurde. Am 28. 7. 1953 konnte der Waffenstillstand unterzeichnet werden: Der Krieg hatte im Prinzip nur die Zementierung der koreanischen Teilung zur Folge.

In der **Sowjetunion** hatte sich im März 1953 ein **Machtwechsel** vollzogen. Nach dem Tod Josef Stalins war sein Nachfolgerkollektiv (Malenkow, Bulganin, Chruschtschow, Molotow) mit internen Machtkämpfen beschäftigt, aus denen Chruschtschow als Sieger hervorging. Das Stillhalten der Westmächte bei den Ereignissen vom 17. Juni 1953, der Waffenstillstand in Korea (Juli 1953) und in Indochina (Juli 1954) schienen eine allgemeine Entspannung und die Funktionsfähigkeit des „Roll Back" zu signalisieren.

Epochenjahr 1955

Mit der Gründung der beiden deutschen Staaten war die Entscheidung über **Blockintegration des jeweiligen Teilstaates** oder **Neutralisierung eines vereinten Deutschlands** jedoch noch nicht endgültig besiegelt. Betrachteten die USA die Lösung der „Deutschen Frage" aus sicherheitspolitischen Überlegungen als Voraussetzung für weitere Entspannungsbemühungen, war sie in den Augen der Sowjetunion, aber auch Frankreichs und Großbritanniens integraler Bestandteil von Entspannung. Das Bedrohungspotenzial der NATO unter deutscher Beteiligung machte die Deutschlandfrage vor allem für die UdSSR bis 1955 verhandelbar.

Sowjetische Angebote (Stalin-Noten 1952, Molotow-Vorschläge 1953–55) zielten daher auf die Wiedervereinigung eines neutralisierten und unter Viermächte-Kontrolle stehenden Deutschlands ab. Modell für diese Überlegungen war Österreich, das ebenfalls von den Siegermächten besetzt gewesen war. Im Staatsvertrag von 1955 war der Abzug der Besatzungstruppen gegen die Verpflichtung zur strikten Neutralität „erkauft" worden. Im Falle des strategisch erheblich wichtigeren Deutschlands waren die Westmächte zu diesem Schritt aber nicht bereit. Auf die Ablehnung der USA stießen auch britische Überlegungen, dass das Atomwaffenpotenzial der Westalliierten einen westdeutschen Verteidigungsbeitrag überflüssig mache und daher die Berücksichtigung der sowjetischen Sicherheitsinteressen mit einer „Konfliktbeseitigung durch Wiedervereinigung“ die Konfrontationsschwelle in Europa senken würde. Letztlich war auf westlicher Seite die Furcht vor einem Zusammengehen von Sowjetunion und vereintem Deutschland wie nach dem Ersten Weltkrieg aber wohl zu groß („Rapallo-Komplex“). Nur eine westintegrierte Bundesrepublik konnte das gewünschte Bollwerk gegen den Kommunismus bilden, nur mithilfe des westdeutschen Wirtschaftspotenzials war die westeuropäische Integration zu realisieren. Westliche Initiativen hingegen (Eden-Plan auf den Viermächtekonferenzen in Berlin 1954 und Genf 1955) wurden von den Sowjets wegen der Forderung nach freien Wahlen als unannehmbar abgelehnt.

Im **Epochenjahr 1955** war die Teilung der Welt in einen demokratisch-kapitalistischen und einen kommunistischen Block vollzogen:

- Gründung des **Bagdadpaktes** im Nahen und Mittleren Orient;
- Gründung der **SEATO** (Südostasienpakt);
- der voranschreitende Aufbau der **Bundeswehr** im Rahmen der NATO (Pariser Verträge)
- sowie der Aufbau der **Nationalen Volksarmee** (NVA) in der DDR im Rahmen des **Warschauer Paktes**.
- Für die außerhalb der Blöcke stehenden Länder wurde auf der Konferenz von Bandung (Indonesien) der Begriff **Dritte Welt** kreiert.

Weltpolitischer Wandel nach 1955

Mit dem Abschluss der Blockbildung wandelte sich die sowjetische Politik: Sie akzeptierte nun in der **Koexistenz-Doktrin** das friedliche Nebeneinander von Staaten unterschiedlicher Gesellschaftsordnungen **(friedliche Koexistenz)**. Zwar gehe der ideologische Kampf unverändert weiter, doch statt mit militärischen Mitteln werde der Sozialismus seine Überlegenheit im wirtschaftlichen Wettbewerb der Systeme beweisen. An die Stelle expansiven Ausgreifens traten demzufolge Sicherung und Festigung des einmal gewonnenen Einflussbereiches. Staaten, die sich der erzwungenen Übernahme des sowjetischen Vorbildes widersetzten und nationale Sonderwege beschritten, wurden brutal unterworfen. So schlugen sowjetische Truppen im Herbst 1956 in langen Kämpfen einen Aufstand in Ungarn blutig nieder, der die Absetzung der kommunistischen Machthaber und die Installierung einer demokratischen Regierung erreicht hatte. Auch im „polnischen Oktober“ 1956 beendete die Rote Armee eine kurze Phase der Reformen und verhalf linientreuen Stalinisten in Warschau an die Macht. Die Westmächte sahen der Verfolgung von Oppositionellen und der Etablierung sowjethöriger Regime in Osteuropa untätig zu.

Die Hauptakteure der Kuba-Krise, der gefährlichsten Konfrontation des Kalten Krieges: Kennedy, Chruschtschow und Castro. Fidel Castros sozialistischer Kurs führte zum Konflikt mit den USA, der im Prinzip bis heute besteht.

Auch in der **Deutschlandpolitik** verfolgte die Sowjetunion, nachdem die Westalliierten sich einer Wiedervereinigung zu Moskaus Bedingungen widersetzt hatten, nun einen Kurs der Abgrenzung. Sie hatte die Westintegration und die Wiederbewaffnung der Bundesrepublik nicht verhindern können und setzte nun alles daran, die Trennung zwischen den beiden deutschen Staaten unumkehrbar zu machen. Dazu bezeichnete sie die nach Kriegsende getroffenen Vereinbarungen zwischen den Siegermächten als hinfällig und überholt. Im **Chruschtschow-Ultimatum** (1958) und im Friedensvertragsentwurf von 1959 wurden der Abzug der Westalliierten aus West-Berlin und die Umwandlung West-Berlins in eine **Freie Stadt** neben Bundesrepublik und DDR („Drei-Staaten-Theorie") gefordert.

Die Westalliierten ließen das Ultimatum verstreichen. Ihr Zugeständnis bestand darin, dass im Friedensplan von US-Außenminister Herter auf der Genfer Außenministerkonferenz 1959 freie Wahlen – bisher Vorbedingung einer Wiedervereinigung Deutschlands – auf einen späteren Zeitpunkt verschoben wurden. Eine politische Lösung der Deutschlandfrage erforderte aber substanzielle Zugeständnisse, zu denen weder die Amerikaner noch die Sowjets bereit waren, da ein Nachgeben das Eingeständnis einer Niederlage im Kalten Krieg der Systeme bedeutet hätte.

Für Berlin formulierte der amerikanische Präsident Kennedy die unverrückbaren westalliierten Rechte mit den **"three essentials"**: Erhalt von Lebensfähigkeit und Sicherheit der Stadt sowie der freien Zufahrt. Da diese Rechte beim Mauerbau 1961, mit dem die hermetische Abriegelung des kommunistischen Herrschaftsbereiches erfolgte, nicht berührt waren, entsprach die militärische Zurückhaltung der USA ihrer politischen Zielsetzung: Die USA waren durchaus gewillt, ihren Einflussbereich mit allen zur Verfügung stehenden Mitteln zu sichern, gingen aber keinen Schritt darüber hinaus. Ihre Solidarität mit Aufstandsbewegungen gegen die Moskauer Zentrale war nur moralischer, aber nicht militärischer Art.

Länder zwischen den Blöcken

In der Phase des Kalten Krieges und sich verhärtender Blöcke bildete sich Mitte der 50er-Jahre die Bewegung der Blockfreien, eine Gruppe von Staaten, die wie Indien oder Indonesien bereits die Kolonialherrschaft beseitigt hatten, zu der aber auch das mit der UdSSR zerstrittene Jugoslawien gehörte. Sie waren Vorbild für viele Länder Afrikas und Asiens, die nach staatlicher Unabhängigkeit strebten. Die Entkolonialisierung verlief selten friedlich. Algerien löste sich in einem blutigen Befreiungskrieg von Frankreich, in Belgisch-Kongo wurden während des Bürgerkriegs UN-Truppen eingesetzt. Indonesien hatte bereits 1949 seine Unabhängigkeit von den Niederlanden militärisch erkämpft, Vietnam wurde nach seinem Sieg über die Franzosen 1954 geteilt. In Ägypten konnte Staatschef Nasser in der Suezkrise trotz einer Niederlage gegen britische und französische Truppen die Verstaatlichung des Suezkanals durchsetzen.

Militärisches Patt der Großmächte

Die Sowjetunion hatte im Verlauf der 50er-Jahre mit den USA militärisch gleichgezogen und konnte eine **massive Vergeltung** der Amerikaner mit einem atomaren Gegenschlag beantworten. Nur eine Situation äußerster Bedrohung rechtfertigte die Risiken eines Atomkrieges, und das Tauziehen um die Wiedervereinigung Deutschlands stellte keine akute Gefahr dar. Auf diese veränderten Bedingungen und den Start des ersten russischen Satelliten 1957 („Sputnik-Schock") reagierten die USA, indem sie ihr Raketenpotenzial und die militärische Präsenz an bedrohten Punkten verstärkten. Unter der Regierung Kennedy wandelte sich 1962 die Sicherheitsdoktrin zu der einer flexiblen Antwort **(flexible response):** Auf einen mit konventionellen Waffen geführten Angriff würde in einer abgestuften, sich steigernden Skala bis hin zum Atomwaffeneinsatz reagiert werden („Eskalationsdrohung"). Ziel des **Wettrüstens** war auf amerikanischer Seite, eine strategische Überlegenheit durch die „Triade" aus strategischer Bomberflotte der USA, Atom-U-Booten und Interkontinentalraketen zu erlangen. Den hierfür notwendigen Ausbau des gesamten Waffenarsenals glich die Sowjetunion aber jeweils aus, sodass beide Mächte bald die „Zweitschlagkapazität" besaßen, also einen Atomangriff auf gleiche Weise beantworten konnten („atomares Patt").

Auch der Weltraum wurde zum Schauplatz der technologischen Konkurrenz. Nachdem der russische Kosmonaut Gagarin 1961 als erster Mensch in einer Raumkapsel die Erde umkreist hatte, zogen die Amerikaner in einer gewaltigen Anstrengung mit der Entwicklung eines Weltraumprogramms (**Mondlandung** der amerikanischen Astronauten Armstrong und Aldrin 1969) nach.

Kuba-Krise

Höhe- und Schlusspunkt des Kalten Krieges war die Kuba-Krise. Auf die **Stationierung sowjetischer Mittelstreckenraketen auf Kuba**, die direkt auf die USA zielten, reagierte Präsident Kennedy im Oktober 1962 mit der Verhängung einer **Seeblockade** und der Alarmierung der atomaren Bomberflotte. Als auch die Sowjets ihre Truppen in Alarmbereitschaft versetzten und Panzer rings um Berlin zusammenzogen, schien der Ausbruch des Krieges nur eine Frage von Stunden oder Tagen zu sein. Chruschtschow lenkte aber ein, bevor die russischen Schiffe die Hoheitsgewässer Kubas erreichten. Beide Seiten bauten ihr Raketenpotenzial, die USA in der Türkei und die UdSSR in Kuba, ab. Die amerikanische Drohung, Kuba zu besetzen oder die Raketen dort zu zerstören, war glaubwürdig. Aber bei einem Scheitern des amerikanisch-sowjetischen Krisenmanagements wären voraussichtlich die westeuropäischen NATO-Staaten Opfer eines russischen atomaren Gegenschlags geworden (Geiselrolle Europas). Amerikanische Sicherheitsinteressen waren mit denen der Europäer daher nicht automatisch deckungsgleich.

Das Ergebnis der Kubakrise spiegelte eine veränderte außen- und sicherheitspolitische Lage wider: Die vermeintliche Passivität der USA während des Mauerbaus und das Einlenken der Sowjets in der Kubakrise waren Ausdruck der wachsenden Erkenntnis, dass jeder Versuch einer der Großmächte, die Abgrenzung der Machtsphären zu durchbrechen, die Welt an den Abgrund eines Dritten (atomar ausgetragenen) Weltkrieges führte. Die deutsche Politik musste anerkennen, dass die Erhaltung des Status quo in Europa ausdrücklich Deutschland einschloss, und ihre bisherigen Positionen (provisorischer staatlicher Charakter, Alleinvertretungsanspruch, Nicht-Anerkennung der DDR) überdenken.

„O.K. Mr. Präsident, wir reden miteinander."

Chronologie	
16. April 1948	Gründung der OECD
28. Juni 1948	Bruch Jugoslawiens mit der Sowjetunion
25. Jan. 1949	Gründung des Rats für Gegenseitige Wirtschaftshilfe (RGW)
29. Aug. 1949	Test der ersten sowjetischen Atombombe
1. Okt. 1949	Proklamation der Volksrepublik China
25. Juni 1950	Beginn des Koreakrieges
5. März 1953	Tod Stalins
25. Jan. – 18. 2. 1954	Viermächtekonferenz Berlin
26. April – 21. Juni 1954	Scheitern der Genfer Korea-Verhandlungen, Teilung Vietnams
8. Sept. 1954	Gründung der SEATO
1955	Aufbau der Bundeswehr in Westdeutschland und der NVA in der DDR
18.–24. April 1955	Konferenz der Blockfreien in Bandung
15. Mai 1955	Österreichischer Staatsvertrag
18.–23. Juli 1955	Genfer Gipfelkonferenz
14.–25. Febr. 1956	XX. Parteitag der KPdSU (Entstalinisierung)
22. Juni 1956	Posener Aufstand mündet in den sogenannten polnischen Oktober
29. Okt.–6. Nov. 1956	Suezkrise
23. Okt. 1956	Beginn des ungarischen Volksaufstands
4. Okt. 1957	Start des ersten sowjetischen Satelliten („Sputnik-Schock")
27. Nov. 1958	Chruschtschow-Ultimatum
1957–1964	Unabhängigkeit der meisten afrikanischen Staaten
1. Jan. 1959	Gewaltsamer Umsturz auf Kuba (Fidel Castro)
16. Mai 1960	Scheitern der Pariser Gipfelkonferenz
30. Juni – Sept. 1960	Kongo-Krise
18. März 1962	Ende des Algerienkrieges
14. März 1962	Beginn der UN-Abrüstungsverhandlungen in Genf
14.–28. Okt. 1962	Kuba-Krise

Die Bundesrepublik zur Zeit Adenauers

Die Ära Adenauer

Nach dem knappen Ausgang der ersten Bundestagswahl am 14. August 1949 zugunsten der CDU/CSU (31,0 %) vor der SPD (29,2 %) wurde Konrad Adenauer, der Vorsitzende der CDU in der britischen Besatzungszone, am 15. September 1949 mit genau der erforderlichen absoluten Mehrheit zum ersten Bundeskanzler der Bundesrepublik Deutschland gewählt. Der ehemalige Oberbürgermeister von Köln, nach 1933 von den Nationalsozialisten entlassen, hatte als Präsident des Parlamentarischen Rates (1948) zusammen mit Carlo Schmid (SPD) das Grundgesetz entscheidend mitgestaltet. Auch die Wahl Bonns zur provisorischen Hauptstadt ging wesentlich auf ihn zurück, der den politischen Schwerpunkt des neuen Staates in den Westen gerückt sehen wollte. Adenauer interpretierte den Wahlausgang als Absage an die **planwirtschaftlichen Vorstellungen** der SPD und als Zustimmung zum Konzept der **sozialen Marktwirtschaft** von Wirtschaftsminister **Ludwig Erhard**. Zwar gab es in der Union Befürworter einer großen Koalition mit der SPD, jedoch hatte Adenauer bereits vor der Kanzlerwahl die Weichen für eine Koalition aus CDU/CSU, FDP und DP (Deutsche Partei) gestellt, die er mit seiner Art der Verhandlungsführung ohne Konsultation des Parlaments und **autoritärem Führungsstil** klar dominierte, sodass das politische System als **Kanzlerdemokratie** bezeichnet wurde. Seine Politik der Westintegration vor einer risikoreichen Wiedervereinigung versprach Sicherheit und erfuhr in den Bundestagswahlen bis Mitte der 60er-Jahre ihre Bestätigung („Keine Experimente").

Kurt Schumacher (SPD) und Konrad Adenauer (CDU) waren die herausragenden Politiker der Anfangsjahre. Sie stehen zugleich für die unterschiedlichen Auffassungen um den Weg der Bundesrepublik.

Parteien

Das Grundgesetz der Bundesrepublik hatte den Parteien eine herausragende Aufgabe zugewiesen: Die **Mitwirkung bei der politischen Willensbildung des Volkes** auf allen Gebieten. Dem Bundesverfassungsgericht oblag die Trennung zwischen verfassungskonformen und -feindlichen Parteien. Es verbot in der Anfangsphase der Bundesrepublik die rechtsradikale SRP (1952) und die KPD (1956). Im ersten Bundestag waren acht Parteien vertreten, da sich die **5 %-Sperrklausel** bis 1953 nicht auf das bundesweite Wahlergebnis einer Partei bezog, sondern nur in einem Bundesland überwunden werden musste. Danach verloren kleinere bürgerliche Parteien immer mehr an Bedeutung bzw. wurden von den Unionsparteien aufgesogen. Am Ende der Adenauer-Ära hatte sich das **Dreiparteiensystem** aus CDU/CSU, SPD und FDP etabliert.

Die **CDU**, die sich im Oktober 1950 als Bundespartei mit Adenauer als Vorsitzendem konstituiert hatte, verkörperte den neuen Typus einer **Volkspartei**, die unter Vermeidung ideologischer Programmatiken alle gesellschaftlichen Schichten ansprechen und im politischen Leben nach pragmatischen Wegen suchen wollte. Ihre Schwesterpartei **CSU**, mit der sie im Bundestag eine Fraktionsgemeinschaft bildete, glaubte mit der Berücksichtigung spezifisch bayerischer Belange einen eigenständigen Weg gehen zu müssen.

Mit ihrer ideologischen Festlegung auf marxistische Positionen und einer rückwärts gewandten Orientierung auf den Nationalstaat unter den Parteivorsitzenden Kurt Schumacher und (nach seinem Tod) Erich Ollenhauer war die **SPD** in der gesamten Adenauer-Ära keine ernsthafte Konkurrenz für die Union. Erst als sie im außen- und wirtschaftspolitischen Bereich mit dem **Godesberger Programm** (November 1959) ihre starre und unergiebige Oppositionshaltung aufgab, schuf sie mit **Willy Brandt** die Basis für ihre späteren Erfolge als zweite große Volkspartei.

Nach der Wahl von **Theodor Heuss** zum ersten Bundespräsidenten der Bundesrepublik Deutschland fehlte der **FDP** eine Führungsfigur, die imstande gewesen wäre, Richtungskämpfe zwischen Nationalliberalen und Linksliberalen zu verhindern. Auch **Thomas Dehler**, im ersten Kabinett Justizminister und seit 1954 Parteivorsitzender, konnte seine Partei nicht zu einer verbindlichen Programmatik führen. In Fragen der Deutschlandpolitik gespalten, war die FDP zwischen 1957 und 1961 nicht an der Regierung beteiligt.

Das Ende der Ära Adenauer

Die Ära Adenauer dauerte ebenso lange wie die Weimarer Republik, aber die vierzehn Jahre unterscheiden sich grundlegend von der Situation nach dem Ersten Weltkrieg. Statt 13 verschiedener Reichskanzler, die mit häufig wechselnden Konstellationen, teilweise auch mit Minderheitskabinetten, die junge Republik in ständigen Kämpfen gegen den Rechts- und Linksradikalismus kaum behaupten konnten, sind die 50er- und der Anfang der 60er-Jahre geprägt durch die hohe Kontinuität einer stabilen bürgerlich-konservativen Regierung unter nur einem Bundeskanzler. Die große Zustimmung, die die Regierung Adenauer trotz des hohen Alters des Bundeskanzlers erfuhr, ist begründet in der Rückgewinnung politischer und ökonomischer Entscheidungsfreiheit, von Sicherheit und Selbstbestimmung. Die wirtschaftliche Prosperität, der Ausbau des Sozialstaates und die beginnende europäische Integration waren sichtbare Erfolge der Regierung unter Bundeskanzler Adenauer. Zudem gelang es der CDU, die antikommunistischen Ängste der Bevölkerung gegen die SPD zu mobilisieren, sodass die überall erkennbare Modernisierung der Gesellschaft unter konservativen Vorzeichen erfolgte.

Während sich die SPD am Ende der 50er-Jahre reformierte, setzte in der CDU eine Diskussion um die Nachfolge Adenauers als Bundeskanzler und Parteivorsitzender ein. Nach dem Bau der Berliner Mauer am 13. August 1961 setzte Adenauer seinen Bundestagswahlkampf fort und reiste nicht nach Berlin. Statt dessen kommentierte er die Ereignisse zurückhaltend und polemisierte gegen den Berliner Regierenden Bürgermeister Willy Brandt.

Bei der Wahl büßte die Union ihre absolute Mehrheit ein und Adenauer musste sich verpflichten, im Herbst 1963 für seinen designierten Nachfolger Erhard Platz zu machen. Verbunden blieb aber das Ende seiner Amtszeit mit der sogenannten **Spiegel-Affäre** (Okt. 1962). Als die Zeitschrift „Der Spiegel" angeblich geheime Daten über die Einsatzbereitschaft der Bundeswehr veröffentlichte und daraufhin ihre Redaktionsräume unter dem Vorwurf des Landesverrats durchsucht und Redakteure verhaftet wurden, traten Verteidigungsminister Strauß und am 15. Oktober 1963 auch Adenauer zurück. Er blieb noch zwei Jahre Vorsitzender der CDU und starb 1967 im Alter von 91 Jahren.

Bundeskanzler Adenauer trat 1963 nach 14 Jahren Regierungszeit als Bundeskanzler nur unfreiwillig von seinem Amt zurück. Gedrängt wurde er außer von der SPD und der FDP auch von seiner eigenen Partei. Schweren Schaden hatte der Kanzler vor allem durch die Spiegel-Affäre genommen.

Deutschlandpolitik

1949 war die **Souveränität** der Bundesrepublik nur in **begrenztem Umfang** wiederhergestellt. Die drei Westalliierten hatten sich mit dem **Besatzungsstatut** vom 21. 9. 1949 wichtige Rechte vorbehalten: Die oberste Gewalt verblieb bei der **Hohen Alliierten Kommission**; sie konnte die Regierungsgewalt aus Sicherheitsgründen oder zur Aufrechterhaltung der demokratischen Staatsform wieder an sich ziehen, war für die Außenpolitik der Bundesrepublik zuständig und bei Grundgesetzänderungen zustimmungspflichtig.

Außenpolitische Positionen der CDU und der SPD

Die außenpolitischen Grundsatzentscheidungen bis zum Abschluss der Westintegration 1955 prägten – angesichts der wenigen Optionen für die westdeutsche Außen- und Deutschlandpolitik – auch die innenpolitische Entwicklung der Bundesrepublik nachhaltig. Im Richtungsstreit zwischen CDU und SPD wurden durch die herausragende Stellung der Parteiführer Adenauer und Schumacher die Positionen in hohem Maße personalisiert und zugespitzt.

Adenauer zielte darauf ab, im Einvernehmen mit den Westmächten durch eine stückweise Erweiterung der deutschen Zuständigkeiten die Bundesrepublik handlungsfähig zu machen, um eine Politik gegen deutsche Interessen verhindern zu können. Für ihn war die **Westintegration Voraussetzung für eine Wiedervereinigung Deutschlands in Frieden und Freiheit**. In enger Anbindung an die westeuropäischen Nachbarn und die USA sollte die deutsche Zuverlässigkeit unter Beweis gestellt werden, um schnell die volle Souveränität zu erreichen. Die **Sicherung von Freiheit und Frieden Westdeutschlands als vorrangiges Ziel** würde zwar die Überwindung der Teilung zurückstellen, aber deren Chancen im Rahmen einer gesamteuropäischen Friedens- und Sicherheitspolitik steigen lassen. Einen „deutschen Sonderweg" oder eine bloße Westorientierung wie die österreichische schloss er aus, da ein mit dem Wohlwollen der Sowjetunion vereinigtes Deutschland für diese nur als neutralisiertes, d. h. „unfreies", hinnehmbar sei. Zur Realisierung seiner **Politik der Stärke** bot er frühzeitig in der Korea-Krise einen eigenen westdeutschen Verteidigungsbeitrag an und finanzierte aus dem Staatshaushalt der Bundesrepublik die Stationierung der britischen „Rheinarmee".

Dagegen überwog bei **Schumacher** die Sorge, mit einer möglichst **schnellen Westintegration Chancen auf die Wiedervereinigung zu verspielen**. Nur unter der Voraussetzung einer (gesamt)deutschen Gleichberechtigung könne die westeuropäische Integrationspolitik betrieben werden. Er bezeichnete Adenauer, der in den folgenden Jahren jede sich bietende Gelegenheit nutzte, den Westalliierten die deutsche Bereitschaft zur Zusammenarbeit zuzusichern, um damit die Auflagen des Besatzungsstatus zu lockern, als „Kanzler der Alliierten". Auch in der Europa-Politik lehnte Schumacher den Prozess der wirtschaftlichen Integration als „kapitalistisch" und „konservativ" ab. Besonders erbitterte Auseinandersetzungen gab es wegen des Petersberger Abkommens, in der Saar-Frage, um die Montan-Union und in der Diskussion um die Wiederbewaffnung. Die von ihm geforderte **Unnachgiebigkeit gegenüber den Westmächten** war angesichts der Machtverhältnisse in einem von der Hohen Alliierten Kommission kontrollierten, nicht souveränen Staat, der auf die Zusammenarbeit mit den USA und Westeuropa angewiesen war, wohl kaum praktizierbar und führte die SPD ins politische Abseits.

Deutsche Frage als Konfliktstoff

Neben der Westintegration war die **Deutsche Frage** das beherrschende Thema der deutschen Außenpolitik. Bereits am 21. Oktober 1949 hatte Adenauer vor dem Bundestag erklärt, dass allein die Bundesrepublik alle Deutschen vertreten könne, da nur sie aus freien Wahlen hervorgegangen und deswegen dazu legitimiert sei. Der politisch, rechtlich und moralisch begründete **Alleinvertretungsanspruch** der Bundesrepublik wurde ebenso wie das **Selbstbestimmungsrecht** des deutschen Volkes von der SPD mitgetragen. Er entsprach der Präambel des **Grundgesetzes** und bedeutete, dass Vertriebene oder Flüchtlinge aus der DDR als (bundes)deutsche Staatsbürger zu gelten hatten. Die **Bundesregierung** ging während der gesamten Ära Adenauer nicht vom Grundsatz ab, dass freie Wahlen in Gesamtdeutschland unverrückbare Voraussetzung für die Wiedervereinigung seien. Da diese in der DDR nicht verfassungsrechtlich verankert seien, müsste eine unabhängige Kommission sie in der DDR kontrollieren. Die **DDR-Regierung** beharrte dagegen auf der Anerkennung zweier deutscher Staaten **(Zwei-Staaten-Theorie)**. Sie schlug vor, durch einen paritätisch besetzten Rat eine Verfassung für ganz Deutschland ausarbeiten zu lassen und anschließend gesamtdeutsche Wahlen durchzuführen. Im Selbstverständnis der beiden Staaten war also die Unüberbrückbarkeit der Auffassungen angelegt, die trotz aller Vorschläge und Gegenvorschläge letztlich nur Stillstand signalisierte.

Stalin-Note

Während der Verhandlungen über die Europäische Verteidigungsgemeinschaft schlug die Sowjetunion Gespräche über die Wiedervereinigung Deutschlands vor (**Stalin-Noten** vom 10. März und 9. April 1952). Stalin versprach, einer Wiedervereinigung zuzustimmen, den Abzug aller Streitkräfte aus Deutschland binnen eines Jahres, Zustimmung zum Aufbau von Selbstverteidigungskräften eines vereinten Deutschlands, demokratische Rechte für das deutsche Volk und die Aufnahme in die UNO. Im Gegenzug sollte Deutschland keinem Militärbündnis gegen seine ehemaligen Feinde beitreten und die (territorialen) Beschlüsse der Potsdamer Konferenz anerkennen. Adenauer und die Westalliierten gingen auf die Mischung von Versprechungen und Forderungen nicht ein – auch als Stalin in der zweiten Note freie Wahlen als Vorbedingung akzeptierte –, da man hinter diesem diplomatischen Vorstoß nur ein Störmanöver gegen die Wiederbewaffnung vermutete und die USA Westdeutschland nicht als Pfeiler in ihrem Verteidigungssystem aufgeben wollten. Gegner der Politik Adenauers warfen ihm vor, mit der Zurückweisung des sowjetischen Vorschlags eine Chance zur Wiedervereinigung verspielt zu haben, zumal die innerdeutsche Grenze nach dem Vertragsabschluss durch den Bau von Sperrzonen deutlich weniger durchlässig geworden war.

Auch 50 Jahre nach der Stalin-Note und nach Öffnung der Moskauer Archive wird unter Fachwissenschaftlern weiterhin darüber gestritten, ob dieses Angebot ein Manöver zur Verhinderung der Westintegration der Bundesrepublik oder eine vom Westen ungenutzte Möglichkeit zur Wiedervereinigung gewesen sei. Für die **Substanz- oder Angebotsthese** (Loth, Steininger) spricht, dass der sowjetische Vorschlag für einen Friedensplan mit Deutschland bereits im Februar 1951 entworfen und ständig einer möglichen Akzeptanz im Westen angepasst worden war, wie das Zugeständnis freier Wahlen belegt. Stalin war demnach wirklich mit einem vereinten Deutschland – außerhalb des westlichen Blocks, aber noch nicht sozialistisch – einverstanden. Adenauer habe die zögernden Westalliierten zur Ablehnung gedrängt, da für ihn die Westintegration und nicht die Wiedervereinigung das Ziel gewesen sei. Vertreter der **Alibi- oder Propagandathese** (Graml, Wettig) verweisen dagegen darauf, dass die Sowjetunion mit der Stalin-Note nur das erreichen wollte, was sie seit 1945 angestrebt hatte: Einen Zugriff auf das gesamte Deutschland, notfalls zum Preis der Wiedervereinigung. Insofern sei der Vorstoß nichts substanziell Neues gewesen. Es habe für Stalin keinen Grund gegeben, einem freien und souveränen Gesamtdeutschland außerhalb des sowjetischen Einflusses zuzustimmen, da nach der Lehre des Marxismus-Leninismus der Sieg der Sowjetunion über alle Gegner vorherbestimmt sei.

Auch nach dem Tod Stalins rückte Adenauer nicht von seiner Einschätzung der Sowjets ab. Die Ereignisse in der DDR am **17. Juni 1953** (s. S. 72), bei denen ein Streik der Bauarbeiter in Ost-Berlin sich schnell zu einem **Volksaufstand** in der gesamten DDR gegen die Staats- und Parteiführung ausweitete, wurden als Beleg für die tief greifende Unzufriedenheit der Bevölkerung in Ostdeutschland mit dem Sozialismus interpretiert. Die Reaktion der kommunistischen Machthaber schien Adenauer und die West-Alliierten in ihrem sicherheitspolitischen Konzept und dem Misstrauen gegenüber der Sowjetunion zu bestätigen. Um ein Übergreifen des Konfliktes zu vermeiden und die weitere Westintegration des westdeutschen Teilstaates nicht zu gefährden, verzichteten sie aber auf eine bewaffnete Hilfe für die Aufständischen. Adenauers Kritiker dagegen sahen sich darin bestätigt, dass die Westintegration und nicht die Wiedervereinigung sein politisches Ziel sei.

Adenauers Besuch in Moskau und Hallstein-Doktrin

Um dieser Kritik zu begegnen und der UdSSR Verhandlungsbereitschaft zu dokumentieren, reiste Adenauer auf Einladung der sowjetischen Führung vom 9. bis 14. September 1955 nach Moskau. Die Sowjetunion hatte gegenüber der DDR bereits am 25. 1. 1955 den Kriegszustand mit Deutschland für beendet erklärt und keinen Zweifel daran gelassen, dass nach der Ratifizierung der Pariser Verträge allein die Staatsführung der souveränen DDR Gesprächspartner in der Frage der Wiedervereinigung sei. Adenauer erreichte daher statt einer Annäherung der Positionen nur die **Freilassung der letzten deutschen Kriegsgefangenen** – in der westdeutschen Öffentlichkeit als sein größtes Verdienst angesehen – und vereinbarte die **Aufnahme von diplomatischen Beziehungen** mit der UdSSR. Damit war der Alleinvertretungsanspruch de facto hinfällig geworden, der Anerkennung der DDR durch Drittstaaten hätte nichts mehr im Wege gestanden. Um dies zu verhindern, wurde in der **Hallstein-Doktrin** ein solcher Schritt als „unfreundlicher Akt" bezeichnet, der den **Abbruch der Beziehungen seitens der Bundesrepublik** zur Folge hätte. Diese Richtlinie wurde in der Adenauer-Ära und bis weit in die 60er-Jahre (auf Jugoslawien und Kuba) angewandt, um die DDR außenpolitisch zu isolieren.

Der Grundsatz der Bundesregierung, Entspannungspolitik müsse von Fortschritten in der deutschen Frage abhängig gemacht werden und dies sei nur mit einer Politik der Stärke möglich, führte in der zweiten Hälfte der 50er-Jahre zu einem immer größeren Gegensatz zu den Westmächten. Die Untätigkeit der USA in der Ungarnkrise 1956 hatte gezeigt, dass der Status quo in Europa von Amerika mehr und mehr akzeptiert und das Roll Back-Konzept zu einer hohlen Phrase geworden war. Adenauer befürchtete daher, dass UdSSR und USA sich über die Köpfe der Deutschen hinweg verständigen und einen Ausgleich auf Kosten Deutschlands suchen könnten. Um innerhalb der NATO als gleichwertiger Bündnispartner anerkannt zu werden und die USA fest an die Bundesrepublik zu binden, setzte er 1958 im Bundestag den Beschluss durch, die westdeutschen Streitkräfte mit atomaren Kurzstreckenwaffen auszurüsten.

Seine Versuche in Geheimverhandlungen über den Globke-Plan (1960), der die Anerkennung der DDR, eine spätere Volksabstimmung und Wahlen unter Einschluss der KPD vorsah, menschliche Erleichterungen für die Bevölkerung in Ostdeutschland zu erreichen, der innenpolitischen Kritik zu begegnen und Handlungsspielräume zu gewinnen, zeigten zwar mehr Flexibilität, lösten aber nicht das deutschlandpolitische Problem der Unvereinbarkeit von Westintegration und Wiedervereinigung durch eine Politik der Stärke.

Berlin-Krisen und Mauerbau

Seit der Teilung der Stadt stand **Berlin ständig im Brennpunkt des Ost-West-Konfliktes**. Nach der Blockade in den Jahren 1948/49 bildete das freie West-Berlin dank militärischer Präsenz der Westalliierten eine Insel mitten in der DDR und behinderte als **Anziehungs- und Fluchtpunkt für viele DDR-Bürger** den Aufbau- und Konsolidierungsprozess des ostdeutschen Staates. Von 1949 bis 1961 verließen 2,7 Millionen Menschen (davon 50 % Jugendliche) die DDR, unter ihnen viele hoch qualifizierte Arbeitskräfte, häufig auf einfachem Weg mit der S-Bahn nach West-Berlin. Als Reaktion entwickelte die Sowjetunion aus der Zwei-Staaten- eine Drei-Staaten-Theorie (DDR, Bundesrepublik Deutschland, Westberlin) und forderte im **Chruschtschow-Ultimatum** vom November 1958 die Westmächte ultimativ auf, West-Berlin als Freie Stadt anzuerkennen und innerhalb von sechs Monaten ihre Präsenz abzubauen. Ein Eingehen auf die sowjetischen Forderungen, die in einer entsprechenden Initiative Grotewohls und dem Entwurf für einen Friedensvertrag im Januar 1959 bekräftigt wurden, hätte die völkerrechtliche Anerkennung der deutschen Teilung und der Oder-Neiße-Linie, die Neutralisierung und weitgehende Entmilitarisierung Deutschlands bedeutet. Die Unnachgiebigkeit des Westens hatte keine der angedrohten Konsequenzen. Nach Ablauf der von Chruschtschow gesetzten Frist wurde der Berliner Status quo weiterhin stillschweigend anerkannt.

Dennoch musste die DDR-Führung auf den stetigen Flüchtlingsstrom in den Westen reagieren. Die mit massiven staatlichen Repression begleiteten Kollektivierungsmaßnahmen in der Landwirtschaft und bei der Bildung von Produktionsgenossenschaften im Handwerk, die Verschärfung der Arbeitsbedingungen, Versorgungsengpässe in Landwirtschaft und Industrie sowie umfangreiche „Säuberungen" in der SED waren Ausdruck eines harten Kurses der Staats- und Parteiführung, dem sich seit 1960 immer mehr Menschen entzogen. Aus Angst, dass bald eine Ausreise über West-Berlin nicht mehr möglich sein könnte, flüchteten allein im Juli 1961 über 40 000 Menschen.

Mit dem **Beginn des Mauerbaus** am **13. August 1961** und einer undurchdringlichen **Befestigung der innerdeutschen Grenze** stoppte die DDR die Fluchtbewegung und alle Kontakte zwischen West-Berlin und dem Ostteil der Stadt. Die Westalliierten hatten seit Längerem mit Abriegelungsmaßnahmen gerechnet, griffen aber militärisch nicht ein und begnügten sich mit Protesten. Da sich der Vorgang innerhalb des sowjetischen Machtbereichs abspiele, seien die alliierten Rechte, die „three essentials", nicht berührt. Zwar gelang es in den folgenden Jahren noch einigen Menschen, die Sperranlagen zu überwinden und in die Westsektoren Berlins und in die Bundesrepublik zu gelangen. Doch innerhalb kurzer Zeit erfüllte der „antifaschistische Schutzwall", wie die Mauer von der DDR-Führung bezeichnet wurde, seine Funktion. Stacheldraht und „Todeszone" verhinderten wirksam die „Republikflucht".

Die Passivität der Alliierten hatte die westdeutsche Bevölkerung zutiefst enttäuscht. West-Berlin erlebte in den folgenden Jahren eine Abwanderung von Betrieben und qualifizierten Arbeitskräften, von der sich die Stadt bis heute kaum erholt hat. Die Solidaritätsbekundungen der Politiker konnten nicht darüber hinweghelfen, dass mit dem Mauerbau die Zweistaatlichkeit Deutschlands fester als zuvor besiegelt und damit die Chance auf eine mögliche Wiedervereinigung in unerreichbare Ferne gerückt war. Der 13. August 1961 bedeutete die „Bankrotterklärung" von Adenauers Deutschlandpolitik.

1957 konnte noch eine ganze Abiturklasse geschlossen in den Westen fliehen. Mit dem Mauerbau gelingt nur noch wenigen Menschen die Flucht aus der DDR. Fassungslos beobachten die Westberliner 1961 den Bau der Grenzanlagen.

Westbindung der Bundesrepublik

Petersberger Abkommen

Der erste Schritt zur Westintegration der neuen Bundesrepublik war der Beitritt zur „Organisation für europäische wirtschaftliche Entwicklung" (OEEC) am 31. 10. 1949, die die EPR-Mittel verteilen und das Wiederaufbauprogramm in Westeuropa koordinieren sollte. Vor allem die Demontagen, die den Wiederaufbau des Landes und die Kooperation mit den Alliierten einschränkten, waren für die deutsche Bevölkerung ein drängendes wirtschaftliches, aber auch ein psychologisches Problem. Im **Petersberger Abkommen** (22. 11. 1949) erreichte Adenauer die schrittweise Einstellung der Demontagen, die Beitrittsberechtigung für internationale Organisationen sowie die Aufnahme von Konsular- und Handelsbeziehungen zu anderen Staaten, ein wichtiger Schritt auf dem Weg zu einer eigenständigen Außenpolitik. Als Gegenleistung sicherte er den Alliierten den deutschen Beitritt zum **Ruhrstatut** von 1949 zu, mit dem sie die industrielle Schlüsselregion der Bundesrepublik kontrollierten.

Infolge des Petersberger Abkommens wurde Westdeutschland mit eingeschränkten Vollmachten in den **Europarat**, der die gemeinsamen Ideale der Mitgliedsstaaten und den wirtschaftlichen und sozialen Fortschritt fördern sollte, integriert (Beschluss des Bundestages am 15. 6. 1950, Vollmitgliedschaft am 2. 5. 1951), musste aber die gleichzeitige Aufnahme auch des Saarlandes akzeptieren. Nach der **Revision des Besatzungsstatuts** (6. 3. 1951), mit dem die Einrichtung eines Außenministeriums unter Adenauer möglich wurde, beendeten die Westalliierten am 9. Juli 1951 den Kriegszustand auch formell. Am 1. März 1952 schließlich räumten die Briten die Insel Helgoland.

Montanunion

Der erste wesentliche Schritt zur Aussöhnung mit **Frankreich** war die vom französischen Außenminister **Schuman** initiierte Europäische Gemeinschaft für Kohle und Stahl **(EGKS, Montanunion)**. Sie entsprang dem französischen Sicherheitsbedürfnis nach einer Regelung der deutschen Schwerindustriekapazitäten und entsprach anderseits dem Wunsch Adenauers nach Westintegration und dem notwendigen Ausgleich mit Frankreich. Erstmals übertrugen Frankreich, Italien, die Beneluxstaaten und die Bundesrepublik supranationalen Einrichtungen, einer **gemeinsamen Behörde** für Kohle- und Stahlproduktion, einer **parlamentarischen Versammlung** und einem **Gerichtshof**, nationale Befugnisse. Am 18. April 1951 geschlossen, trat der Vertrag über ein „Kern-Europa", mit dem das Ruhrstatut abgelöst wurde, am 25. Juli 1952 in Kraft.

Europäische Verteidigungsgemeinschaft und Wiederbewaffnung

Besonders hart wurde die politische Auseinandersetzung um die **deutsche Wiederbewaffnung** geführt. Wesentlicher Anlass war der Ausbruch des **Korea-Krieges** am 25. 6. 1950 (vgl. S. 37), als Truppen des kommunistischen Nordkoreas in das westlich orientierte Südkorea vordrangen. Bei aller Fragwürdigkeit des Vergleichs mit der Situation im geteilten Deutschland wurde trotzdem vielfach ein ähnlicher Angriff auf die Bundesrepublik, ja sogar der Ausbruch des „Dritten Weltkrieges" befürchtet. Zwar hatten im Mai 1950 die Alliierten Hohen Kommissare sich noch dezidiert gegen die Wiederaufrüstung der Bundesrepublik ausgesprochen, doch schien jetzt die Bedrohung nichtkommunistischer Staaten groß genug, das bislang verfemte Deutschland in ein westliches Verteidigungsbündnis einzubeziehen. Adenauer hielt die kommunistische Bedrohung der Bundesrepublik für tatsächlich gegeben und sah für ein unbewaffnetes Land wenig Chancen, einen militärischen Angriff aus dem Osten zu überleben. Er bot die deutsche Wiederbewaffnung aber auch an, um weitere Souveränitätsrechte zu erlangen. In seiner Argumentation sah er sich durch den Aufbau einer Kasernierten Volkspolizei (KVP) mit militärischer Ausrüstung in der DDR bestätigt. Gegen Adenauers Pläne gab es nicht nur in der SPD, sondern auch in seiner eigenen Regierung erheblichen Widerstand. So trat z. B. Innenminister **Gustav Heinemann** zurück (9. 10. 1950), der aus moralischen Gründen eine Wiederbewaffnung Deutschlands wenige Jahre nach der Schreckensherrschaft des NS-Regimes ablehnte. Auch weite Teile der Bevölkerung („Ohne-mich"-Gefühl) waren gegen eine Wiederbewaffnung. Die SPD argumentierte, dass die deutsche Wiedervereinigung durch einen derartigen Schritt unmöglich gemacht werden würde. Während die USA einen deutschen Beitrag zur Verteidigung von Westeuropa für unerlässlich hielten, lehnte Frankreich, das seine Sicherheitsinteressen gefährdet sah, einen solchen Schritt ab.

Einen Kompromiss zwischen den verschiedenen Vorstellungen hätte die **Europäische Verteidigungsgemeinschaft (EVG)** mit Truppen der EGKS-Mitglieder unter einem supranationalen Kommando bilden können. Diese Initiative des französischen Ministerpräsidenten Pleven hatte das Ziel, die im Europarat geforderte Bildung einer europäischen Armee unter Einbeziehung der Bundesrepublik außerhalb der NATO voranzutreiben. Der entsprechende Vertrag wurde am 27. Mai 1952 trotz der Verwirrung um die Störmanöver Stalins (Stalin-Noten) nach zähen Verhandlungen, über deren Verlauf Adenauer selbst die eigene Regierung nur oberflächlich unterrichtet hatte, unterzeichnet. Aber Vorbehalte gegen den ehemaligen Kriegsgegner Deutschland, die Sorge vor einer Einschränkung der nationalen Souveränität und die Absicht, außenpolitische Optionen gegenüber der UdSSR zu erhalten, bewogen die Mehrheit der Abgeordneten in der französischen Nationalversammlung Ende August 1954 gegen den EVG-Vertrag zu stimmen. Damit konnte der bereits mit den Alliierten ausgehandelte und am 26. 5. 1952 unterzeichnete **Deutschland-Vertrag** nicht in Kraft treten, der das **Besatzungsstatut ablösen** und die **deutsche Souveränität** unter dem Vorbehalt der alliierten Verantwortung in Bezug auf Deutschland als Ganzes **wiederherstellen** sollte – vom Bundestag formulierte Vorbedingung eines westdeutschen Verteidigungsbeitrags.

Pariser Verträge

Auf der Londoner Neunmächtekonferenz im Herbst 1954 konnte eine Ersatzlösung gefunden werden, die bereits ein Jahr später in den **Pariser Verträgen** vom 23. Oktober 1954 niedergelegt wurde. Die Bundesrepublik wurde in die **Westeuropäische Union (WEU)** und in den **Nordatlantikpakt (NATO)** integriert. Die WEU war als Ersatz für die EVG aus dem Brüsseler Vertrag des Jahres 1948 hervorgegangen, der, als Verteidigungspakt gegen Deutschland gegründet, nun zu einem westeuropäischen Verteidigungsbündnis umgeformt und durch die Bundesrepublik und Italien erweitert wurde. Mit der gleichzeitigen Aufnahme in die NATO stand fest, dass deutsche Truppen einem gemeinsamen alliierten Oberkommando unterstellt sein würden.

Die **Ablösung des Besatzungsstatuts** durch den **Deutschlandvertrag** machte aus Besatzungsstreitkräften Verbündete. Für das **Saarland** war in den Verträgen eine **Europäisierung** vorgesehen, die die Saarländer aber am 23. Oktober 1955 in einer Volksabstimmung ablehnten. Stattdessen wurde eine **Angliederung an die Bundesrepublik** befürwortet und am 1. Januar 1957 vollzogen. Gültig wurden die Pariser Verträge am 5. Mai 1955. Damit fügte sich die Bundesrepublik in ein bestehendes sicherheitspolitisches Konzept ein, das nicht in Bonn, sondern durch die NATO und vor allem die USA gestaltet wurde, und erlangte im Gegenzug weitgehende **Souveränität**.

Römische Verträge

Während sich das Verhältnis der Bundesrepublik zur Sowjetunion und zur DDR immer mehr verhärtete und eine Lösung der Deutschen Frage kaum noch möglich schien, schritt die Integration Westdeutschlands in die westeuropäische Staatengemeinschaft weiter voran. Vorläufiger Endpunkt auf dem Weg zur Schaffung der „Vereinigten Staaten von Europa" war die Unterzeichnung der **Römischen Verträge** am 25. März 1957 durch die Bundesrepublik, Frankreich, Italien und die Benelux-Staaten. Mit ihnen wurden die **Europäische Wirtschaftsgemeinschaft (EWG)** und die **Europäische Atomgemein-**

schaft (EURATOM) gegründet, aus denen langfristig ein gemeinsamer Markt mit einer Wirtschafts- und Währungsunion entstehen sollte.

Mit diesem Schritt war die Bundesrepublik endgültig fest in das westliche System integriert und in der Gemeinschaft der westeuropäischen Staaten verankert. Adenauer war die Wiedererlangung der staatlichen Souveränität gelungen, indem er die Bundesrepublik in ein System einband, das wirtschaftliche oder politische Alleingänge verhinderte und den Bündnispartnern die Wiederaufnahme Deutschlands in die Staatengemeinschaft möglich machte. Außenpolitische Handlungsfreiheit bedeutete für ihn Handlungsfreiheit innerhalb und mit der westlichen Gemeinschaft. Außenpolitik war demnach in den Anfangsjahren der Bundesrepublik – abgesehen von den Beziehungen zu den USA und den geringen Kontakten zur Sowjetunion – vor allem Europa-Politik. Angesichts dieser unumkehrbaren Schritte gab die SPD ihre Vorbehalte gegen die Politik der Westbindung auf und stimmte den Römischen Verträgen zu.

BUNDESREPUBLIK DEUTSCHLAND			DDR
Regierung Adenauer:	**Opposition Schumacher:**		**SED Ulbricht:**
• Westintegration und innere Souveränität vor Wiedervereinigung	• Wiedervereinigung als wichtigstes Ziel • **1950–52** Streit um die Wiederbewaffnung		• Ostintegration • enge Bindung an die Sowjetunion
1949 Petersberger Abkommen **1951** Beitritt zum Europarat Montanunion		Angebot? ← **Stalin-Noten** ← Störmanöver?	**1950** Beitritt zum COMECON
1952 Deutschlandvertrag **1954/1955** Westeuropäische Union Pariser Verträge: Beitritt zur NATO Deutschlandvertrag (Überarbeitung) Hallsteindoktrin verhindert Anerkennung der DDR **1957** Römische Verträge: EWG, Euratom	Stalin-Noten zu früh abgelehnt? (**1959** SPD: Godesberger Programm)		**17. Juni 1953** festigt Trennung **1955** Staatsvertrag Souveränität **1956** Überführung der NVA in „Warschauer Pakt" Diplomatische Beziehungen zu anderen Ostblockstaaten

Die Integration beider deutscher Staaten in die Machtblöcke

Deutsch-französisches Verhältnis

Mit den beiden Regierungschefs **Adenauer** und **de Gaulle** nahm zugleich die deutsch-französische Aussöhnung feste Formen an. Beide Politiker trafen sich im wachsenden Misstrauen gegenüber den USA, die in der Berlin-Krise ihrer Ansicht nach nicht hart und konsequent genug aufgetreten waren. De Gaulles Vorstellung vom Aufbau eines **Europas der Vaterländer** und einem Zweibund Deutschland-Frankreich wurde aber von dem außenpolitisch eher „gaullistischen" Adenauer niemals geteilt, der hierin die Grundpfeiler bundesrepublikanischer Außenpolitik verletzt sah. Der persönlichen Freundschaft beider Politiker ist zu verdanken, dass mit dem **deutsch-französischen Vertrag** (sogenannter Elysée-Vertrag, 1963) ein bewusster Schlussstrich unter die „Erbfeindschaft" beider Länder gezogen wurde. Die Aussöhnung der beiden größten Mächte in Zentraleuropa beendete die Auseinandersetzungen um die Zugehörigkeit der linksrheinischen Gebiete ebenso wie um die Vormachtstellung in Mitteleuropa im deutsch-französischen Krieg 1870/71, im Ersten und im Zweiten Weltkrieg. Die vereinbarten regelmäßigen Konsultationen und Kooperationen in Verteidigung und Rüstungsforschung sowie die Errichtung eines **Jugendaustausch- und Förderungswerks** beider Länder sind auch heute noch Grundlage der engen Zusammenarbeit und Freundschaft beider Länder. Trotz dieser Beziehungen gelang es Bonn jedoch nicht, de Gaulle in seiner Politik der Verhinderung europäischer Einigungsbemühungen zu beeinflussen.

Wirtschaftliche Entwicklungen

Wirtschaftlicher Aufbau

Nach dem Ende der Demontagen erlebte die Bundesrepublik in den 50er-Jahren einen **enormen wirtschaftlichen Aufschwung**, der die Bezeichnung **Wirtschaftswunder** gerechtfertigt erscheinen ließ. Leitsektoren der wirtschaftlichen Entwicklung waren der Wohnungsbau, die Elektrotechnik, die Chemie- und die Automobilproduktion. Wenn auch die anderen westeuropäischen Länder mit einer stärker staatlich gelenkten Wirtschaft eine ähnlich günstige Entwicklung durchliefen, so ist die Besonderheit der deutschen Entwicklung in der extrem niedrigen wirtschaftlichen Ausgangsbasis und dem günstigen, weil „billigen" und gut ausgebildeten Arbeitskräftepotenzial begründet. Vertriebene und Flüchtlinge (zwischen 1950 und 1960 ca. 30 % der beschäftigten Arbeitnehmer) kompensierten als gut ausgebildete Arbeitskräfte den Bevölkerungsverlust durch den Krieg; die Zahl der Erwerbstätigen stieg in diesem Zeitraum von 20 auf 25 Millionen. Lohnzurückhaltung der Gewerkschaften, günstige Außenhandelsbedingungen aufgrund niedriger Preise und Unterbewertung der Deutschen Mark (DM) sowie die lang aufgestaute und daher umso größere Konsumnachfrage – der private Verbrauch verdoppelte sich – sorgten für sprunghaft steigende Produktionsziffern und ermöglichten die schnelle **Reintegration der Bundesrepublik in die Weltwirtschaft**. Begünstigt wurde diese Entwicklung durch den Boom der Weltwirtschaft in der Folge des Koreakrieges. Vor allem die Produkte des Maschinenbaus, Fahrzeuge, elektrische und chemische Erzeugnisse fanden aufgrund ihrer guten Qualität („Made in Germany") und ihres niedrigen Preises in den nordamerikanischen und westeuropäischen Ländern einen aufnahmebereiten Absatzmarkt. Im Gegenzug führte die Bundesrepublik moderne Technologie aus den USA ein und konnte damit an die technische Entwicklung anderer Länder Anschluss finden. Einen weiteren Schub erhielt der bundesdeutsche Außenhandel mit der Bildung der Europäischen Wirtschaftsgemeinschaft (EWG) in der zweiten Hälfte der 50er-Jahre. Unterstützend sicherte die **Deutsche Bundesbank** ab 1957 die Stabilität der „harten" D-Mark. Innerhalb von Fünf-Jahres-Zyklen betrugen die Wachstumsraten der deutschen Wirtschaft ab 1950 zunächst fast 9 %, dann immerhin noch 7 % und fast 6 %. Bis 1960 verdoppelte sich das Bruttosozialprodukt (BSP).

Soziale Marktwirtschaft

Neben den Milliardenkrediten aus dem Marshallplan (ERP) muss vor allem **Ludwig Erhards Konzept** der **sozialen Marktwirtschaft** als wesentliche Ursache des „Wirtschaftswunders" angesehen werden. Die Ziele der sozialen Marktwirtschaft bestehen in möglichst großem wirtschaftlichen Wohlstand durch geordneten Wettbewerb, stetiges Wirtschaftswachstum, Vollbeschäftigung, Außenhandelsfreiheit, freier Konvertibilität der Währungen, sozialer Sicherheit und gerechter Einkommens- und Vermögensverteilung. Aber ohne Fleiß und Improvisationskunst, ohne unternehmerisches Geschick, das durch Steuervorteile noch begünstigt und zu Investitionen angereizt wurde, ohne eine maßvolle Tarifpolitik der Gewerkschaften, ohne die Notwendigkeit, das Leben aus den Trümmern des Zweiten Weltkrieges neu aufzubauen, und vor allem ohne harte Arbeit hätten Marktwirtschaft und Marshallplan nicht greifen und zum „Wirtschaftswunder" führen können. Als im Jahr 1959 die **Vollbeschäftigung** weitgehend erreicht war – 1950 hatte es noch über zwei Millionen Arbeitslose gegeben –, galt die Bundesrepublik als die **nach den USA mächtigste Industrienation** und musste einen nicht unerheblichen Teil ihres Arbeitskräftebedarfs durch sogenannte „Gastarbeiter" aus dem Ausland decken.

Die Parole „Wohlstand für alle“ äußerte sich in den 50er-Jahren zuerst in einer „Fresswelle“.

Die Parole **„Wohlstand für alle“** von Ludwig Erhard, dem als „Vater des Wirtschaftswunders“ bezeichneten Bundeswirtschaftsminister, bewahrheitete sich, wenn auch für viele anfangs in recht bescheidenem Rahmen. Zunächst deckten die Westdeutschen in einer „Fresswelle“ ihren ersten Nachholbedarf an Lebens- und Genussmitteln, dann hielten Waschmaschine, Kühlschrank und Fernsehapparat Einzug in viele bundesdeutsche Haushalte. Man leistete sich Motorroller und Kleinwagen. Der VW-Käfer begann seinen Siegeszug. Bereits in der NS-Zeit entwickelt, wurde er in der industriellen Massenproduktion zum Symbol für den wirtschaftlichen Aufstieg. Der PKW-Bestand stieg bis 1960 auf vier Millionen und vervierfachte sich damit in zehn Jahren.

Es waren also auch die Armen reicher geworden, allerdings nicht im gleichen Maß wie die Reichen, denn die Vermögensbildung wies deutliche Diskrepanzen bei den unterschiedlichen Bevölkerungsschichten auf. Dennoch, das Wirtschaftswachstum entschärfte politische und soziale Konflikte, richtete den Blick der westdeutschen Gesellschaft auf das vorrangige Ziel „Aufbau“ und verdrängte unbequeme Fragen nach der Vergangenheit. Die wachsende Prosperität war die wohl **wichtigste Legitimationsbasis** der neuen **politischen Ordnung**. Diese ist der Einbindung in das westliche Wirtschaftssystem und in ihre Handelsstrukturen zu verdanken, einen nennenswerten Handel mit der DDR und den osteuropäischen Staaten gab es nicht.

Soziale Stabilisierung

Wesentlichen Anteil an der **sozialen Stabilisierung** der Bundesrepublik hatte die Bereitschaft des neu gebildeten **Deutschen Gewerkschaftsbundes** zur konstruktiven Mitarbeit an der wirtschaftlichen Entwicklung. Im **Tarifvertragsgesetz** (1949) wurde das Recht von Gewerkschaften und Arbeitgeberverbänden verankert, Löhne und Gehälter zu vereinbaren (Tarifautonomie). Mit dem **Gesetz zur paritätischen Mitbestimmung** in der Montanindustrie

Erwartungsvoll sitzt die ganze Familie vor dem neuen Fernsehapparat. Vor allem die Jugendlichen entwickelten in den 50er-Jahren ein neues Lebensgefühl.

(1951), dem **Betriebsverfassungsgesetz** (1952) und dem **Personalvertretungsgesetz** im öffentlichen Dienst (1955) wurden die Beteiligungsrechte der Arbeitnehmer in den Betrieben geregelt. Die in diesen Gesetzen getroffenen Konfliktregelungen im wirtschaftlichen Leben sind seitdem **Garanten für den sozialen Frieden** in der Bundesrepublik. Eine wichtige sozialpolitische Errungenschaft war die **Rentenreform** von 1957, die die Höhe der Renten dem wirtschaftlichen Wachstum dynamisch anpasste und das durchschnittliche Rentenniveau deutlich anhob.

Ein besonders drängendes Problem war die Lage auf dem Wohnungsmarkt. 50 % der Bevölkerung wohnten Anfang der 50er-Jahre zur Untermiete. Die **Förderung des sozialen Wohnungsbaus** sorgte bis 1960 für 3,2 Millionen neue und preiswerte Wohnungen. Dennoch war erst 1968 der Anteil der zur Untermiete Wohnenden auf 5 % gesunken.

Eine weitere soziale Hauptaufgabe war die **Bewältigung der Folgen der nationalsozialistischen Terrorherrschaft**. Dabei stellte die **Integration der 12 Millionen Flüchtlinge** und Vertriebene aus den Ostgebieten unter Federführung eines **Vertriebenenministers** (seit 1949) ein vorrangiges Problem dar. Nach Kriegsopferversorgung und Heimkehrerentschädigung (1950) wurden 1952 mit dem **Lastenausgleichsgesetz** durch eine Vermögensabgabe der weniger stark vom Krieg Betroffenen Entschädigungen für verlorenen Grundbesitz, Hausrat und Sparguthaben sowie Darlehen finanziert und damit die Folgelasten der nationalsozialistischen Herrschaft gleichmäßiger auf die gesamte Bevölkerung verteilt. Die trotz aller Schwierigkeiten gelungene Integration der Vertriebenen ist eine herausragende Leistung aller Beteiligten und hat wesentlich zum sozialen Frieden in der Bundesrepublik beigetragen.

Von den Nationalsozialisten Verfolgte erhielten in den ersten 15 Jahren der Bundesrepublik finanzielle **Wiedergutmachung** in Höhe von 26 Milliarden DM. Davon wurden in einem Staatsvertrag (1952) mit dem Staat Israel als

Pauschalzahlung über 3 Milliarden DM vereinbart. Die schleppende Durchführung und der Verzicht auf eine individuelle Wiedergutmachung stießen bei Opfern des Nationalsozialismus auf bittere Kritik und führten zu langwierigen Entschädigungsprozessen. Die finanzielle Entschädigung von Zwangsarbeitern wurde sogar erst Ende 2000 geregelt. Danach erhalten die Betroffenen Zahlungen in Höhe von 10 Milliarden DM aus einem Fonds, der durch die Bundesregierung und deutsche Unternehmen finanziert wird.

Gesellschaftliche Entwicklung

Restaurative Tendenzen

Innenpolitisch war die Adenauer-Ära eher **konservativ** und von einer **Wiederherstellung der bürgerlichen Gesellschaft** geprägt. Viele Richter und Beamte, die 1945 aus dem Dienst ausscheiden mussten, kehrten – überwiegend aus fachlichen Gründen – auf ihre Posten zurück. Diese auffallend starke Kontinuität des Berufsbeamtentums – Merkmal aller großen Umbrüche in der deutschen Geschichte des 20. Jahrhunderts (1918, 1933, 1945) – ist für die Nachkriegszeit nicht nur im Mangel an geschultem Fachpersonal oder unzureichender Entnazifizierung begründet, sondern vor allem auch in der weltpolitischen Konstellation des Kalten Krieges. Mit dem **Bundesbeamtengesetz** wurden 1953 die Grundsätze des Beamtentums aus der Weimarer Republik auf die Bundesrepublik übertragen, sodass mit dem alten Personal auch traditionelle Denkweisen beibehalten wurden. Dennoch verlief der Neubeginn mit „alten Parteigenossen und Mitläufern“ weitgehend problemlos, da mit dem **Anti-Kommunismus** (Verbot der KPD 1956) ein **verbindendes Feindbild** ihre Integration in die neue Gesellschaftsordnung erleichterte. Wenn dies auch nachvollziehbar mit der Gefährdung der bundesrepublikanischen Verfassungsordnung durch die Orientierung der KPD am stalinistischen Modell und dem Aufruf zum Umsturz des „Adenauer-Regimes“ begründet wurde, bleibt es Kennzeichen der inneren Verfassung der Bundesrepublik, dass die Verfolgung von Kommunisten entschieden härter betrieben wurde als die ehemaliger Anhänger des NS-Regimes. Widerstand in der Öffentlichkeit regte sich nur, als Bundeskanzler Adenauer **Hans Globke** als Staatssekretär berief, der als Beamter im Reichsinnenministerium 1935 an einem Kommentar zu den Nürnberger Gesetzen mitgewirkt hatte. Die Verdrängung moralisch-politischer Probleme in den Jahren des Wiederaufbaus, die hohen Pensionen ehemaliger NS-Belasteter bei viel zu geringen Entschädigungszahlungen für Widerstandskämpfer und KZ-Häftlinge, die mangelnde Aufarbeitung der **unbewältigten Vergangenheit** reichten bis weit in die 60er-Jahre hinein.

Aufbau der Bundeswehr

Rechtlich war Westdeutschland bis 1955 ein besetztes Land. Daher waren die Debatten um einen deutschen Beitrag zur Landesverteidigung durch die politischen und moralischen Folgen der NS-Diktatur sowie durch die deutschlandpolitischen Konsequenzen der Wiederbewaffnung geprägt. Die Integration einer Armee in eine parlamentarische Demokratie war politisches Neuland und traf in weiten Teilen der Bevölkerung sowie in der politischen Diskussion auf Widerstand. Der Aufbau der Bundeswehr in den folgenden Jahren erfolgte im Vergleich zu den anderen westeuropäischen Ländern daher unter besonderen Bedingungen. Mit dem Konzept der **Inneren Führung** und des **Staatsbürgers in Uniform** unter der Zielvorstellung „Schule der Nation" wurden grundlegende Wertvorstellungen der Demokratie auf die Armee übertragen. Die Schaffung eines **Wehrbeauftragten des Deutschen Bundestages** (1956) sollte gewährleisten, dass dies tatsächlich gelang und damit preußisch-militaristische Traditionen des Befehls und Gehorsams überwunden wurden. Dem Primat der Politik wurde durch die Unterordnung der Militärs unter die politischen Entscheidungsstrukturen und die strikte Einbindung unter den NATO-Oberbefehl entsprochen. Neben den politischen waren auch personelle Problemlagen kennzeichnend. Die ersten Wehrpflichtigen wurden 1955 in Andernach vereidigt. Ihre Ausbildung und Führung erfolgte aber durch Personal, das bereits in der Wehrmacht aktiv gewesen war. Noch 1957 dienten 10 000 Offiziere sowie 44 Generäle und Admiräle der Wehrmacht in der Bundeswehr. Das war zwar umstritten, aber ohne die Erfahrungen der Wehr-Experten wäre die Schaffung einer effektiven und den neuen technischen Anforderungen gewachsenen Armee mit einem hohen Anteil kurzzeitig dienender Wehrpflichtiger kaum leistbar gewesen.

1956 erhielten die Regierungen in Ost- und West-Berlin das, worauf sie nicht verzichten wollen: Im Westen eine Bundeswehr, im Osten die Nationale Volksarmee. Die Einwohner von Fritzlar beobachten den Einzug der ersten bundesdeutschen Soldaten allerdings mit Skepsis.

Kulturelle Entwicklungen

Der zunehmende Wohlstand und die technischen Entwicklungen veränderten die Gesellschaft nachhaltig. Nach ihrer Rekordauflage von 25 Millionen Exemplaren 1955 ging der Einfluss der **Tageszeitungen** zurück. Am 1. 11. 1954 nahm die „Arbeitsgemeinschaft der Rundfunkanstalten Deutschlands" (ARD) nach ersten Probesendungen ihr **Fernsehprogramm** auf, bereits 1960 gab es vier Millionen Fernsehapparate in den Haushalten. Das neue Medium Fernsehen machte auch dem Rundfunk Konkurrenz. Für die Mehrzahl der Bürger bestand aber die Unterhaltung im Theater- oder Kinobesuch. Die Auseinandersetzung mit der jüngsten Vergangenheit trat dabei gegenüber dem Unterhaltungsangebot durch ausländische Stücke zurück; einheimische Produktionen trafen nur begrenzt und künstlerisch wenig anspruchsvoll, vorwiegend mit sogenannten Heimatfilmen den Publikumsgeschmack. Ausgehend von der Jugendkultur, die mit äußeren Symbolen (Haarmode, Musik, Sprache) einen eigenen Lebensstil entwickelte, kann von einer allmählichen Amerikanisierung der Gesellschaft gesprochen werden.

Der wachsende PKW-Bestand (1960 vier Millionen) führte zu größerer Mobilität, Auslandsreisen – vor allem nach Italien – trugen zur Horizonterweiterung der Deutschen bei.

Bilanz der 50er-Jahre

Wenn auch die große Mehrheit der Bundesbürger nur allmählich eine signifikante Verbesserung der Lebensverhältnisse und spürbar größeren Wohlstand erfuhr, waren die 50er-Jahre von einer überaus **optimistischen Grundstimmung** geprägt. Der Überlebenswille war in Aufbruchsstimmung und Zukunftsvertrauen gemündet. Die Sehnsucht der „noch einmal Davongekommenen" nach bürgerlicher Normalität konnte in steigendem Konsum verwirklicht werden: Der „Fresswelle" folgte die „Kaufwelle" langlebiger Gebrauchsgüter, dann kam die „Reisewelle" und schließlich die „Motorisierungswelle". Grundlage und Garant dieser Entwicklung war das Erfolgskonzept der „Sozialen Marktwirtschaft".

Das politische System der parlamentarischen Demokratie gewährleistete **politische Stabilität**. Von den Bundesbürgern wurde die Demokratie, die für viele Menschen die völlig neue Erfahrung eigener politischer Verantwortung und Mitbestimmung brachte, als Errungenschaft bzw. Fortschritt wahrgenommen und anerkannt. Bei der weitgehend reibungslosen Übernahme des westlichen Demokratiemodells spielte zweifellos das Gefühl, vom Sowjetkommunismus bedroht zu sein, eine große Rolle. Der Antikommunismus diente als Integrationsideologie der noch ungefestigten Demokratie. Die große

Mehrheit der Westdeutschen wollte aber nach der ständigen politischen Mobilisierung während der NS-Zeit in Ruhe gelassen werden. Es ist sicher ein Verdienst der großen Parteien, eine 1949 noch durchaus denkbare Radikalisierung durch Meinungsbildung, Interessensausgleich und ausgewogene politische Maßnahmen aufgefangen und die breite Zustimmung zum demokratischen System in der Bevölkerung verankert zu haben. Die außenpolitische Grundsatzentscheidung der Westintegration hat diese Entwicklung entscheidend gefördert und zusammen mit den Auslandsreisen das Bild der Deutschen im Ausland sowie das Bild des Auslandes in deutschen Augen zu dem einer zusammenwachsenden westlichen Gemeinschaft verändert.

1953 lief in Wolfsburg der 500 000. Volkswagen vom Band. Der VW trug maßgeblich zur Motorisierung Westdeutschlands bei und ermöglichte u. a. die „Reisewelle" der Deutschen in der zweiten Hälfte der 50er-Jahre. Man fuhr an die Adria oder zum Campen ins Grüne. Auch die Mode änderte sich: Die „Tolle" gehörte seit James Dean auch in Ostberlin unverrückbar zum Erscheinungsbild der Jugendlichen.

Chronologie	
14. Aug. 1949	Wahlen zum 1. Deutschen Bundestag
7. Sept. 1949	Konstituierung von Bundestag und Bundesrat
12. Sept. 1949	Theodor Heuss wird Bundespräsident
15. Sept. 1949	Konrad Adenauer wird Bundeskanzler
21. Sept. 1949	Besatzungsstatut in Kraft
7. Okt. 1949	Gründung der DDR
13. Okt. 1949	Gründung des Deutschen Gewerkschaftsbundes
31. Okt. 1949	Beitritt der Bundesrepublik zur OEEC
22. Nov. 1949	Petersberger Abkommen
13. Juli 1950	Beitritt der Bundesrepublik zum Europarat
6. März 1951	Revision des Besatzungsstatuts
18. April 1951	Europäische Gemeinschaft für Kohle und Stahl (Montanunion)
25. Mai 1951	Mitbestimmungsgesetz für die Montanindustrie
9. Juli 1951	Beendigung des Kriegszustands durch die Westmächte
10. März 1952	Angebot Stalins zur Wiedervereinigung Deutschlands
26. Mai 1952	Deutschlandvertrag
27. Mai 1952	Vertrag über die Europäische Verteidigungsgemeinschaft
10. Sept. 1952	Wiedergutmachungsvertrag mit Israel
17. Juni 1953	Volksaufstand in der DDR
23. Okt. 1954	Pariser Verträge (Beitritt der Bundesrepublik zu NATO und WEU)
5. Mai 1955	Souveränitätserklärung der Bundesrepublik
18.–23. Juli 1955	Gipfelkonferenz in Genf
9.–14. Sept. 1955	Staatsbesuch Adenauers in Moskau
23. Sept. 1955	Hallsteindoktrin
12. Nov. 1955	Gründung der Bundeswehr
17. Aug. 1956	Verbot der KPD
1. Jan. 1957	Eingliederung des Saarlandes in die Bundesrepublik
23. Febr. 1957	Verkündung der Rentenreform (dynamische Rente)
25. März 1957	Römische Verträge (Gründung von EWG und EURATOM)
27. Nov. 1958	Berlin-Ultimatum Chruschtschows
15. Nov. 1959	Godesberger Programm der SPD
13. Aug. 1961	Bau der Berliner Mauer
22. Jan. 1963	Elysée-Vertrag
15. Okt. 1963	Rücktritt Adenauers

Die DDR von ihrer Gründung bis zum Mauerbau

Die Gründung der DDR steht am Ende einer sowjetischen Politik, die sich zunächst alle Optionen in der Deutschlandfrage offen halten wollte. Aber auch nach den Staatsgründungen in Ost- und Westdeutschland war die Sowjetunion weiterhin gewillt, in Vier-Mächte-Verhandlungen über Gesamtdeutschland einzutreten. Diese generelle **Bereitschaft Moskaus**, eine mögliche **Wiedervereinigung zuzulassen**, bezog sich aber nur auf ein entmilitarisiertes, neutrales und damit der ideologischen Beeinflussung durch die UdSSR preisgegebenes Deutschland und kann nur bis 1955 nachvollzogen werden, bis zur Wiederbewaffnung der Bundesrepublik und ihrer Aufnahme in die NATO. Eine Wiedervereinigung auf der Grundlage freier Wahlen über die politische und wirtschaftliche Ordnung Deutschlands war für die Sowjetunion hingegen zu keinem Zeitpunkt hinnehmbar.

Die innere Festigung der DDR

Nach der Phase des „Übergangs zu einer antifaschistisch-demokratischen Ordnung" während der Nachkriegsjahre proklamierten Staats- und Parteiführung der DDR unter Staatspräsident Wilhelm Pieck, Ministerpräsident Otto Grotewohl und dem Generalsekretär der SED, Walter Ulbricht, das Staatsziel vom **„Aufbau des Sozialismus"**. Dabei wurde das Vorbild der „ruhmreichen Sowjetunion" auf allen Ebenen des politischen, wirtschaftlichen und gesellschaftlichen Lebens kopiert. Diese Ausrichtung der DDR an der UdSSR, der SED an

Generalsekretär der SED Walter Ulbricht, der erste Staatspräsident der DDR Wilhelm Pieck und FDJ-Führer Erich Honecker lassen sich für den „Aufbau des Sozialismus" nach sowjetischem Vorbild feiern (1954).

der KPdSU, die damit einhergehende Übernahme von Dogmatismus und Personenkult um Stalin rechtfertigen es, für die Phase bis 1956 vom **Stalinismus** in der DDR zu sprechen. Dessen wichtigste Voraussetzung und Erscheinungsform war die Umsetzung des unbedingten Führungsanspruchs der SED.

Der Führungsanspruch der SED

Weder der Staat und seine Organe noch die Regierung und die Volkskammer, sondern die Leitungsgremien der SED übten die politische Macht in der DDR aus. Dazu wurde seit 1949 der Führungsanspruch der **SED** konsequent ausgebaut. Sie definierte sich als **treibende Kraft beim Aufbau des Sozialismus**, als Vorhut der Arbeiterklasse und war damit der verlängerte Arm der Sowjetunion. Ihr eher schrittweises Vorgehen bis 1947 war in der Unklarheit über die weitere Entwicklung begründet und diente zunächst der Stärkung des sozialistischen Gedankens und der Schwächung kapitalistischer Elemente. Schien die Blockpolitik damals noch durch die Mobilisierung aller Kräfte für den Wiederaufbau gerechtfertigt, so entwickelte sich die SED in den folgenden Jahren zur Staatspartei und damit zu einer **Partei neuen Typus**, zur Kampfpartei des Marxismus-Leninismus. Alle Parteimitglieder, vor allem der höheren Ebenen (Kader), waren zu vorbildlicher Arbeit in **Massenorganisationen** verpflichtet. Der innerparteiliche Willensbildungsprozess war gekennzeichnet durch straffe Parteidisziplin („Die Partei, die hat immer Recht!") und dem Verbot von Fraktionsbildung. Ehemalige Sozialdemokraten verloren ihren politischen Einfluss, die Parteiführung „säuberte" die SED von „Sozialdemokratismus" und anderen „innerparteilichen Abweichlern". Alle anderen Parteien und Massenorganisationen mussten sich dem Führungsanspruch der SED beugen und dienten nur der Verschleierung des totalitären Herrschaftsanspruchs der „Einheitspartei".

Nominelles Beschlussfassungsorgan innerhalb der SED war der **Parteitag**, der nur alle paar Jahre zusammentrat. Die eigentliche Macht lag beim **Zentralkomitee (ZK)**, einer Art Parteiparlament, mit dem Generalsekretär (später 1. Sekretär) an der Spitze und beim **Politbüro**, das als kollektives Führungsgremium der gesamten DDR angesehen werden muss. Es entschied alle Fragen, die Staat, Wirtschaft und Gesellschaft der DDR betrafen. Der Generalsekretär war seit 1960 meist auch Staatsoberhaupt der DDR. Der **Ministerrat** als Regierung war zeitweilig nur Ausführungsorgan der Beschlüsse des Politbüros, seit 1948 waren die wichtigen Posten im Staatsapparat mit SED-Mitgliedern besetzt. Der **Länderrat**, der von seinem aufschiebenden Veto-Recht bei der Gesetzgebung nie Gebrauch gemacht hatte, wurde abgeschafft. Er war überflüssig geworden, nachdem 1952 die fünf Länder in 14 Bezirke aufgeteilt wurden. Damit waren die föderalistischen Strukturen und die kommunale Selbstverwaltung beseitigt: die DDR war ein sozialistischer Zentralstaat.

Innere Machtsicherung

Zeitgleich mit der Staatsgründung war in der DDR die Bildung der **Nationalen Front** erfolgt: der Zusammenschluss aller Parteien und Massenorganisationen zum „Aufbau des Sozialismus". Mit Unterwanderung, Druck, Terror und Willkürjustiz wurden die Parteien auf SED-Kurs gebracht, bis sie zu Statisten bzw. Handlangern des Regimes degradiert waren. Das 1950 geschaffene **Ministerium für Staatssicherheit** (Stasi) setzte den totalitären Führungsanspruch der SED gegen politische und ideologische Widerstände durch. Geheimer Nachrichtendienst, politische Geheimpolizei und Untersuchungsorgan der Justiz bei Straftaten zugleich, überzog die Stasi bis zur Wende 1989 die DDR mit einem Netz von **Informellen Mitarbeitern** (IM) und war damit in der Lage, die Bevölkerung am Arbeitsplatz, während der sogenannten gesellschaftlichen Tätigkeiten, in der Freizeit und sogar im familiären Bereich zu bespitzeln. 1950 gab es ca. 80 000 Prozesse wegen politischer Delikte, in denen auch zahlreiche Todesurteile verhängt wurden wie z. B. in den „Waldheimer Prozessen" gegen ehemals von den Sowjets Internierte. Die Schauprozesse dienten der Abschreckung ideologischer Gegner und der politischen Erziehung der Bevölkerung.

Die „Nationale Front" trat zu den Volkskammerwahlen am 15. Oktober 1950 mit einer **Einheitsliste** an, die der SED – zusammen mit den Massenorganisationen Freie Deutsche Jugend (FDJ) und Freier Deutscher Gewerkschaftsbund (FDGB) – immer eine Mehrheit gegenüber den „bürgerlichen" Parteien sicherte. Die Zustimmung von über 99 % zeigt den **akklamatorischen Charakter der Wahlen in der DDR**. Von einer im westlichen Sinn demokratischen Wahl konnte keine Rede sein, da die Sitzverteilung in der Volkskammer ohnehin gesetzlich festgelegt war, obwohl die Verfassung freie, gleiche und geheime Wahlen vorsah. Danach standen der SED 25 % der Sitze zu, die anderen Mandate verteilten sich auf die vier „Blockparteien" und die Massenorganisationen.

Allerdings waren die Abgeordneten von FDGB, FDJ, Demokratischem Frauenbund und Kulturbund meist auch SED-Mitglieder, sodass der Parteiwille durchgesetzt wurde. FDGB und FDJ ordneten sich konsequent der SED als „bewusstem organisierten Vortrupp der Arbeiterklasse" unter; besonders die FDJ bildete unter Erich Honecker bald die Kaderreserve der SED. Da die anderen „Blockparteien" zur Zusammenarbeit gezwungen waren, ergab sich bei Abstimmungen in der Volkskammer bis auf eine Ausnahme, einem Gesetz zur Abtreibungsregelung, immer Einstimmigkeit im Sinne der SED, die damit das politische und gesellschaftliche Leben in der DDR bestimmte.

Walter Ulbricht

Die staatliche Umsetzung der SED-Beschlüsse wurde durch vielfältige **Verflechtungen zwischen Partei- und Staatsämtern** sichergestellt. Herausragendes Bespiel dafür ist Walter Ulbricht. Während der Weimarer Republik war er Reichstagsabgeordneter der KPD und 1933 in die Sowjetunion geflohen. Er kehrte als linientreuer Stalinist 1945 nach Deutschland zurück und organisierte in Berlin den Aufbau kommunistischer Strukturen in Partei und Verwaltung. Seit 1951 Generalsekretär (ab 1953 1. Sekretär) der SED, wurde er im Februar 1960 Vorsitzender des Nationalen Verteidigungsrates und erhielt damit die oberste Zuständigkeit für alle Verteidigungsfragen. Nach dem Tod des Staatspräsidenten Wilhelm Pieck übernahm er zusätzlich den Vorsitz im neu gebildeten Staatsrat, der als kollektives Gremium an die Stelle des Präsidentenamtes trat. Ulbricht war in der Lage, alle Wendungen der Moskauer Politik mitzumachen und sich über zwei Jahrzehnte als zuverlässigster Gefolgsmann der Sowjetunion an der Spitze der SED zu behaupten. Auf seine Veranlassung hin wurden 1950/51 ca. 150 000 Mitglieder aus der Partei ausgeschlossen, viele davon verhaftet, manche kamen in der Stasi-Haft ums Leben. Auch nach dem Volksaufstand am 17. Juni 1953 und dem erneuten Erstarken einer innerparteilichen Opposition gelang es ihm, den Parteiapparat von seinen Kontrahenten zu „säubern“ und reformwillige Widersacher auszuschalten. Erst in der zweiten Hälfte der 60er-Jahre versuchte er, der sowjetischen Bevormundung durch mehr wirtschaftliche Eigenständigkeit zu begegnen. Damit hatte er die Machtverhältnisse im Kreml verkannt und musste auf Druck der sowjetischen Führung und seiner Kritiker im SED-Politbüro 1971 seinen Posten als 1. Sekretär der SED an seinen Nachfolger Honecker abtreten. Er verlor seinen politischen Einfluss und starb 1973.

Ulbricht, 20 Jahre lang unangefochtener Führer der SED, verkörperte die Verflechtung von Staat und Partei.

Die Nationale Volksarmee (NVA)

Die eigenständige militärische Absicherung der DDR begann bald nach 1949 mit dem Aufbau einer Kasernierten Volkspolizei (KVP). Nachdem die UdSSR der DDR im ersten Staatsvertrag am 20. 9. 1955 die nationale Souveränität zugesichert hatte, wurde die KVP am 18. 1. 1956 in die **Nationale Volksarmee** (NVA) umgewandelt und die DDR trat dem Warschauer Pakt bei. Mit Gesetz vom 24. 1. 1962 Wehrpflichtigenarmee, entwickelte sich die NVA neben der Staatssicherheit zu einem **zentralen Bestandteil des Gewaltapparates der DDR** und erfüllte bis 1989 ihre Aufgabe der politischen Indoktrination und der Erziehung zum „Hass auf den Klassenfeind“. Die Unterordnung unter die Direktiven der Partei wurde durch die Partei-Mitgliedschaft der Berufssoldaten, vor allem der Offiziere, abgesichert. Bei aller Betonung der „engen Waffenbrüderschaft mit der ruhmreichen Sowjetarmee“ übernahm die NVA aber auch „fortschrittliche Elemente“ der preußisch-deutschen Militärtradition und knüpfte an revolutionäre Phasen der deutschen Geschichte an. Der Schnitt der Uniformen und die Beibehaltung des preußischen Stechschrittes riefen allerdings bei ihren Verbündeten wenig angenehme Erinnerungen an das Deutschland von vor 1945 wach. So standen sich zwei deutsche Armeen, die verfeindeten Militärbündnissen angehörten, gegenüber, womit die deutsche Spaltung noch weiter verfestigt wurde.

Deutschlandpolitik der DDR

Die zunächst ambivalente Haltung der UdSSR, Deutschlandpolitik im Rahmen von Weltpolitik zu betreiben, stand in Gegensatz zum Bestreben der DDR-Führung, dem eigenen Staat **innere Stabilität** zu verschaffen und innerhalb des Ostblocks Anerkennung zu finden. In scharfer Abgrenzung vom „kapitalistischen System in Westdeutschland“ betonte sie die **Rechtmäßigkeit der DDR** gegenüber dem Alleinvertretungsanspruch der Bundesrepublik und stellte die **Überlegenheit der sozialistischen Gesellschaftsordnung** heraus. Daher folgte sie nur zögerlich den deutschlandpolitischen Offerten der Sowjetunion, wie zum Beispiel der Stalin-Note, bewies aber dafür in allen anderen Fragen sozialistische Linientreue und verzichtete auf jeden eigenständigen Weg. Im Umgang mit der Bundesrepublik bedeutete dies einen unbeirrbar harten Kurs gegenüber Bonn. Wie der Bau der Mauer, dem Moskau nur nach einigem Zögern nachgab, zeigte, war SED-Chef Ulbricht der „Hardliner“, dem Chruschtschow seine Alleingänge gestattete. Die nach Westen gerichtete Propaganda der SED, nach der das „versklavte westdeutsche Volk“ ebenfalls für den Sozialismus „befreit“ werden sollte, und die Beschwörung eines „friedliebenden und demokratischen Gesamtdeutschlands“ wurden nach anfänglicher Glaubwürdigkeit bald zu einem inhaltsleeren Ritual der Propaganda. Im Westen wollte niemand ein stalinistisches Gesamtdeutschland, und auch im Osten fehlte der SED die Zustimmung der Bevölkerung für die sozialistische Umwandlung der Gesellschaft, wie der 17. Juni 1953 zeigte. Der Sozialismus wurde daher „von außen und von oben“, per Zwang verordnet.

Nach dem 17. Juni 1953 sanken die ohnehin spärlichen politischen Beziehungen zwischen der Bundesrepublik und der DDR auf einen Tiefpunkt. Ulbricht versuchte erfolglos mit Aktionen wie „Deutsche an einen Tisch“ und dem Vorschlag von 1957, eine Konföderation der beiden deutschen Staaten zu bilden, die westliche Integrationspolitik Adenauers zu stören.

Der Volksaufstand am 17. Juni 1953

Die ehrgeizigen Ziele einer wirtschaftlichen Steigerung beim „Aufbau des Sozialismus" verlangten von den Arbeitern in der DDR Höchstleistungen bei geringer Entlohnung. Der durchschnittliche Lohn lag 1951 bei ca. 310 Mark. Hinzu kam, dass Anfang der 50er-Jahre die Lebenshaltungskosten hoch waren, Fleisch war rationiert, ein Kilogramm Butter kostete ohne Bezugsmarken etwa 24 Mark. Im Juni 1953 wurden Preiserhöhungen und Zwangsmaßnahmen gegen Bauern und Selbstständige revidiert und der kurz zuvor proklamierte „verschärfte Klassenkampf" in Übernahme des „Neuen Kurses" nach Stalins Tod weitgehend rückgängig gemacht, eine 10-prozentige Normenerhöhung in der Industrie allerdings nicht. Der abrupte politische Kurswechsel löste auf allen Seiten Verunsicherung aus, bei der Arbeiterschaft zeigte sich Verbitterung über die Beibehaltung der Normenerhöhung. Dies führte am 16. 6. 1953 und den folgenden Tagen zu Demonstrationen und Streiks, die auf das gesamte Staatsgebiet der DDR übergriffen. Die Arbeiter forderten die Rücknahme der Normenerhöhung und deren generelle Abschaffung. Im Verlauf des **17. Juni 1953** wurde aus dem Arbeiter- ein **Volksaufstand**, als mehr als eine halbe Million Demonstranten den Rücktritt der Regierung und freie Wahlen forderten. Obwohl die DDR-Führung unsicher, desorientiert und zunächst nicht in der Lage war, mit der Krise umzugehen, blieb der Westen passiv. Auf Drängen der hilflosen DDR-Regierung wurden sowjetische Truppen eingesetzt, die den Volksaufstand am 17. Juni blutig niederschlugen. Die breite Resonanz, die die politischen Forderungen in der Bevölkerung gefunden hatten, zeigte eine tief greifende Unzufriedenheit mit dem politischen System der DDR, das nur mit Unterstützung der UdSSR überleben konnte. Die Zahl der Opfer (über 50 Tote) blieb – gemessen am Umfang der Aufstandsbewegung – relativ gering.

Erst mit dem Einsatz russischer Panzer konnte der Volksaufstand am 17. Juni 1953 in Berlin niedergeschlagen werden.

Das Nichteingreifen des Westens und das sowjetische Festhalten am „Stalinisten“ Ulbricht waren Ausdruck einer Politik des Status-quo-Denkens. Die Einbindung beider deutscher Staaten in die Blocksysteme hatte für die Siegermächte des Zweiten Weltkrieges Priorität gegenüber deutschen Wünschen nach Selbstbestimmung. Der 17. Juni wurde zum Nationalfeiertag in der Bundesrepublik, zum **Tag der deutschen Einheit**, und blieb es bis zur Wiedervereinigung.

Ostintegration der DDR

Außenpolitisch wurde ab 1949 die **Integration der DDR in den Ostblock** intensiviert. Die Sowjetische Militäradministration wurde durch die **Sowjetische Kontrollkommission** (ab Mai 1953 Hohe Kommission) ersetzt – Gegenstück zu den Hohen Kommissaren in Westdeutschland. Die **UdSSR** und die **zehn sozialistischen Staaten erkannten die DDR** gleich nach der Staatsgründung **an** und nahmen diplomatische Beziehungen zu ihr auf. 1950 sicherte die DDR ihren osteuropäischen Nachbarstaaten die Unveränderlichkeit der Grenzen zu und erkannte im Görlitzer Vertrag vom 6. 7. 1950 mit der Volksrepublik Polen die **völkerrechtliche Gültigkeit der Oder-Neiße-Linie** an. Dies war die Vorbedingung für den Ausbau der Beziehungen zu den Ostblockstaaten in bilateralen Freundschafts-, Kultur- und Wissenschaftsabkommen. Mit der Aufnahme der DDR in den **Rat für gegenseitige Wirtschaftshilfe** (RGW bzw. COMECON) am 29. 9. 1950 wurde die seit 1947 eingeleitete wirtschaftliche Ostorientierung formell besiegelt. 1950 betrug der Anteil Osteuropas am Außenhandel der DDR bereits über 70 %, die UdSSR trug davon den Hauptanteil (1954 fast 50 %). Nach dem Scheitern aller Versuche, die Westintegration der Bundesrepublik und ihre Wiederbewaffnung im Rahmen der NATO zu verhindern, beendete die UdSSR gegenüber der DDR am 25. 3. 1954 formell den Kriegszustand mit Deutschland. Den Schlusspunkt unter die Ostintegration der DDR setzte der **Staatsvertrag** mit der UdSSR vom 20. September 1955, in dem diese die vollständige Souveränität der DDR und „völlig gleichberechtigte Beziehungen“ zwischen ihnen bestätigte. Damit konnte die DDR 1956 als militärisch gleichberechtigtes Mitglied ihre Nationale Volksarmee in den **Warschauer Vertrag über Freundschaft, Zusammenarbeit und gegenseitigen Beistand** vom 14. Mai 1955 **(Warschauer Pakt)** überführen. In Schrittfolge und Inhalten der vertraglichen Regelungen reagierten die DDR und die UdSSR auf die Westintegration der Bundesrepublik und zogen zeitlich nur geringfügig versetzt nach.

1955 war die Integration von West- und Ostdeutschland in die jeweiligen Blocksysteme abgeschlossen. Der Stellenwert der „Nationalen Frage“ hatte sich mit der Veränderung der internationalen Konstellationen gewandelt. Seit der Genfer Außenministerkonferenz 1955 vertrat die Sowjetunion die „Zwei-Staaten-Theorie“, die die Wiedervereinigung zu einer Sache der Deutschen mache. Chruschtschows Enthüllungen auf dem XX. Parteitag und seine Abrechnung mit den stalinistischen Verbrechen lösten eine „Tauwetterperiode“ aus, die vom kulturellen Bereich auf den politischen ausgriff. Politische Zugeständnisse wurden aber zurückgezogen, als das System des Sozialismus selbst davon bedroht wurde, eine Lockerung des sowjetischen Griffs durfte keinesfalls zu einer Desintegration des Ostblocks führen. Im Posener Aufstand und in der ungarischen Revolution von 1956 war nichts mehr vom Zögern zu spüren, das die sowjetische Führung noch im Juni 1953 gezeigt hatte, sondern die „Konterrevolution“ wurde mit aller Gewalt und Brutalität niedergeschlagen.

Wirtschaftliche Entwicklungen in den 50er-Jahren

Die Wirtschaft der DDR stand 1949 vor großen Herausforderungen. Die durch Krieg und russische Demontagen entstandenen Ausfälle mussten ersetzt, weggefallene Zulieferungen und Abnahmen aus Westdeutschland mussten ausgeglichen und zudem die vorgegebenen Rahmenbedingungen der sozialistischen Wirtschaft geschaffen werden.

Umgestaltung der Wirtschaft

Unter der Parole „Von der Sowjetunion lernen, heißt siegen lernen!“ wurde das **industrielle Wachstum** mit dem Aufbau einer eigenen Schwerindustrie forciert. An der Oder wurde mit dem Bau des Eisenhüttenkombinats Ost (EKO) bei Stalinstadt, nach dem 17. Juni 1953 umbenannt in Eisenhüttenstadt, die Grundlage geschaffen. Die Übernahme der staatlichen Lenkung von Produktion und Verteilung aller Güter und Dienstleistungen erfolgte in einem Zweijahresplan 1949/50 und ab 1950 mit **Fünfjahresplänen**. Es war erklärtes Ziel, bis 1955 die Industrieproduktion gegenüber 1936 nahezu zu verdoppeln und die landwirtschaftlichen Erträge um ein Viertel zu steigern. Die starke Förderung des industriellen Wachstums ging zulasten der Versorgung mit Konsumgütern, sodass sich der Lebensstandard der Bevölkerung nur langsam verbesserte.

Vor Gründung der DDR waren in der Bodenreform landwirtschaftlicher Großgrundbesitz enteignet und viele private Unternehmen verstaatlicht worden, sodass die Zahl von **Volkseigenen Betrieben (VEB)** sprunghaft stieg.

Bei der Kollektivierung in der Landwirtschaft mussten die Bauern neben den Höfen, Maschinen und Geräten auch das Vieh an die LPGs abtreten.

Manche Enteignungsverfahren wurden im Schnellverfahren abgewickelt und erinnerten an die sowjetischen Schauprozesse stalinistischer Zeit. Im Handwerk war zur Abdeckung des Bedarfs noch mehr Selbstständigkeit möglich. Größere Widerstände gab es in der Landwirtschaft, wo sich viele Bauern zu Beginn der 50er-Jahre gegen die Kollektivierung ihrer Betriebe in **Landwirtschaftliche Produktionsgenossenschaften** (LPG) gewehrt hatten.

Die sozialistische Planwirtschaft

Die sozialistische Planwirtschaft, in der Produktionsmengen, Erträge und Preise durch den Staat festgelegt wurden, ließ private Initiativen rasch erlahmen. Die Planerfüllung als oberste Aufgabe brachte die Betriebe dazu, möglichst „weiche" Pläne anzustreben, in denen das tatsächliche Produktionspotenzial so nach unten verzerrt wurde, dass die Erfüllung der vorgegebenen Mengen problemlos möglich war. Statt vom Markt nachgefragter Qualität wurden vorgegebene Quantitäten produziert („Tonnenideologie").

Trotz Bevölkerungsrückgangs durch Flucht (zwischen 1945 und 1955 flohen 1,4 Millionen Menschen aus der DDR) konnte der 1. Fünfjahresplan erfüllt werden, weil im gleichen Zeitraum durch die Zunahme der Frauenerwerbstätigkeit die Zahl der Beschäftigten um 2 Millionen anstieg. Außerdem wurde die „Gleichmacherei" der Jahre bis 1949 beendet. Mit einem **differenzierten System der Entlohnung** nach Bedeutsamkeit der Tätigkeit, **Prämien** für individuelle Höchstleistungen und dem Modell „vorbildhafter Arbeit" **(Aktivistenkampagne)** fanden leistungsorientierte Entlohnungsformen Eingang in das Wirtschaftssystem. Dennoch wurden ein großer bürokratischer Aufwand, Schwerfälligkeit, fehlende Anreize zu Modernisierung und Rationalisierung bald kennzeichnend für die **Mangelwirtschaft der DDR**. Ihre wirtschaftliche

Entwicklung blieb hinter der der Bundesrepublik mit dem effizienteren System der sozialen Marktwirtschaft auch deshalb zurück, da die UdSSR weiterhin Demontagen in der DDR vornahm, während die Bundesrepublik nach dem Petersberger Abkommen davon verschont blieb und vor allem weil die DDR auf die Hilfen des Marshall-Plans verzichten musste.

Entwicklung in der zweiten Hälfte der 50er-Jahre

Als Folge des 17. Juni besserte sich in der zweiten Hälfte der 50er-Jahre die wirtschaftliche Lage. Rationierungen wurden aufgehoben, das Angebot an Konsumgütern nahm zu, nachdem man jahrelang nach sowjetischem Vorbild einen Aufbau der Schwerindustrie betrieben hatte. Zielvorstellung war es, die ideologisch begründete **Überlegenheit der sozialistischen Gesellschaftsordnung** gegenüber der kapitalistischen Herrschaft zu beweisen. Als Schlüssel dieser Entwicklung galt die schnelle Steigerung der Arbeitsproduktivität. Rentenerhöhung (1956) und Einführung der 45-Stunden-Woche (1957) sicherten die Aufwärtsentwicklung sozialpolitisch ab. Zur Verbesserung der Energieversorgung wurde das Gaskombinat „Schwarze Pumpe“ zur Braunkohleveredlung bei Hoyerswerda aufgebaut, das die Hälfte der DDR mit Stadtgas versorgte. Trotz der Verbesserungen orientierte sich die Bevölkerung am „Wirtschaftswunder“ in der Bundesrepublik, deren Industrieproduktivität um 30 % und deren Konsum um ein Viertel höher lagen als in der DDR. Wenn auch das „Einholen und Überholen“ der Bundesrepublik verfehlt wurde, so zeigten die Jahre 1958 und 1959 dennoch eine **deutliche Konsolidierung**. Die Fluchtzahlen gingen bis 1959 auf den niedrigsten Stand seit der Staatsgründung zurück. Sie stiegen wieder abrupt an, als in einer Kehrtwende von der konsumorientierten Produktion im gleichen Jahr „die Vollendung der sozialistischen Produktionsverhältnisse“, die Kollektivierung in der Landwirtschaft forciert wurde. In falscher Einschätzung der Stimmungslage der Bevölkerung wurden zunächst auf freiwilliger Basis, dann unter ständig steigendem Druck und mit Repressalien die privaten Besitzverhältnisse an Land, Boden und Produktionsmitteln beseitigt; die Bauern wurden in ein abgestuftes System von **Landwirtschaftlichen Produktionsgenossenschaften** gepresst. Mit Drohungen und Verhaftungen veranlasste **Erich Mielke**, seit 1957 Minister für Staatssicherheit, die meisten Bauern, sich einer LPG anzuschließen, die 1960 etwa 85 % der gesamten landwirtschaftlichen Nutzfläche der DDR bewirtschafteten. Dieser Prozess verschärfte die Unruhe in der Bevölkerung und führte zu einer krisenhaften Versorgungslage, da die Ausstattung der LPGs technisch veraltet war, ihre Zwangsmitglieder nur widerwillig das genossenschaftliche Eigentum bewirtschafteten und die landwirtschaftlichen Erträge drastisch abfielen.

Der Mauerbau

Neben wirtschaftlichen führten politische Gründe nach einer Phase der Konsolidierung ab Ende 1959 zu einer erneuten **Fluchtbewegung aus der DDR**. Die Gleichschaltung der Parteien war abgeschlossen, politische Oppositionsbewegungen wurden unterdrückt und kriminalisiert, die Indoktrination der Bevölkerung in Schulen, Betrieben oder anderen Institutionen vorangetrieben. Das künstlerische Schaffen stand unter Aufsicht der SED, Abweichler wurden auch hier gemaßregelt oder inhaftiert. Eine Atheismuskampagne führte sogar dazu, dass bekennende Christen nicht zum Studium zugelassen wurden. Statt einer Firmung oder Konfirmation wurden junge Menschen zur Jugendweihe genötigt, in der sie sich zum Sozialismus zu bekennen hatten. Die DDR erwies sich als totalitärer Staat, der bis in private Belange hinein präsent war.

Die „Abstimmung mit den Füßen“ nahm derartige Ausmaße an, dass die DDR-Führung ein Ausbluten der DDR befürchten musste, zumal hoch qualifizierte Arbeitskräfte das Land zu Tausenden verließen. Allein am 1. August 1961 wurden in West-Berlin 1 322 Flüchtlinge registriert. Auch die Sowjetunion sah nun in der Abriegelung der DDR die einzige Möglichkeit zur Stabilisierung der Lage und gab dem Drängen Ulbrichts auf „Grenzsicherungsmaßnahmen“ nach. Am **13. August 1961** wurden an der Grenze zwischen Ost- und West-Berlin Stacheldrahtzäune gezogen und in den folgenden Tagen mit dem Bau der **Berliner Mauer**, Wachtürmen, Minenfeldern und einer „Todeszone“ die beiden Teile Deutschlands endgültig und undurchlässig getrennt.

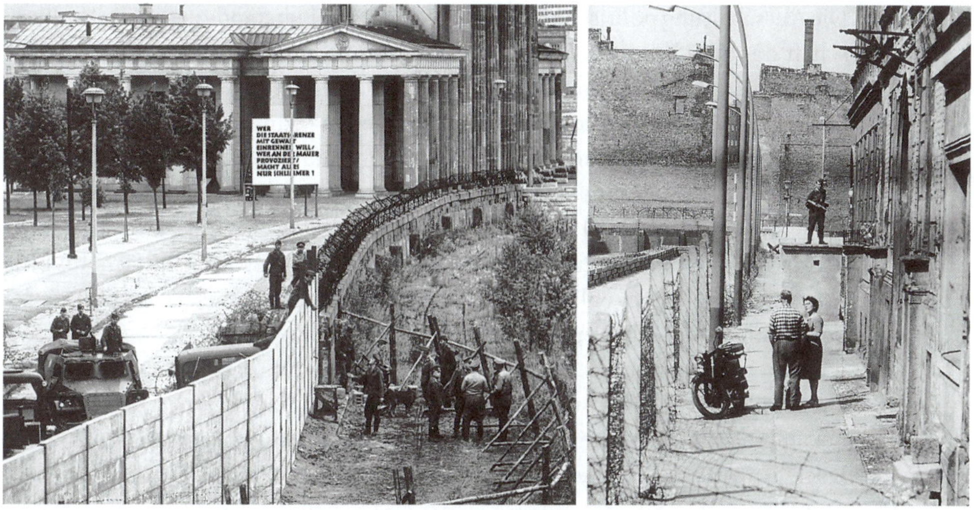

Die Mauer trennt Berlin. Auch Unterhaltungen in der Nähe der Grenze werden misstrauisch von Wachposten beäugt.

Noch wenige Tage zuvor hatte Ulbricht derartige Pläne geleugnet. Die Aktion wurde von dem für Sicherheitsfragen zuständigen ZK-Sekretär Erich Honecker vorbereitet und unter dem Schutz bewaffneter Einheiten durchgeführt. Künftig wurde die Mauer von der DDR als „antifaschistischer Schutzwall" bezeichnet. Trotz gespannter Ruhe in der Stadt kam es nicht zu den befürchteten Aufständen. Die Westmächte und die Bundesregierung waren weitgehend hilflos und bemühten sich darum, die Situation nicht eskalieren zu lassen. Zwar erneuerte der US-Präsident Kennedy auf Druck des Regierenden Bürgermeisters von Berlin, Willy Brandt, die amerikanische Garantieerklärung für West-Berlin, doch begnügten sich die USA mit Protestnoten und unternahmen keine militärischen Schritte, den Bau der Mauer zu verhindern. Bundeskanzler Adenauer setzte seinen Wahlkampf fort, polemisierte gegen Brandt und kam trotz öffentlicher Proteste erst am 16. 8. 1961 in die Stadt.

Was im Westen als Gipfel kommunistischer Unterdrückungspolitik angesehen wurde, erwies sich für die DDR als **zweiter Gründungstag**. Der Mauerbau beendete alles, was bislang unter der „Unteilbarkeit Deutschlands", wie sie in der DDR-Verfassung noch verankert war, verstanden werden konnte. Die Unterbrechung des Flüchtlingsstroms ermöglichte eine wirtschafts- und innenpolitische Konsolidierungsphase, die mittel- und langfristig die DDR auch außenpolitisch aufwertete.

Gesellschaftliche Entwicklung

Die Ausschaltung politischer und ideologischer Widerstände gegen die Vorherrschaft der SED beschränkte sich nicht auf einzelne relevante gesellschaftliche Gruppierungen, sondern erstreckte sich auf alle Bereiche des gesellschaftlich-öffentlichen Lebens. Auch das **Bildungswesen** wurde auf die von der SED vorgegebenen Zielsetzungen ausgerichtet: Formulierung eines sozialistischen Erziehungszieles, Russisch als obligatorische erste Fremdsprache und Kontrolle der Lehrer in der 1951 eingeführten Zehnklassenschule. Die Verteilung der Lernenden und Studierenden auf Schultypen und Hochschulfächer wurde nach dem geplanten volkswirtschaftlichen Bedarf an Arbeitskräften und der Förderung von „Arbeiter- und Bauerkindern" ausgerichtet. Auch die Kirchen gerieten zunehmend in Konfrontation zum Staat. Besonders die „Junge Gemeinde" wurde von der FDJ als Konkurrenzorganisation angesehen und bekämpft. Die Übernahme westlicher Moden und Stilrichtungen, wie z. B. des Rock 'n' Roll, brachte die Jugend in Konflikt mit dem Staatsapparat.

Auch in Kunst und Kultur wurde 1951 die anfänglich freie künstlerische Entfaltung eingeschränkt. Mit dem **„sozialistischen Realismus"** wurden die Künstler auf die Gestaltungsprinzipien Lebensechtheit, Volkstümlichkeit, Darstellung des Typischen und sozialen Optimismus festgelegt. Literatur und Bildende Künste bekamen eine agitatorische Funktion.

Der Alltag in der DDR war demzufolge keine politikfreie Lebenswelt. Niemand konnte sich seinen „gesellschaftlichen Verpflichtungen" entziehen, ohne aufzufallen oder Nachteile dafür in Kauf zu nehmen. Manche Menschen übernahmen daher bewusst und überzeugt die sozialistische Ideologie und bauten die DDR als das „bessere Deutschland" in ihren wirtschaftlichen, politischen und gesellschaftlichen Funktionen auf. Viele flohen nach Westdeutschland, während die meisten Zurückbleibenden lernten, zwischen dem politisch Notwendigen und dem privat Wünschenswerten zu pendeln. Im öffentlichen Bereich äußerten sie daher das, was von ihnen erwartet wurde, ihr „anderes Leben" lebten sie in der privaten Nische.

Chronologie	
7. Okt. 1949	Gründung der DDR
15. Okt. 1949	UdSSR nimmt diplomatische Beziehungen zur DDR auf
23. Juni/6. Juli 1950	Görlitzer Vertrag: DDR erkennt Grenzen zu Polen und CSSR an
29. Sept. 1950	Aufnahme der DDR in Rat für gegenseitige Wirtschaftshilfe (RGW/COMECON)
19. Jan. 1951	Umgestaltung des DDR-Bildungswesens nach sowjetischem Vorbild
1. Nov. 1951	1. Fünfjahresplan
5. März 1953	Tod Stalins
17. Juni 1953	Volksaufstand in der DDR
25. März 1954	UdSSR erklärt DDR für souverän
14. Mai 1955	Unterzeichnung des Warschauer Paktes
20. Sept. 1955	Staatsvertrag zwischen der DDR und der UdSSR
18. Jan. 1956	Gründung der Nationalen Volksarmee
27. Jan. 1956	Einbeziehung der NVA in den Warschauer Pakt
14. April 1960	LPG-Programm in der DDR abgeschlossen
12. Sept. 1960	Walter Ulbricht wird Vorsitzender des neu geschaffenen Staatsrats
13. Aug. 1961	Bau der Berliner Mauer

Von der weltpolitischen Kooperation bis zum Ende des Ost-West-Konflikts

Berlin- und Kuba-Krise hatten das Risiko der nuklearen Vernichtung, die „wechselseitige gesicherte Zerstörung“ der Welt verdeutlicht, sie kennzeichnen den **Wendepunkt des weltpolitischen Ost-West-Konflikts**. Die 60er-Jahre stehen daher für den Beginn einer Politik der **De-Eskalation**, **Entspannung** („Detente“) und **Kooperation** sowie der Rüstungskontrolle.

Trotz weiter bestehender Rivalität bemühten sich die USA und die UdSSR erfolgreich darum, ihre Auseinandersetzung auf die Ebene von **Stellvertreter-Kriegen** zu begrenzen, in denen ihre Verbündeten den Kampf gegen den ideologischen Gegner austrugen. So konnte bei internationalen Krisen eine direkte Konfrontation der Großmächte mit unkalkulierbaren Folgen vermieden werden. Sichtbarster Ausdruck der „Strategie des Friedens“ waren die Einrichtung eines „heißen Drahtes“, der direkten Telefonverbindung zwischen Weißem Haus und Kreml, die Vereinbarung über einen begrenzten Atomwaffenteststopp (1963) sowie der Vertrag über die „Nichtverbreitung“ von Atomwaffen (sogenannter Atomwaffensperrvertrag, 1968), den Washington, Moskau und London trotz des eskalierenden Vietnamkrieges unterzeichneten.

Für Westeuropa bedeutete der geschilderte Wandel den Zwang zur Anerkennung der geopolitischen Realitäten. Daraus folgte eine allmähliche Annäherung an die osteuropäischen Staaten und der Ausbau der wirtschaftlichen Beziehungen. Einzig Frankreich grenzte sich von einer gemeinsamen Politik ab, trat dem Atomwaffenteststopp nicht bei, verließ die militärischen Strukturen der NATO und baute seine Atommacht aus (1966).

Krisenherde in der Phase der Entspannungspolitik

Der Vietnam-Krieg

Seit Anfang der 60er-Jahre engagierten sich die USA in der Nachfolge der französischen Kolonialmacht militärisch in **Vietnam**, um Süd-Vietnam in seinem Konflikt mit der vom Norden unterstützten Befreiungsbewegung der Vietcong zur Seite zu stehen und ein Übergreifen des Kommunismus auf andere Staaten zu verhindern **(Domino-Effekt)**. Da die nordvietnamesische Führung unter den Bedingungen des Dschungelkampfes die sowjetische Militärdoktrin nicht übernehmen wollte und Russlands ideologischer Konkurrent, die Volksrepub-

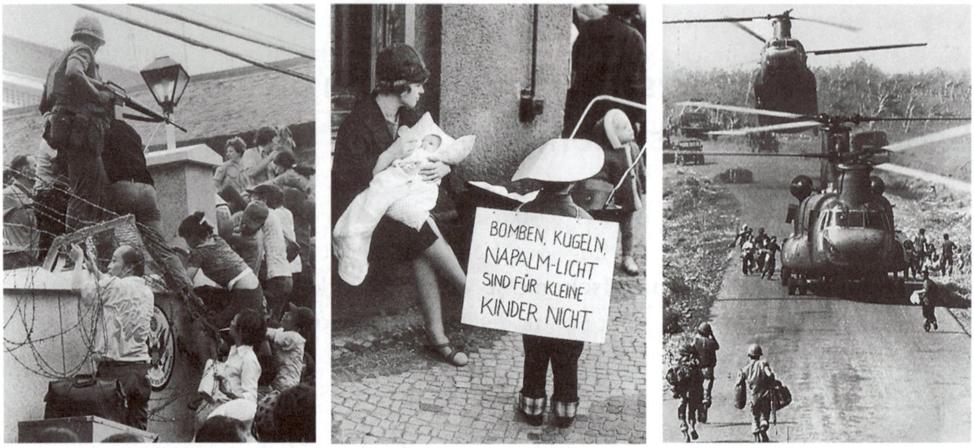

Während des Vietnamkriegs wurden die USA im In- und Ausland heftig kritisiert. Als die letzten US-Truppen 1973 aus Vietnam abzogen, versuchten viele Südvietnamesen, sich in die amerikanische Botschaft zu retten.

lik China, in Vietnam einen machtpolitischen Rivalen sah, beschränkten sich beide Staaten auf eine materielle und propagandistische Unterstützung des kommunistischen Bruderstaates Nord-Vietnam und vermieden eine direkte Konfrontation mit den USA **(Stellvertreter-Krieg)**. Die Ausweitung des Krieges ab 1965 führte zum größten Einsatz amerikanischer Truppen seit dem Zweiten Weltkrieg. Trotz materieller Überlegenheit und massiver Bombenangriffe auf Nord-Vietnam und die Nachschubwege der Vietcong gelang es nicht, den Fall Süd-Vietnams sowie seiner Nachbarn Kambodscha und Laos, also den befürchteten Domino-Effekt, zu verhindern. Im Gegenteil, die hohen amerikanischen Verluste im Guerilla-Krieg und die Fernsehbilder vom Leid der Zivilbevölkerung führten zu Massendemonstrationen in den USA und zwangen US-Präsident Nixon zur Einstellung des amerikanischen Engagements. In Europa löste der Vietnamkrieg ebenfalls große Empörung aus und zeichnete das Bild eines „hässlichen“ Amerikas.

Der Nahe Osten

Auch im Krisenherd Naher Osten vermieden die USA und die UdSSR eine direkte Konfrontation. Seit seiner Staatsgründung hatte sich **Israel** gegen die Koalition seiner übermächtig erscheinenden Nachbarn behaupten müssen, im **Sechs-Tage-Krieg** 1967 das palästinensische Siedlungsgebiet im Westjordanland, den Sinai und die Golanhöhen erobert und damit ein zusammenhängendes jüdisches Siedlungsgebiet geschaffen. Die palästinensische Bevölkerung lebt seitdem mit eingeschränkter Souveränität unter israelischer Besatzung.

Viele Palästinenser flohen und unterstützten vor allem von Jordanien aus die Rückgewinnung der besetzten Gebiete. Terroristische Aktionen wie z. B. die Entführung und Ermordung israelischer Sportler während der Olympischen Spiele 1972 in München, Flugzeugentführungen, Bombenanschläge und Attentate, aber auch der nichtmilitärische Widerstand (Intifada) wurden von Israel mit harten Gegenaktionen beantwortet.

Im Oktober 1973 griffen die arabischen Staaten während des jüdischen Feiertages **Yom Kippur** Israel an. Mithilfe der USA wurde der Angriff abgewehrt und das von der Sowjetunion unterstützte Ägypten selbst bedroht; eine weitere Eskalation wurde durch die Großmächte verhindert. Im Rahmen des **Friedensprozesses im Nahen Osten** sind seitdem weite Teile des von Israel eroberten Gebietes an Ägypten und Syrien zurückgegeben worden („Land gegen Frieden"). Der Kampf der Palästinenser für einen eigenen unabhängigen Staat ist bisher erfolglos geblieben.

Um gegen die israelfreundliche Politik der westlichen Industriestaaten zu protestieren, verhängten die Erdöl fördernden arabischen Staaten einen Lieferboykott über die USA und die Niederlande, drosselten die Produktionsmengen und erhöhten den Lieferpreis **(Erdölschock)**. Dieser erste Einsatz der ökonomischen Waffe Erdöl, von dem die Weltwirtschaft in erheblichem Maße abhängig war, löste die schwerste Wirtschaftskrise der westlichen Industriestaaten seit 1945 aus. Ein zweiter Preisschub durch die „Organisation der Erdöl exportierenden Länder" (OPEC) erfolgte 1979 nach der islamisch-fundamentalistischen Revolution im Iran. Von 1970 bis 1981 stieg der Preis für ein Barrel Rohöl von 1,40 auf 34 US-Dollar. Die Ölkrise signalisierte ein Ende der unbegrenzten Verfügbarkeit an fossilen Energieträgern und des ungebremsten industriellen Wachstums und führte zu einem sparsameren Umgang mit den Rohstoffen.

Der Ostblock

Die außenpolitische Zurückhaltung der Sowjetunion hatte neben dem Argwohn über den wachsenden Einfluss Chinas in Asien noch weitere Gründe. Nach dem Sturz von Parteichef Chruschtschow (1964) war ein Nachfolgerkollektiv (Parteichef Breschnew, Staatspräsident Podgorny, Ministerpräsident Kossygin) mit der Konsolidierung der eigenen Macht beschäftigt und verzichtete auf eine aggressive Außenpolitik. Albanien (1961) und Rumänien (1966) entzogen sich der russischen Kontrolle, ohne dass dies von Moskau verhindert werden konnte. Die DDR hingegen blieb in klarer Zu- und Unterordnung zur Sowjetunion, die dafür im **Freundschafts- und Beistandsvertrag** von 1964 ihren Fortbestand garantierte.

Das Ende des „Prager Frühlings“: Panzer des Warschauer Pakts verhinderten im August 1968 Reformen in der ČSSR.

Auch der Versuch, die anderen Staaten des Warschauer Paktes ähnlich wie die DDR durch bilaterale Verträge zu binden, konnte die Entwicklung zu größerer nationaler Eigenständigkeit der Satellitenstaaten zunächst nicht nachhaltig beeinflussen. Als in der Tschechoslowakei der 1. Sekretär der kommunistischen Partei Dubček ein nationales Konzept des „Kommunismus mit menschlichem Antlitz“ verwirklichen wollte („Prager Frühling“), eskalierten die Forderungen der Bevölkerung nach Demokratisierung, Rehabilitierung politisch Verfolgter und nach einer Änderung der Verfassung. Infolge des starken Drucks der kommunistischen „Bruderländer“ setzten sich im Kreml die Verfechter eines harten Kurses durch. Truppen des Warschauer Paktes marschierten im August 1968 in die ČSSR ein und beendeten den „Prager Frühling“ gewaltsam. Die **Breschnew-Doktrin** (November 1968) gestand den sozialistischen Staaten keine eigene Souveränität, sondern nur eine gesamtsozialistische zu, über deren Einhaltung die Sowjetunion notfalls mit militärischen Mitteln wachte. Nur das für die UdSSR weniger bedeutende Albanien konnte aus dem Warschauer Pakt austreten und sich der Volksrepublik China zuwenden.

Ost-West-Kooperation in den 70er- und 80er-Jahren

Begrenzung der strategischen Rüstung

Mit der Zerschlagung des „Prager Frühlings" hatte die UdSSR zwar die Reformbewegungen innerhalb des sozialistischen Lagers unterdrückt, es damit aber zugleich auch stabilisiert. Diese Stabilität erlaubte es der sowjetischen Führung, 1969 die Abrüstungsgespräche (*Strategic Arms Limitation Talks:* SALT) wieder aufzunehmen, zumal der Nachfolger von US-Präsident Johnson, Richard Nixon, die Beendigung der Bombardierung Nord-Vietnams angeordnet und damit die Vorbedingung für eine Verhandlungslösung in Vietnam erfüllt hatte. **SALT I** (1972) sah die Begrenzung ballistischer Raketenabwehrsysteme (ABM) und von Interkontinental- und U-Boot-Raketen, die systematische Erfassung der Rüstungspotenziale und die bessere gegenseitige Information vor, um die Risiken technischen Versagens oder von Missverständnissen zu begrenzen. Der von Breschnew und US-Präsident Carter 1979 ausgehandelte Folgevertrag **(SALT II)** wurde zwar von beiden Seiten beachtet, aber bis heute nicht vom amerikanischen Kongress genehmigt.

Anlässlich der Gespräche zu SALT I hatte Nixon 1972 die Sowjetunion besucht, die sich damit auch symbolisch als gleichrangige Macht anerkannt sah. Dies spiegelte sich auch in einer Grundsatzerklärung wider, die gemeinsame „Spielregeln" für ihr Verhalten zueinander und ihre weltpolitische Verantwortung festhielt und damit ihre Suche nach einem konstruktiveren Verhältnis verdeutlichte. Die ideologischen Gegensätze waren damit nicht behoben, wurden aber auf einer Ebene ausgetragen, die direkte Konfrontationen zwischen den Supermächten verhinderte. „Stellvertreterkriege" (siehe Vietnamkrieg) fanden vor allem in den Staaten der Dritten Welt statt, die nach Jahrhunderten der Ausbeutung durch Kolonialismus und Imperialismus Entschädigung forderten und Anschluss an die wirtschaftliche Entwicklung der Industrieländer suchten. Der **Nord-Süd-Konflikt** wurde neben dem Ost-West-Konflikt das beherrschende Element der Weltpolitik.

KSZE

1973 wurde der bereits vom polnischen Außenminister Rapacki 1957 vorgetragene und 1967 von den Ländern des Warschauer Paktes erneuerte Vorschlag einer **Konferenz über Sicherheit und Zusammenarbeit in Europa (KSZE)** realisiert. Die Sowjetunion zielte damit auf eine Anerkennung ihres Besitzstandes im Osten, der Westen sah darin die Möglichkeit, über den Dialog die Lage in Osteuropa zu verbessern, die Härten der Teilung abzumildern und sie – wenn möglich – zu überwinden. Über zwei Jahre dauerten die Gespräche, bis

1971 demonstrierte die UdSSR ihre Stärke. 1972 tauschten Nixon und Breschnew die SALT I-Verträge aus.

im Juli 1975 die **Schlussakte von Helsinki** unterzeichnet wurde. Sie besteht aus einer Absichtserklärung über die zehn Prinzipien, mit denen die zwischenstaatlichen Beziehungen in Europa u. a. im Sinne des Gewaltverzichts, der Unverletzlichkeit der Grenzen, der Nichteinmischung in innere Angelegenheiten eines Staates und vertrauensbildende Maßnahmen geregelt werden sollten. Für den Westen war die festgeschriebene **Sicherung fundamentaler Menschenrechte** von zentraler Bedeutung. Wenn auch die entgegengesetzten Auffassungen von Ost und West nicht überwunden werden konnten, boten aber die in der Schlussakte formulierten Prinzipien die Möglichkeit, von außen und auch von innen die Respektierung der Rechte in den Ländern Osteuropas einzufordern, und stärkten langfristig die dort entstehenden Bürgerrechtsbewegungen. Nachträglich kann behauptet werden, dass die sozialistischen Staaten auch an dem Widerspruch zwischen Akzeptanz der zehn Prinzipien und Realität im Inneren zerbrachen.

Zugleich wurde über einen **gegenseitigen und ausgewogenen Abbau der Truppen in Europa** (Mutual Balanced Force Reduction, MBFR) verhandelt. In einer Reihe von Folgekonferenzen wurden weitere Fortschritte in der Sicherheitspolitik (Konferenz über Vertrauens- und Sicherheitsbildende Maßnahmen und Abrüstung, KVAE) und bei den Menschenrechten erzielt. Bemerkenswert ist, dass dieser Dialog auch in der folgenden Phase angespannter Ost-West-Beziehungen nicht abbrach.

Nach dem Zusammenbruch der kommunistischen Regime bildete die KSZE als einzige gesamteuropäische Institution den Rahmen für die Neuordnung Europas. Nach dem Ende des Ost-West-Konflikts wurde sie 1992 mit festen Institutionen und wirksamen Instrumenten für die Krisenvorsorge ausgestattet und zum 1. 1. 1995 in **Organisation für Sicherheit und Zusammenarbeit in Europa (OSZE)** umbenannt.

Krise der Ost-West-Kooperation

Russische Intervention in Afghanistan

Ende der 70er-Jahre zeichnete sich eine rapide Verschlechterung des Verhältnisses zwischen den USA und der UdSSR ab. Die **Intervention in Afghanistan** (Dezember 1979) hatte die sowjetische Bereitschaft verdeutlicht, zur Durchsetzung ihrer Interessen auch militärische Mittel einzusetzen. Unter dem Vorwand, das wenige Jahre zuvor etablierte kommunistische Regime in inneren Konflikten mit „sozialistischer Bruderhilfe" unterstützen zu wollen, besetzten sowjetische Truppen das Land und bekämpften die antikommunistischen Freiheitsbewegungen. Damit schien für die sowjetische Führung zugleich auch der alte russische Traum eines Zugangs zum Indischen Ozean und die Gewinnung von Flottenstützpunkten weit außerhalb der Reichweite der USA und der NATO in greifbare Nähe zu rücken.

Die amerikanische Regierung reagierte auf die Missachtung der Prinzipien der KSZE-Schlussakte mit einem Handelsembargo und der Nichtratifikation des SALT II-Vertrages. Sie erklärte den Persischen Golf zu einer Zone lebenswichtiger amerikanischer Interessen (sog. Carter-Doktrin) und boykottierte zusammen mit den meisten Länder des Westens die Olympischen Spiele 1980 in Moskau.

NATO-Nachrüstung

Vor diesem Hintergrund bewerteten die Amerikaner nun auch die seit 1977 beobachteten Anstrengungen der Sowjetunion, nukleare Mittelstreckenraketen (SS 20) zu entwickeln und im europäischen Raum aufzustellen, als überaus bedrohlich. Der seit 1981 amtierende Präsident Reagan nahm die Verschärfung der Konfrontation an und charakterisierte die UdSSR als „Reich des Bösen". Die USA mobilisierten ihre eigenen Rüstungskapazitäten und die der NATO **(NATO-Nachrüstung)**, um die Raketen vom Typ „Pershing II" und „Marschflugkörper" (Cruise Missiles) beschleunigt einsatzbereit zu machen. Eine Stationierung dieser Waffensysteme in den Ländern der Verbündeten hätte bei weiterer Eskalation der Spannungen Europa zum Schlachtfeld werden lassen. Daher konnte sich Bundeskanzler Schmidt in der NATO mit seinem Vorschlag eines **Doppelbeschlusses** durchsetzen, der beinhaltete, die Stationierung neuer westlicher Systeme ab 1983 nur bei einem weiterem Ausbau des SS 20-Systems vorzunehmen. Damit hatten die Europäer ihren Anspruch auf Mitbestimmung gegenüber den USA durchgesetzt und zugleich eine glaubwürdige friedenspolitische Initiative, die beiden Seiten Zugeständnisse abverlangte, aufgezeigt. Dies ist allerdings in der westdeutschen Gesellschaft und auch in den Regierungsparteien vielfach so nicht verstanden worden; sie bekämpften den NATO-Doppelbeschluss heftig.

Während die USA nach der Entscheidung des Deutschen Bundestages am 22. 11. 1983 für die Stationierung sofort mit der Aufstellung der Pershing II-Raketen in der Bundesrepublik begannen, brachen die Sowjets die Genfer Abrüstungsverhandlungen ab. Erst 1985 wurden sie wieder aufgenommen und führten zum weltweiten Abbau aller amerikanischen und russischen Mittelstreckenraketen (INF-Vertrag 1987). Die harte Linie des Westens und der von US-Präsident Reagan angekündigte Aufbau eines strategischen Verteidigungsschildes (SDI, „Krieg der Sterne") zwangen die UdSSR zu einem **Wettrüsten**, das ihre Möglichkeiten überstieg und so mit dazu beitrug, die Veränderungen in der Sowjetunion, die zu ihrem Zusammenbruch führten, zu beschleunigen.

Entwicklung in Polen

Ein weiterer Konfliktherd entstand in **Polen**. Ausgelöst durch die schlechte Lebensmittelversorgung, Preiserhöhungen und Rationierungsmaßnahmen entwickelte sich eine **Streikbewegung** gegen die politische und wirtschaftliche Misswirtschaft der kommunistischen Regierung. Aus sozialen Forderungen wurden schnell politische, die die hilflose Regierung mit dem Zugeständnis der Bildung einer freien Gewerkschaft **Solidarność** zu entschärfen suchte. Dieser systemimmanente Widerspruch einer freien Gewerkschaft in einer diktatorischen Herrschaftsordnung stieß aber in Polen selbst, wie auch in anderen Ländern des Ostblocks auf Widerstand. Um ein Übergreifen des reformerischen Gedankenguts zu verhindern, demonstrierte die Sowjetunion in Parallele zu den Ereignissen in der ČSSR 1968 ihre militärische Stärke mit ausgedehnten Manövern an der polnischen Grenze, griff aber nicht ein, da General **Jaruzelski** im Dezember 1981 das **Kriegsrecht** über Polen verhängte, Solidarność verbot und ihre Funktionäre verhaften ließ. Der Protest der westlichen Länder musste sich zumeist mit verbalen Bekundungen und einem amerikanischen Wirtschaftsboykott gegen Polen und die UdSSR begnügen, ein schärferes Vorgehen barg die Gefahr in sich, die ohnehin angespannte Lage in Europa eskalieren zu lassen. Besonders Bundeskanzler Schmidt versuchte, der sich zuspitzenden Konfrontation entgegenzusteuern und die Gespräche mit dem Osten nicht abreißen zu lassen. Ihm ging es darum, die Möglichkeit einer Null-Lösung, des gänzlichen Verzichts auf Nachrüstung bei gleichzeitigem Abbau der SS 20, die der NATO-Doppelbeschluss beinhaltete, offen zu halten.

Der Wandel in der Sowjetunion und seine Folgen

Mit dem Wechsel im Amt des Generalsekretärs der KPdSU zu **Michail Gorbatschow** als Nachfolger Andropows und Tschernenkos 1985 setzten sich nach innerparteilichen Kämpfen die Reformkräfte durch. Die von Gorbatschow ausgehenden Reformen wandelten innerhalb weniger Jahre die gesamte Welt. Bei seinem Amtsantritt war die Sowjetunion durch Misswirtschaft, Korruption, Mangel und Unterversorgung in fast allen Bereichen gekennzeichnet, ihr Entwicklungsstand war auf den eines Landes der Dritten Welt abgesunken. In der Außenpolitik hatte der Weltmachtanspruch zu unkalkulierbaren militärischen Abenteuern, wie z. B. in Afghanistan, geführt; der mit dem amerikanischen SDI-Programm verschärfte Rüstungswettlauf war von der sowjetischen Wirtschaft nicht mehr zu finanzieren. Gorbatschows Reformansätze sahen eine Lockerung der zentralen Planung, die begrenzte Zulassung privaten Eigentums und die Einführung marktwirtschaftlicher Elemente vor (**Perestroika:** Umbau) sowie mehr demokratische Teilhabe und öffentliche Diskussion auf allen Ebenen von Partei und Staat (**Glasnost:** Offenheit). Diese Politik war innerhalb der Partei umstritten, vor allem ältere Funktionäre fürchteten um ihre Privilegien und den Verlust ihrer Ideale. Sie lehnten den Kurswechsel ab und konnten erst allmählich von Gorbatschow ausgeschaltet werden.

Außenpolitisch war mit der Reformpolitik die Aufgabe des sowjetischen Führungsanspruchs im internationalen Kommunismus verbunden und damit die Einschränkung und der Rückzug **(Disengagement)** aus allen weltweiten Engagements. An die Stelle der Breschnew-Doktrin trat die **Sinatra"-Doktrin**, (Oktober 1989) nach der jedes Land des sowjetischen Herrschaftsbereichs in Anspielung auf den amerikanischen Sänger Frank Sinatra seinen eigenen Weg („My way") gehen könne. Gorbatschow zog die sowjetischen Truppen aus Afghanistan 1989 ab, beschleunigte die Annäherung von Ost und West und war um eine einvernehmliche Lösung regionaler Konflikte auch in anderen Teilen der Welt bemüht.

Begrüßt und unterstützt wurde dieser Wandel von den oppositionellen Bürger- und Menschenrechtsgruppen, die sich in den osteuropäischen Staaten unter Berufung auf die KSZE-Schlussakte von Helsinki gebildet hatten.

Umwälzungen im Ostblock

Fast alle Länder Osteuropas erlebten 1988/89 als Folge der Politik Gorbatschows eine Umwälzung ihrer politischen, gesellschaftlichen und sozialen Strukturen. In **Ungarn** setzten sich 1988 die Reformsozialisten gegen die altgediente Staats- und Parteiführung durch. Durch die Öffnung der Grenze zu

Gorbatschows Reformen waren Vorbild für die Forderungen der Opposition in vielen kommunistischen Staaten und veränderten die Welt: Während in Polen Gewerkschaftsführer Walesa triumphierte, wurde in Peking der Studentenaufstand niedergeschlagen. Nach dem Zerfall der Sowjetunion trat Russland unter Präsident Jelzin die Nachfolge an. Seit 2000 dominiert Wladimir Putin – inzwischen zum dritten Mal Präsident – die Politik des Landes.

Österreich für Ausreisewillige aus der DDR im Spätsommer 1989 trug Ungarn zur Wende in der DDR bei. In **Polen** erzwang die freie Gewerkschaft Solidarność Wahlen mit freier Kandidatenaufstellung (1989), die zu ihrer Regierungsbeteiligung und umfangreichen marktwirtschaftlichen Reformen führten. Die kommunistische Arbeiterpartei wandelte sich in die „Sozialdemokratie der Republik Polen" und folgte damit dem Beispiel ihrer ungarischen Schwesterpartei. Auch in **Bulgarien** und in der **Tschechoslowakei** waren Ende 1989 die Vorherrschaft der kommunistischen Partei beseitigt und über freie Wahlen Regierungen des Neuanfangs gebildet worden. In **Rumänien** wurde Staatspräsident Ceausescu, der die Polizei gewalttätig gegen Demonstranten hatte vorgehen lassen, vor Gericht gestellt und hingerichtet. Während in Europa bis auf Rumänien die politische Umwälzung weitgehend unblutig verlief, wurde ein Aufbegehren von Studenten in China im Sommer 1989 mit militärischen Mitteln auf dem Platz des Himmlischen Friedens in Peking buchstäblich niedergewalzt **(Massaker auf dem Tian An-Men)**.

Die Auflösung der Sowjetunion

Die Abkehr von der Moskauer Zentrale überall in Osteuropa ließ naturgemäß den Einfluss der Kommunisten im Kreml schwinden. Nach dem Verlust außenpolitischer Macht zerfiel das Reich auch im Inneren. Gorbatschows Politik der

Perestroika hatte die Probleme nicht beseitigt, sondern sie noch viel schärfer zutage treten lassen. Vor allem die **Nationalitätenfrage** – offizielle Zählungen sprechen von 101 „Völkerschaften" – war schon immer eines der Hauptprobleme der Sowjetunion. Ihre „Sprengkraft" war von der zentralistischen Struktur der UdSSR überdeckt und von den Reformern um Gorbatschow unterschätzt worden. Die Republiken und Nationalitäten forderten nun nach jahrzehntelanger Gängelung durch die Moskauer Zentrale **Eigenständigkeit** und **Unabhängigkeit**. Im Dezember 1991 kündigte der Oberste Sowjet der Ukraine den Gründungsvertrag der UdSSR aus dem Jahr 1922. Der russische Präsident Jelzin beschloss daraufhin mit seinen Amtskollegen aus Weißrussland und der Ukraine die **Gemeinschaft Unabhängiger Staaten** (GUS) zu bilden. Ende 1991 hatte die Sowjetunion aufgehört zu existieren, sie war in Einzelstaaten zerfallen, aus denen **Russland** mit **Präsident Jelzin** an seiner Spitze als wichtigster Nachfolgestaat hervorging.

Rüstungsabbau

Der Wandel in der Sowjetunion hatte weitreichende Auswirkungen auf die internationale Sicherheitspolitik. Nachdem Anfang der 80er-Jahre das amerikanisch-sowjetische Verhältnis auf den Zustand des Kalten Krieges abgekühlt war, bildete die **Strategic Defense Initiative** (SDI) eines weltraumgestützten Raketenabwehrsystems von US-Präsident Reagan den Anstoß für erneute Verhandlungsbereitschaft der Sowjetunion. Während Gorbatschow versuchte, das SDI-Programm und damit die Eskalation der Rüstungskosten zu verhindern, war Reagan bereit, über die Abschaffung von Nuklearwaffen zu verhandeln. In mehreren Gipfeltreffen vereinbarten der amerikanische Präsident Reagan und Gorbatschow Gespräche über die Begrenzung strategischer Waffen (START). Besonders der **INF-Vertrag** (Dezember 1987) über die Beseitigung aller amerikanischen und sowjetischen Mittelstreckenraketen hatte auch für Europa eine große sicherheitspolitische Bedeutung. Der Rüstungswettlauf hatte seither nichts Zwangsläufiges mehr, er konnte sogar rückgängig gemacht werden, wie es Gorbatschow in einer Rede vor der UNO im Dezember 1988 mit der drastischen Reduzierung der sowjetischen Streitkräfte ankündigte. Andere Staaten des Warschauer Paktes zogen nach und damit kamen auch die seit Jahren stagnierenden Verhandlungen über konventionelle Abrüstung wieder voran. Mit dem **KVAE-Vertrag**, der den Austausch von Beobachtern bei Truppen und Manövern regelte, konnten zum ersten Mal die konkreten Zahlen der jeweiligen Truppenstärken und des Umfangs der Rüstung festgestellt werden. Um das hier bestehende Ungleichgewicht und die Gefahr von Überraschungsangriffen abzubauen, begannen Verhandlungen in Wien, die schon bald unter dem Einfluss der Umwälzungen in Ost-Mitteleuropa und der Einigung Deutschlands standen. Der während des Treffens von Bundeskanzler Kohl mit Gorbatschow im Juli 1990 vereinbarte **Abzug der russischen Truppen** aus der DDR bei einer **Verringerung der Bundeswehr** auf insgesamt 370 000 Mann war militärpolitisch der entscheidende Durchbruch. Mit dem Verschwinden der sowjetischen Militärpräsenz und der Reduzierung der deutschen Truppen – die USA hatten bereits den Abbau ihrer in der Bundesrepublik stationierten Truppen angekündigt, dem die anderen Streitkräfte des Westens bald folgten – verschwand das militärische Bedrohungspotenzial, das über 40 Jahre lang die politische Entwicklung Europas geprägt hatte. Im Dezember 1990 wurden anlässlich der KSZE-Gipfelkonferenz in Paris die technischen Details des Truppenabbaus geregelt, Warschauer Pakt und NATO verkündeten in einer gemeinsamen Erklärung das Ende ihres vierzigjährigen Konflikts.

Zerfall der Bündnisse

Mit dem Wandel in den osteuropäischen Staaten und der umfassenden Entmilitarisierung war die Existenzberechtigung des **Warschauer Paktes** erloschen. Auf Beschluss seiner Mitglieder wurde er im Juli 1991 **aufgelöst**. Mit ihm verschwand das Symbol militärischer Konfrontation, sowjetischer Oberherrschaft, das Mittel zur Disziplinierung seiner Mitglieder. Die Staaten Ost-Mitteleuropas konnten seitdem über ihre Zukunft selbst bestimmen.

Auch der **Rat für gegenseitige Wirtschaftshilfe** (COMECON bzw. RGW) löste sich im Juni 1991 auf. Als Gegenstück zur EWG gebildet, war er mit der Aufnahme Kubas, der Mongolei und Vietnams über den europäischen Rahmen hinausgegangen. Er blieb aber auf zweiseitigen Tauschhandel beschränkt und konnte zu keinem Zeitpunkt die ihm zugedachte Rolle für einen umfassenden Handel sozialistischer Staaten spielen. Der politische Preis der Freiheit wurde aber von den ehemaligen osteuropäischen Staaten mit einer politischen und wirtschaftlichen Krise bezahlt, da ihre heruntergewirtschafteten, veralteten und wenig produktiven Volkswirtschaften kaum das Existenzminimum der Bevölkerung sichern konnten.

Aus dem Zerfall des Warschauer Paktes und der Sowjetunion sowie dem Beitritt Polens, Tschechiens und Ungarns zur NATO ergaben sich neue Probleme, da die Zumessung ihrer Truppen neu geregelt werden musste. Die Aufteilung der UdSSR in fünfzehn mehr oder minder unabhängige Staaten hatte eine veränderte sicherheitspolitische Lage zur Folge und die Konflikte an der Südflanke Russlands (Moldavien, Aserbaidschan, Georgien, Tschetschenien) erforderten neue Regelungen. Die Anpassung an die grundlegend umgestalteten Gegebenheiten kostete drei Jahre Verhandlungen, bis auf der **OSZE-Gipfelkonferenz** in Istanbul 1999 die Vertragsänderungen ratifiziert werden konnten.

Die Krise am Persischen Golf mit dem **Krieg gegen den Irak** beschleunigte den Prozess der sicherheitspolitischen Neuordnung, weil die USA und Großbritannien größere Kontingente aus der Bundesrepublik in die Golfregion verlegten. Der irakische Staatschef Saddam Hussein hatte im August 1990 das benachbarte Kuwait besetzen lassen und annektiert. Eine Koalition der NATO-Staaten mit den arabischen Ländern unter Führung der USA befreite auf der Grundlage eines entsprechenden UNO-Mandats im **Golfkrieg** Kuwait und zerschlug das irakische Militär (Februar/März 1991), ohne allerdings Saddam Hussein stürzen zu können. Kontrolle und Vernichtung der irakischen Massenvernichtungswaffen wurden UNO-Inspektoren übertragen. Trotz eines UNO-Embargos verweigerte der Irak eine umfassende Zusammenarbeit und verwies die Inspektoren des Landes. Die US-Führung zählt daher seit dem 11. 9. 2001 den Irak zur „Achse des Bösen" und drohte bei Missachtung der UNO-Resolution zur Waffenkontrolle und -vernichtung mit einem Angriff.

Wandel der Bündnisse

Auf der Seite der westlichen Staaten wurde die Entwicklung in Europa als Bestätigung des westlichen Bündnissystems gewertet. Wenn auch verändert, sollten die bereits bestehenden Bündnisse zentrale Bausteine beim Aufbau des neuen Europas sein. Besonders die NATO hatte auf die veränderte Lage zu reagieren, da die Vielzahl wirtschaftlich schwacher und militärisch ungesicherter, aber politisch selbstständiger Staaten die Ausarbeitung einer sicherheitspolitischen Struktur für Gesamteuropa erschwerte. Das **neue strategische Konzept für die NATO-Streitkräfte** beinhaltete angesichts der veränderten Bedrohungsszenarien eine drastische Reduzierung von Nuklearwaffen zugunsten des Aufbaus **hochmobiler**, meist **multinationaler Eingreifstreitkräfte**. Vor allem der Krieg im ehemaligen Jugoslawien zwang dazu, aktiv vorzugehen und der UNO Kontingente bei Einsätzen zur Friedensbewahrung und -erhaltung anzubieten **(Blauhelm-Einsatz)**. Die drei baltischen Staaten sowie Polen, Rumänien, Tschechien, die Slowakei und Ungarn traten dem von den NATO-Mitgliedern gegründeten Nordatlantischen Kooperationsrat bei, ihre Aufnahme in die NATO als vollwertige Mitglieder erfolgte am 12. März 1999. Außereuropäischen Staaten wurde eine Partnerschaft für den Frieden angeboten.

Auch die Westeuropäische Union gelangte zu neuer Bedeutung. Mit ihr verband sich die Hoffnung auf eine gesamteuropäische Verteidigungsgemeinschaft, da die EU-Mitglieder Spanien, Portugal und Griechenland Anfang der 90er-Jahre beitraten und fast alle übrigen europäischen Staaten mit ihr in verschiedenen Assoziationsstufen verbunden sind. Inwieweit sich das Verhältnis zwischen NATO und WEU entwickeln wird, bleibt ihren Mitgliedstaaten überlassen.

Chronologie	
5. August 1963	Atomteststopp-Abkommen
2./4. Aug. 1964	Eskalation des Vietnamkrieges
Aug. 1966–1969	„Kulturrevolution“ in China
5.–10. Juni 1967	6-Tage-Krieg zwischen Israel und seinen Nachbarn
1. Juli 1968	Vertrag über die Nichtverbreitung von Atomwaffen (USA, UdSSR, Großbritannien)
21. Aug. 1968	Einmarsch von Truppen des Warschauer Pakts in die ČSSR
12. Nov. 1968	Breschnew-Doktrin
20. Juli 1969	erste Mondlandung
26. Mai 1972	SALT I-Abkommen zwischen den USA und der Sowjetunion
6.–25. Okt. 1973	Yom-Kippur-Krieg zwischen Israel und seinen Nachbarn
30. April 1975	Kapitulation von Süd-Vietnam und Kambodscha
1. August 1975	Unterzeichnung der KSZE-Schlussakte in Helsinki
17. Febr.– 8. März 1979	Krieg zwischen Vietnam und China
18. Juni 1979	SALT II-Abkommen zwischen den USA und der UdSSR
28. Dez. 1979	Einmarsch sowjetischer Truppen in Afghanistan
22. Sept. 1980	Beginn des Golfkrieges zwischen Iran und Irak
13. Dez. 1981	Kriegsrecht in Polen
11. März 1985	Gorbatschow zum Generalsekretär der KPdSU gewählt
8. Dez. 1987	Unterzeichnung des INF-Abkommens
9. Dez. 1987	Beginn der Intifada in den von Israel besetzten Gebieten
4. Juni 1989	Massaker auf dem „Platz des Himmlischen Friedens“ in Peking; Abbau der Grenzsperren durch Ungarn
2. August 1990	Irak besetzt Kuwait
12. Sept. 1990	„Zwei-plus-Vier“-Vertrag
19. – 21. Nov. 1990	KSZE-Gipfel in Paris
27. Febr. 1991	Golf-Allianz befreit Kuwait
25. Juni 1991	Kroatien und Slowenien erklären sich für unabhängig
28. Juni 1991	Auflösung des Rats für Gegenseitige Wirtschaftshilfe (RGW)
1. Juli 1991	Auflösung des Warschauer Paktes
21. Dez. 1991	Gründung der Gemeinschaft Unabhängiger Staaten (GUS) anstelle der UdSSR
1. Jan. 1993	Aufteilung der Tschechoslowakei in Tschechien und die Slowakei
4. Okt. 1993	gescheiterter Putsch gegen den russischen Präsidenten Jelzin
6. April 1994	Bürgerkrieg in Ruanda und Burundi (500 000 Tote)
12. März 1999	Aufnahme Polens, Tschechiens und Ungarns in die NATO
10. Juni 1999	Ende der NATO-Luftangriffe in Jugoslawien, Beginn der Kosovo-Friedensmission
11. Sept. 2001	Selbstmordanschläge islamischer Terroristen gegen das World-Trade-Center (New York) und das Pentagon (Washington)
Nov./Dez. 2001	US-Militäraktion beendet Herrschaft der Taliban in Afghanistan

Von der Stagnation zur Normalisierung der Beziehungen

Anfang der 60er-Jahre war die Grenze zwischen den beiden deutschen Staaten durch Mauer und Stacheldraht zu einer fast undurchlässigen Trennlinie für die Bevölkerung, für den innerdeutschen Handel und für die Verantwortlichkeiten der Politiker geworden. Die „Demarkationslinie" trennte nicht nur Deutschland, sondern auch Europa in zwei Teile. Sie kennzeichnete die Stelle, an der der Einflussbereich der Großmächte USA und UdSSR aufeinander traf. Innerhalb der beiden Blöcke hatten die gegensätzlichen Ideologien mit den jeweiligen politischen und wirtschaftlichen Ordnungsvorstellungen unterschiedliche Entwicklungen geprägt. So wie Deutschland war die Welt geteilt, und beide Großmächte und ihre Bündnispartner schienen nicht gewillt, diese Ordnung auf Kosten eines militärisch unkontrollierbaren Konflikts umzustoßen.

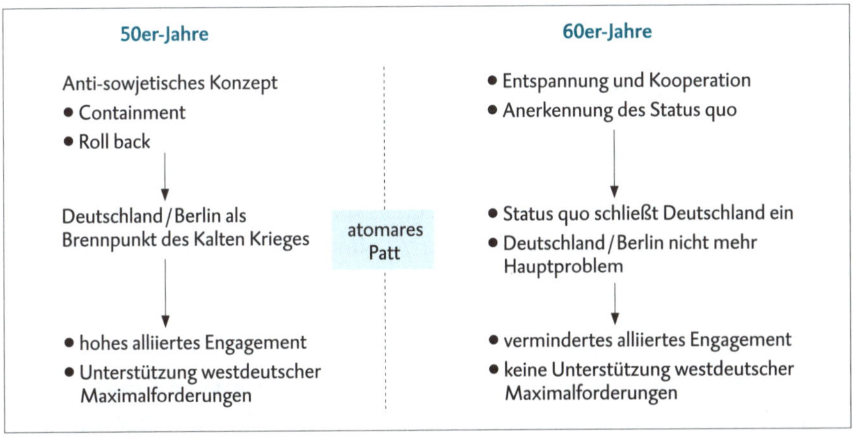

Rahmenbedingungen der Deutschlandpolitik

Von der Regierung Erhard zur sozialliberalen Koalition

Die Regierung Erhard

In der Nachfolge Adenauers war **Ludwig Erhard** am 16. Oktober 1963 zum zweiten Bundeskanzler der Bundesrepublik Deutschland gewählt worden. Seine Regierungszeit war geprägt von Differenzen zwischen den Koalitionspartnern CSU und FDP, zunächst über einen möglichen Eintritt des CSU-Vorsitzenden Strauß in die Regierung, dann über den Streit zwischen den Befürwortern eines engen Kontaktes zu den USA („Atlantiker") und den Anhängern einer stärkeren Zusammenarbeit mit Frankreich („Gaullisten"). Auch in der Deutschlandpolitik bestand Uneinigkeit zwischen der CDU/CSU und der FDP, mit verursacht durch parteiinterne Konflikte zwischen Alt- und Nationalliberalen. Parteiübergreifend begrüßt wurde hingegen die Aufnahme **diplomatischer Beziehungen** zu **Israel** 1965 als Konsequenz langjähriger Wiedergutmachungspolitik, zu der neben Entschädigungszahlungen auch geheime Waffenlieferungen Westdeutschlands gehörten. Als Folge dieses Schrittes verschlechterte sich aber das Verhältnis zu den arabischen Staaten, die sich nun der DDR annäherten und sie diplomatisch anerkannten.

1964 schlossen sich die Deutsche Reichspartei (DRP) und andere rechtsextreme Gruppen zur **Nationaldemokratischen Partei Deutschlands** (NPD) zusammen. Als Sammelbecken rechtsextremer, neofaschistischer Kräfte mobilisierte sie in der Zeit der wirtschaftlichen Rezession ihre Anhänger mit der – die realen Gegebenheiten verkennenden – Parole für ein vereintes, freies Deutschland, die Rückgabe der Ostgebiete und die Beendigung der NS-Prozesse. Nach Anfangserfolgen bei Landtagswahlen scheiterte die NPD bei der Bundestagswahl 1969 an der 5 %-Hürde und fiel anschließend in die **politische Bedeutungslosigkeit** zurück.

Deutschlandpolitik: Der weltpolitische Wandel nach dem Ende der doppelten Krise (Berlin und Kuba) kennzeichnete das Scheitern von Adenauers Politik der Stärke. Mit der amerikanischen Schutzgarantie („three essentials") war die unmittelbare Bedrohung beseitigt, aber Alleinvertretungsanspruch und Hallstein-Doktrin setzten einem grundlegenden Wandel der Deutschlandpolitik enge Grenzen. Bundeskanzler Erhards und Außenminister Schröders vorsichtiger Versuch der Öffnung nach Osten durch die Einrichtung von **Handelsmissionen** in osteuropäischen Ländern **(selektive Entspannung)** öffnete zwar der deutschen Wirtschaft neue Märkte, entfaltete aber nicht den erhofften Druck auf die DDR, einen eigenen Beitrag zur Entspannung zu leisten.

Der härtere Kurs Moskaus gegenüber seinen Satellitenstaaten sowie die **Ulbricht-Doktrin** (Aufgabe des Alleinvertretungsanspruchs und Anerkennung der bestehenden Grenzen als Vorbedingung für die Aufnahme diplomatischer Beziehungen zwischen der Bundesrepublik und den Ostblockstaaten) erzwangen deren Solidarität mit der DDR (siehe auch Freundschafts- und Beistandspakt von 1964). Einzig Rumänien (1967) und Jugoslawien (1969) scherten mit der Aufnahme diplomatischer Beziehungen zur Bundesrepublik aus dieser Front aus. Die Beibehaltung des alten Rechtsanspruchs, nämlich eine Wiedervereinigung in Frieden und Freiheit, aber eben in den alten Ostgrenzen

Für einen Verwandtenbesuch an den Feiertagen in Ost-Berlin – hier Ostern 1972 – mussten die West-Berliner nach dem Passierscheinabkommen einen Antrag stellen. Lange Schlangen und Wartezeiten blieben dabei meistens nicht aus.

von 1937, erschwerte die Verständigung mit den osteuropäischen Staaten. **Passierscheinabkommen** mit der DDR, die West-Berlinern den Feiertagsaufenthalt in Ost-Berlin gestatteten, waren nur kurzfristige und bescheidene Zugeständnisse der DDR.

Wirtschaftliche Entwicklung: Seit 1963 fielen die wirtschaftlichen Zuwachsraten geringer aus. Die zunächst ungebremste Nachfrage nach Konsum- und Investitionsgütern schwächte sich erheblich ab, die Diskussion um die Verteilung der staatlichen Haushaltsmittel verschärfte sich. Die deutschen Produkte waren im Vergleich zum Ausland von hoher Qualität und dabei preiswerter, sodass der Export weiterhin florierte und die Deviseneinnahmen auf Rekordhöhe wuchsen. Die wegen des beginnenden Preisanstiegs angehobenen Zinssätze für Kredite zogen zusätzliche ausländische Finanzmittel in die Bundesrepublik, sorgten für eine Zunahme der privaten Einkommen und verlängerten – zusammen mit steigenden Staatsausgaben – die Aufschwungphase. Erst mit der Marktsättigung und dem folgenden Rückgang des Wirtschaftswachstums geriet die Bundesrepublik in der **Rezession von 1966/67** in ihre erste schwere Wirtschaftskrise. Diese zeigte sich zuerst im Bergbau, da Erdöl auf dem Weltmarkt preiswerter war als heimische Steinkohle. Viele Zechen, die noch vor kurzer Zeit als Motor der wirtschaftlichen Entwicklung gegolten hatten, mussten schließen und ihre Bergleute entlassen. Die wirtschaftliche Dynamik hatte sich verbraucht: Es fehlten qualifizierte Arbeitskräfte, der Nachholbedarf an technischem Fortschritt war zunächst gedeckt, Überschuss- und Anlagekapital wurde in die Intensivierung statt in die Erweiterung der Unternehmen investiert, bei hohen Exportüberschüssen wurden inflationäre Tendenzen des Auslands „importiert“. Großzügige

Wahlgeschenke rissen in den Haushalt des Jahres 1967 eine Deckungslücke von vier Milliarden DM. Die Zinserhöhung der Bundesbank verteuerte die Kredite und bremste die Investitionslust. Der Preisanstieg und die Aufforderung zu Konsumverzicht verstärkten den negativen Trend weiterer **Nachfrageeinschränkungen**. Mit den wirtschaftspolitischen Instrumenten, die in der Aufbauphase der Bundesrepublik Bundeskanzler Erhard zum „Vater des Wirtschaftswunders" gemacht hatten, konnte die Krise nicht gelöst werden.

Große Koalition

Im Streit um den Haushaltsausgleich für das folgende Jahr **zerbrach** im Herbst 1966 die **CDU/CSU-FDP-Koalition**. Christdemokraten und SPD unternahmen den Versuch, in der zeitlich befristeten Übergangslösung einer **Großen Koalition** die Wirtschaftskrise zu bewältigen und die rechtsradikale NPD politisch zu bekämpfen.

Die Regierungsbeteiligung der SPD war durch einen von **Herbert Wehner** initiierten und vorangetriebenen Wandel innerhalb der Partei möglich geworden. Mit dem **Godesberger Programm** (1959) war sie in der „Gegenwart angekommen". Die SPD bekannte sich nun zu Wirtschaftsdemokratie und Mitbestimmung statt Sozialisierung und Planwirtschaft sowie zur Westintegration und zur NATO und hatte damit die Ziele der Bündnis- und Europapolitik Adenauers nachvollzogen. So wurde sie auch außerhalb ihrer Stammwählerschaft akzeptabel, für die CDU/CSU **koalitionsfähig** und nicht zuletzt durch die Regierungsbeteiligung in der Großen Koalition zu einer verantwortungsbewussten, sozialreformerischen und als innovativ empfundenen Volkspartei.

Da Erhard innerhalb der CDU für deren schlechte Landtagswahlergebnisse sowie für die Misserfolge in der Wirtschafts- und Deutschlandpolitik verant-

Für drei Jahre bildeten CDU/ CSU unter Bundeskanzler Kiesinger und SPD unter Außenminister Brandt die Große Koalition. Vor der Villa Hammerschmidt stellt sich 1966 das neue Kabinett mit Bundespräsident Heinrich Lübke vor. Einzige Frau war Bundesgesundheitsministerin Käthe Strobel (SPD).

wortlich gemacht wurde, wählte der Deutsche Bundestag am 1. 12. 1966 den neuen Spitzenkandidaten der CDU, den baden-württembergischen Ministerpräsidenten **Kurt Georg Kiesinger**, zu seinem Nachfolger. Der ehemalige Regierende Bürgermeister von Berlin, **Willy Brandt** (SPD), übernahm das **Außenressort**, Franz-Josef Strauß (CSU) das Finanz-, Karl Schiller (SPD) das Wirtschaftsministerium. Gegen den erbitterten Widerstand von FDP, Gewerkschaften und Studenten, die einen zu großen staatlichen Machtzuwachs befürchteten, gelang im Mai 1968 auch die Verabschiedung der **Notstandsgesetze**. Sie waren nach der Ablösung der alliierten Vorrechte aus dem Deutschlandvertrag von 1952 erforderlich geworden und enthielten Vorkehrungen für den Verteidigungsfall, Katastrophen und den Fall innerer Unruhen.

Mit dem Wechsel zu dem als aufgeschlossen geltenden Kiesinger war aber die programmatische Erstarrung der CDU nach 20 Jahren Regierungsbeteiligung nicht behoben. In der Deutschland- und Gesellschaftspolitik dominierten weiterhin alte Denkmuster, die von der SPD gewünschte Richtungsänderung war in den knapp drei Jahren der Großen Koalition nicht durchsetzbar.

Deutschlandpolitik: In der kurzen Spanne der Großen Koalition war mehr als eine vorsichtige Öffnung zur DDR nicht möglich. Mit einem ersten deutsch-deutschen Notenwechsel begann zwar der innerdeutsche Dialog, der direkte Kontakt zwischen den Regierungen ging aber nicht über den Austausch von Briefen hinaus. Die bewaffnete Intervention der Warschauer Paktstaaten in der ČSSR 1968 machte dann endgültig deutlich, dass es zu einer neuen Ost- und Entspannungspolitik keine tragfähige Alternative gab.

Wirtschaftliche Entwicklung: Die Große Koalition bewältigte mit der **Haushaltskonsolidierung** und dem **Stabilitätsgesetz** (Juni 1967) die wirtschaftlichen Probleme. Kern dieser Politik war die Verpflichtung von Bund und Ländern auf die Ziele des **magischen Vierecks** (Vollbeschäftigung, Geldwertstabilität, außenwirtschaftliches Gleichgewicht und Wirtschaftswachstum) durch eine **mittelfristige Finanzplanung**. Mit der Einrichtung der **Konzertierten Aktion** (Februar 1967), einem gemeinsamen Gremium von Arbeitgebern, Gewerkschaften, Bund, Ländern und Landwirtschaftsvertretern, setzte sich die Vorstellung der **Globalsteuerung** des Wirtschaftsprozesses durch. Der Staat übernahm die Aufgabe, mit einer antizyklischen Wirtschaftspolitik Krisen zu vermeiden. Das heißt, die für entsprechende **Konjunkturprogramme** erforderlichen Finanzmittel können in Zeiten einer florierenden Konjunktur abgeschöpft und im Abschwung zur Wirtschaftsbelebung eingesetzt werden. Die dafür notwendige Rahmenplanung muss seitdem im jährlich vorzulegenden **Jahreswirtschaftsbericht** der Bundesregierung und in Abstimmung mit dem Sachverständigenrat erfolgen.

Mit diesem wirtschaftspolitischen Instrumentarium konnte die Krise schnell behoben werden. Im Bergbau wurden die Zechen in einer Einheitsgesellschaft (Ruhrkohle AG) zusammengefasst und durch staatliche Subventionen abgesichert. Als staatliche Übergangshilfe gedacht, behinderten diese allerdings langfristig die grundlegende Behebung der Strukturprobleme.

Sozialliberale Koalition

Die Bildung der **sozialliberalen Koalition** wurde vorbereitet durch die in der FDP umstrittene Zustimmung zur Wahl des SPD-Kandidaten **Gustav Heinemann** zum **Bundespräsidenten**. Programmatisch hatten sich die beiden Parteien seit Mitte der 60er-Jahre mit dem Bekenntnis zu politischen und gesellschaftlichen Reformen angenähert und den Bundestagswahlkampf mit dem Motto „Mehr Demokratie wagen!" bestritten. Mit der Wahl **Willy Brandts** zum Bundeskanzler am 21. 10. 1969 – der FDP-Vorsitzende **Walter Scheel** wurde Außenminister – endete die 20-jährige Regierungsbeteiligung der CDU/CSU und es begann der Aufbruch zu längst fälligen Reformen in der Deutschland- und Gesellschaftspolitik. Diese Neuorientierung wurde innerhalb der SPD durch den Parteivorsitzenden und Bundeskanzler Willy Brandt, den Fraktionsvorsitzenden Herbert Wehner und den Verteidigungsminister Helmut Schmidt verkörpert, in der FDP durch Außenminister Scheel und Innenminister Genscher.

Wirtschaftliche Entwicklung: Bei der Verfolgung der Ziele des magischen Vierecks zeigte sich bereits 1970, dass der feste und unterbewertete Wechselkurs der D-Mark gegenüber den ausländischen Währungen die Stabilisierungspolitik nicht wie erwartet unterstützte. Nach dem Rücktritt des „Superministers" für Wirtschaft und Finanzen Schiller gab sein Nachfolger Schmidt die feste Wechselkursbindung der D-Mark an den Dollar auf, die Stabilität von Währung und Preisen erhielt Vorrang vor den anderen wirtschaftspolitischen Zielen.

Zur Behebung des Arbeitskräftemangels wurden **ausländische Arbeitskräfte** aus dem Mittelmeerraum z. B. für die Landwirtschaft und das Baugewerbe **angeworben**. 1964 betrug die Zahl der mit offenen Armen aufgenommenen **Gastarbeiter** bereits eine Million, 1972 über zwei Millionen.

Eines der bedeutendsten innenpolitischen Reformvorhaben war die Neufassung des **Betriebsverfassungsgesetzes** (Januar 1972), das die Stellung der Gewerkschaften in den Betrieben regelte und die Mitbestimmungs- und Mitwirkungsrechte der Betriebräte erweiterte.

„Wandel durch Annäherung“ – Die deutschlandpolitischen Verträge

SPD und FDP waren seit Längerem zu einem Neuanfang in der Deutschlandpolitik bereit. Trotz der Unvereinbarkeit der Positionen in Grundsatzfragen hatte die SPD in Beantwortung eines „Offenen Briefes“ der SED vom Februar 1966 Verhandlungsbereitschaft mit der DDR bei der Lösung praktischer Fragen signalisiert. Auch die FDP war zu einem Wandel der Deutschlandpolitik bereit, der im **Hannoveraner Aktionsprogramm** (1967) mit einer „Verklammerung“ der beiden deutschen Staaten, bei Anerkennung der Zweistaatlichkeit Deutschlands, der Aufgabe des Alleinvertretungsanspruchs und der Respektierung der Ostgrenzen umrissen war.

Das Bahr-Konzept

Wie komplex und heikel sich die Materie darstellte, wurde bei den **Treffen** zwischen den Regierungschefs Willy Brandt und Willi Stoph in **Erfurt** und **Kassel** (1970) deutlich. Ein Beharren auf Maximalforderungen (bundesdeutscher Alleinvertretungsanspruch bzw. Forderung der DDR nach völkerrechtlicher Anerkennung) konnte nur zu einer Verhärtung der Positionen führen. Folglich musste die Bundesregierung die Realität der Teilung anerkennen und mit den Machthabern der DDR in Gespräche über „menschliche Erleichterungen“ eintreten, um die „Landsleute drüben“ nicht ihrem Schicksal zu überlassen und mit vertraglichen Regelungen die Folgen der Trennung abzumildern. Dies bedeutete, die Grenzen in Europa festzuschreiben, um sie durchlässiger zu machen. Dabei war aber die besondere Qualität der deutsch-deutschen Beziehungen hervorzuheben und die Bindung West-Berlins an die Bundesrepublik

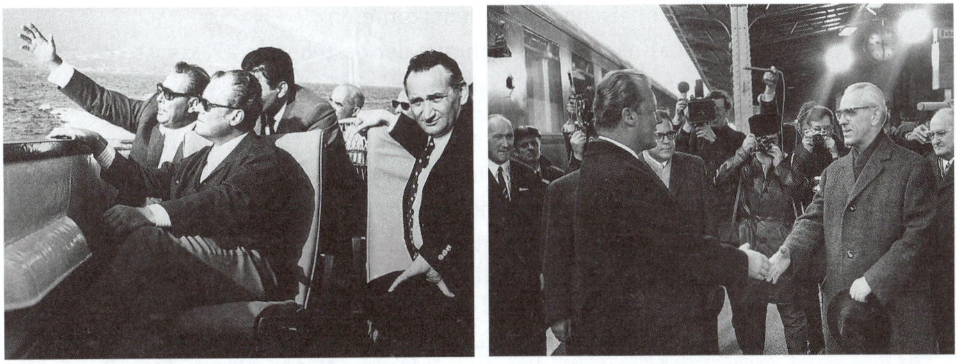

Im Zeichen der Entspannung: Leonid Breschnew, Willy Brandt und Egon Bahr 1971 während einer Bootsfahrt auf dem Schwarzen Meer. Eine Sensation war auch das erste deutsch-deutsche Gipfeltreffen: Brandt und Stoph 1970 in Erfurt.

Für den „Kniefall" in Warschau 1970 heftig angefeindet, erhielt Brandt 1971 für seine Ostpolitik und seine Haltung den Friedensnobelpreis. 1972 konnte er sich in einem Misstrauensvotum gegen Oppositionsführer Barzel behaupten.

zu sichern, ohne die Vier-Mächte-Verantwortung für Deutschland als Ganzes aufzugeben. Ein Entgegenkommen der DDR schien möglich, da erfolgreich abgeschlossene Verhandlungen sie international aufwerten würden. Programmatische Grundlage der neuen sozialliberalen Ost- und Deutschlandpolitik war die Formel **„Wandel durch Annäherung"**. Formuliert durch den späteren Staatssekretär **Egon Bahr** (SPD) bedeutete dies die scheinbar paradoxe Anerkennung der Gegebenheiten, um sie überwinden zu können. Unter Berufung auf die Entspannungspolitik der Verbündeten waren im Rahmen der europäischen Sicherheit für ihn drei Modelle denkbar:

- Ein von den Großmächten garantiertes Sicherheitssystem gleichberechtigter Staaten statt der beiden Militärbündnisse NATO und Warschauer Pakt;
- Verklammerung von NATO und Warschauer Pakt durch gemeinsame Organe zur Überwachung von Abrüstungsmaßnahmen als erster Baustein einer „ständigen europäischen Sicherheitskonferenz";
- Abrüstungsmaßnahmen im Rahmen der bestehenden Paktsysteme, um ein möglichst hohes Maß an Entspannung zu erreichen.

Modell eins war angesichts der weltpolitischen Lage nicht realisierbar, Modell zwei würde die Teilung verfestigen. In Verfolgung von Modell drei nahm daher die Bundesregierung die Gespräche mit der Sowjetunion, die als Gegenleistung westliche Wirtschaftshilfe erwartete, auf. Mit Billigung der amerikanischen Regierung erklärte sich die Bundesregierung bereit über „konkrete Tatbestände", d. h. über die bestehenden Grenzen zu verhandeln. Damit kam Deutschland den von Moskau geforderten Grenzgarantien entgegen. Der sowjetische Außenminister Gromyko ließ daraufhin die Forderung nach völkerrechtlicher Anerkennung der DDR fallen. Die Verhandlungen waren zunächst von Egon Bahr, in ihrer Endphase von Bundesaußenminister Walter Scheel geführt worden. Inhaltlich folgten sie einer durch die Tatsachen bestimmten Schrittfolge: Erst nach einem bundesdeutschen Gewaltverzicht für die bestehenden Grenzen gegenüber allen östlichen Nachbarn konnte die Sicherung des Status von Berlin und seiner Zufahrtswege durch die Alliierten erfolgen. Bevor die Beziehungen zur DDR geregelt werden konnten, musste Polens Westgrenze, die Oder-Neiße-Linie, vertraglich zugesichert werden. Danach war wiederum die Anerkennung der staatlichen Existenz der DDR – und ihrer Grenzen – unumgängliche Grundlage für die angestrebte Normalisierung der Beziehungen, für die Erweiterung und Erleichterungen im Transit- und Besucherverkehr und für die Entspannung in Berlin.

USA	BRD	DDR	SU
Containment Roll back	Wiedervereinigungsgebot, Alleinvertretungsanspruch	Zwei Staaten in Deutschland	Expansiver Sowjetkommunismus
Westdeutschland als anti-kommunistisches Bollwerk	Politik der Stärke	Politik der Verweigerung	Ostdeutschland als anti-imperialistisches Bollwerk
	Mauerbau und Kubakrise		
Keine Unterstützung für Politik der Stärke • Schutz und Beistand nur für territorialen Status quo • Lösung der Deutschlandfrage im europäischen Rahmen	Ziel: „Wandel durch Annäherung" durch • menschliche Erleichterungen • besondere „gutnachbarliche" Beziehungen	Ziel: Völkerrechtliche Anerkennung	Verzicht auf Expansion des Kommunismus • Schutz und Beistand (Breschnew-Doktrin) • Lösung der Deutschlandfrage im europäischen Rahmen
	Zugeständnis: De-facto-Anerkennung der DDR, endgültige Regelung im Friedensvertrag	Zugeständnis: Besondere „gutnachbarliche" Beziehungen	

Von der „Politik der Stärke" zum „Wandel durch Annäherung"

Die Ostverträge

Der am 12. 8. 1970 von den Regierungschefs Brandt und Kossygin unterzeichnete **Moskauer Vertrag** hatte Modellcharakter für die folgenden Vereinbarungen. Er enthielt im Wesentlichen eine **Gewaltverzichtsklausel**, die die **territoriale Integrität** aller Grenzen, auch der Oder-Neiße-Linie, einbezog. In harten Verhandlungen wurde die Formel „Unverletzlichkeit“, aber eben nicht „Unverrückbarkeit“ der Grenzen in Europa durchgesetzt. Zur Klarstellung der deutschen Position wurde der UdSSR ein **„Brief zur deutschen Einheit“** überreicht, der das politische Ziel der Bundesrepublik, die Wiedererlangung der deutschen Einheit in Frieden und Freiheit, betonte. Den völkerrechtlichen Gepflogenheiten entsprechend, war dieser Brief Teil des Vertrags. Die UdSSR akzeptierte also die bundesdeutsche Auffassung und setzte auch gegenüber der DDR durch, die völkerrechtliche Anerkennung der Grenzen einem späteren Friedensvertrag mit Gesamtdeutschland zu überlassen.

Der sich unmittelbar anschließende **Warschauer Vertrag** (7.12.1970) regelte den territorialen Status quo: Zusicherung der „Unverletzlichkeit der westlichen Staatsgrenze Polens“, keinerlei deutsche Gebietsansprüche, Verzicht auf Gewaltanwendung und Normalisierung der Beziehungen (Austausch von Botschaftern). Die hiermit verbundene Aufgabe des Alleinvertretungsanspruchs war Vorbedingung für die Regelung des Berlin-Problems.

Der Abschluss eines **Vertrages mit der ČSSR** war erheblich schwieriger. Wegen grundsätzlicher Differenzen über das Münchener Abkommen von 1938 – sollte es von Anfang an oder seit 1945 bzw. 1949 als ungültig gelten – war erst im April 1973 der Kompromiss gefunden worden, das Abkommen „als nichtig“ zu betrachten.

Während der deutsch-russischen Verhandlungen in Moskau begannen die komplizierten Gespräche der vier Alliierten über West-Berlin und die Transit- und Zufahrtswege. Die Sowjetunion war zu Zugeständnissen bereit um die neue Ostpolitik nicht zu gefährden. Außerdem strebte sie eine gesamteuropäische Sicherheitskonferenz an, die die Teilnahme beider deutscher Staaten voraussetzte. Am 3.9.1971 wurde das **Berlin-Abkommen** unterzeichnet, das den „Krisenherd Berlin“ entschärfte. Die Bereitschaft zu Kompromissen und die Ausklammerung offener Fragen durch bewusst **unklar gehaltene Formulierungen** auf beiden Seiten hatten den Erfolg ermöglicht. Der Vertrag garantierte die Aufrechterhaltung und Entwicklung der Bindungen zwischen den Westsektoren und der Bundesrepublik, sichere Transitwege und Besuchsmöglichkeiten in Ost-Berlin und der DDR. Im Gegenzug hatte der Westen akzeptieren müssen, dass im Vertrag als Geltungsbereich nur in allgemeiner Formulierung von „dem betreffenden Gebiet“ bzw. von Westsektoren statt von Berlin die Rede war. Sie waren weiterhin kein (konstitutiver) Bestandteil der Bundesrepublik. Danach mussten die „Bindungen“ in allen Folgevereinbarungen neu definiert werden: Verkehrs-, Post-, kulturelle, wirtschaftliche, politische, juristische Bindungen. Die Detailausführung verkehrstechnischer, Besucher- und Transitfragen wurde in direkten Verhandlungen zwischen den deutschen Staatssekretären Egon Bahr und Michael Kohl (DDR) vorgenommen. Sie vereinbarten im **Transitabkommen** (1971) und im **Verkehrsvertrag** (1972), den ersten bilateralen Verträgen der beiden deutschen Staaten, international übliche Regelungen für den Personen- und Güterdurchreiseverkehr zwischen Westdeutschland und West-Berlin sowie den Nachbarstaaten, Grenzübergangsstellen, Abgaben- und Gebührenpauschalen.

Anschließend begannen die Gespräche über einen **Grundlagenvertrag** („Grundvertrag“) zwischen der Bundesrepublik und der DDR. Die Vertragspartner waren sich bewusst, wie sehr die Zeit drängte, da die Bundesregierung inzwischen ihre Mehrheit im Bundestag verloren hatte und der Ausgang der Neuwahlen und damit die Fortführung der Gespräche höchst unsicher waren. Am 21. 12. 1972 wurde der Vertrag in Ost-Berlin unterzeichnet. Die Vertragspartner kamen darin überein, auf der Basis der Gleichberechtigung **„gutnachbarschaftliche Beziehungen“** zueinander zu entwickeln. Die Bundesrepublik akzeptierte zwar die „Hoheitsgewalt“, die Unabhängigkeit und die Selbstständigkeit der DDR, aber nicht deren Maximalforderung nach völkerrechtlicher Anerkennung. Dem besonderen Verhältnis der beiden Staaten entsprechend wurde der Austausch **„ständiger Vertreter“** statt Botschafter vereinbart. Eine Reihe von Zusatzpapieren regelte Detailfragen.

Moskauer Vertrag (12. 8. 1970)	**Warschauer Vertrag** (7. 12. 1970)	**Viermächte-Abkommen über Berlin** (3. 9. 1971)	**Grundlagenvertrag** (21. 12. 1972)
• Territoriale Integrität aller Staaten in Europa • Unverletzlichkeit der Grenzen, einschließlich der Oder-Neiße-Linie und der Grenze zur DDR	• Territoriale Integrität • Oder-Neiße-Grenze ist Westgrenze Polens, keine Gebietsansprüche	• Gewaltverzicht • freier Transitverkehr nach Berlin • Bindungen zwischen den Westsektoren und der Bundesrepublik	• Anerkennung der Hoheitsgebiete • Austausch „Ständiger Vertreter“ • Ziel: „normale gutnachbarliche“ Beziehungen
Brief zur deutschen Einheit: Ziel der Bundesrepublik bleibt die Wiedervereinigung			

Die Ostverträge

Als Chef-Unterhändler war Egon Bahr in besonderem Maße den Anfeindungen derjenigen ausgesetzt, die den Begriff **„Entspannung“** als Reizwort mit dem **Ausverkauf deutscher Interessen** gleichsetzten. Besonders die CDU/CSU und die Vertriebenenverbände argumentierten, dass der Grundlagenvertrag dem Verfassungsziel der Wiedervereinigung widerspräche, und versuchten die Gespräche zu behindern und zu unterlaufen. Als die deutschen Verhandlungsunterlagen im Juli 1970 durch eine Indiskretion vorab veröffentlicht wurden, wurde Bahr persönlich diskriminiert und bezichtigt, die deutsche Rechtsposition dilettantisch aufs Spiel zu setzen, „nationalen Gesinnungsverrat zu betreiben". Die Behandlung der Ostverträge in Bundesrat und Bundestag im Februar 1972 führte zu einer Redeschlacht zwischen Regierung und Opposition sowie zu einem **gescheiterten Misstrauensvotum** gegen Bundeskanzler Brandt. Kern der Vorwürfe war, dass die Bundesregierung unter Zeitdruck Forderungen der DDR ohne entsprechende Gegenleistungen erfüllt habe: De-facto-Anerkennung der DDR, Fehlen vertraglicher Bestimmungen über konkrete „menschliche Erleichterungen". Aber das Ende Mai 1973 angenommene Gesetz hielt auch einer **Verfassungsklage** der bayerischen Staatsregierung stand, sodass der CSU-Politiker Strauß nur noch konstatieren konnte, dass die Verträge völkerrechtlich einwandfrei und fortan Grundlage der Bonner Deutschlandpolitik seien.

	Moskauer Vertrag	Warschauer Vertrag	Viermächte-Abkommen über Berlin	Grundlagenvertrag
Lösung	• Grenzen werden nicht infrage gestellt	• Oder-Neiße-Linie ist Westgrenze Polens • Keine Gebietsansprüche an Polen	• Status von (West-) Berlin gesichert, unbehinderter Zugang garantiert	• Beziehungen auf der Grundlage der Gleichberechtigung • Bundesrepublik verzichtet auf Alleinvertretungsanspruch und Hallstein-Doktrin
Kompromiss	• Friedliche Grenzänderungen nicht ausgeschlossen • Offenhalten der Option auf Wiedervereinigung • Bundesrepublik spricht nur für sich, nicht für ein später wiedervereinigtes Deutschland	• Endgültige Regelung einem späteren Friedensvertrag vorbehalten	• Bindungen (West-) Berlins an Bundesrepublik nicht näher definiert	• Keine völkerrechtliche Anerkennung der DDR, ist weiterhin kein Ausland • Keine Anerkennung der DDR-Staatsangehörigkeit: Festhalten an gemeinsamer deutscher Staatsangehörigkeit
Ungelöst	• Politisch-ideologischer Gegensatz dauert an • Rüstungswettlauf nicht gestoppt	• Humanitäre Probleme • Ausreise von Deutschen aus Polen wird später geregelt • Andauernder Streit über Schulbuchvereinbarungen, Landkarten etc.	• Unbestimmte Formulierung „Bindungen" führt zu ständigem Streit in Folgevereinbarungen zwischen Bundesrepublik und Ostblockstaaten um die Einbeziehung Berlins (Ost: nein; West: ja)	• Wiedervereinigung • Mauer, Schießbefehl • Respektierung der Menschenrechte in der DDR

Ergebnisse der Ostverträge

Interpretation der Ostverträge

Grundsätzliche Auffassungsunterschiede der beiden Seiten konnten auch in langwierigen und zähen Verhandlungen nicht ausgeräumt werden. Die Einigung auf Kompromissformeln äußerte sich in den Verträgen durch unklare Formulierungen, die einerseits die Meinungsunterschiede verschleierten und damit eine Verständigung erst ermöglichten, aber zugleich auch unterschiedlich interpretierbar waren. Während z. B. die DDR unter „normalen Beziehungen" zur Bundesrepublik die Beziehungen zwischen zwei souveränen, völkerrechtlich anerkannten Staaten verstand und daraus Forderungen an die Gegenseite ableitete, beharrte die westdeutsche Seite auf „gutnachbarlichen Beziehungen", die eine besondere Qualität hätten. Auch die Vertragsbestimmungen zur Ostgrenze, die nur als „bestehend", aber eben nicht als vertraglich vereinbart bezeichnet werden konnten, kennzeichnen den engen Verhandlungsspielraum, der durch die alliierten Rechte und die Rechtsnachfolge des Deutschen Reiches für die Bundesrepublik gesetzt war. Eine völkerrechtliche Vereinbarung über die Grenzen hätte eine nachträgliche Anerkennung der bilateralen Verträge der DDR mit der UdSSR und Polen und damit wiederum der völkerrechtlichen Existenz der DDR beinhaltet. Daher bestand die Bundesregierung auf der beschreibenden und nicht festschreibenden Formulierung. Erst mit der Wiedervereinigung Deutschlands 1990 erkannte Gesamtdeutschland in ganzer Rechtsnachfolge des Deutschen Reiches die territorialen Ergebnisse des Zweiten Weltkrieges als völkerrechtlich endgültig wirksam an.

Der Abschluss der Verträge hatte einen „modus vivendi" geschaffen, der wenig Anlass zur Euphorie gab. Die „Entwicklung normaler Beziehungen" hinderte die DDR nicht daran, die Politik und Wirtschaft Westdeutschlands geheimdienstlich „auszukundschaften" und immer wieder zu versuchen, durch eine schleppende Umsetzung der Vereinbarungen – vor allem im Transitverkehr – politische und wirtschaftliche Zugeständnisse der Bundesrepublik zu erzwingen. Für die Bürger in beiden deutschen Staaten brachten die Verträge Erleichterungen, indem sie endlich wieder Verwandtenbesuche, Familienzusammenführungen, kulturellen, politischen und wirtschaftlichen Austausch ermöglichten. Diese Kontakte hielten das Zusammengehörigkeitsgefühl in beiden deutschen Staaten wach, vermittelten Kenntnisse über das jeweilige andere System und mündeten fast zwanzig Jahre später in der Forderung der DDR-Opposition nach mehr Demokratie, wirtschaftlichem Wohlstand und Wiedervereinigung.

Gesellschaftliche Entwicklung

In der Phase des Wiederaufbaus war das Bedürfnis der deutschen Bevölkerung nach materieller Sicherheit und Wohlstand mit einer Übernahme traditioneller Werte einhergegangen. Für Jugendliche allerdings wurde die **amerikanische Lebensart** durch die Besatzungssoldaten, Kino- und zunehmend auch Fernsehfilme populär gemacht und zur Leitlinie ihrer Lebensführung. Sprache und Esskultur, Filmstars und Rockmusiker wurden bewundert und nachgeahmt. Allmählich öffnete sich eine Kluft zu den Wertevorstellungen der Erwachsenen, die auch nach außen sichtbar wurde, z. B. als sich die von englischen Bands wie den „Beatles" und „Rolling Stones" kreierte Haarmode durchsetzte. Aber nicht nur äußerlich, sondern auch in grundsätzlichen Lebensfragen begannen junge Menschen sich von der Orientierung an materiellen Werten **abzugrenzen**. Autoritäten wie Eltern, Schule, Kirche und Staat, das „Establishment", wurden zunehmend kritisch betrachtet und als „spießig" verachtet.

Studentenunruhen

Ein weitgehend undurchlässiges dreigliedriges Schulsystem benachteiligte sozial Schwächere, die unzureichende Ausstattung der Schulen und die mangelnde Demokratisierung der Hochschulen rückten als „deutsche Bildungskatastrophe" seit Mitte der 60er-Jahre ins Bewusstsein der Öffentlichkeit. Erst Anfang der 70er-Jahre wurde mit der Reform des Bildungswesens der Forderung nach „Chancengleichheit" durch die Einführung von Gesamtschulen, der Festlegung von Primar- und Sekundarstufen im Schulwesen, Ausbau der Hochschulen, Studien- und Hochschulreform entsprochen.

Der Protest gegen die Vernachlässigung des Bildungswesens fiel mit dem Widerstand gegen die Notstandsgesetzgebung zusammen und wurde von Studenten angeführt, die sich gegen die **Verkrustung an den Universitäten** wandten und in der Übernahme wissenschaftlicher Argumentationsformen mit neuen Formen des Protestes (Sit-in) einen zeitgemäßen und von der älteren Generation abgelehnten Ausdruck des Aufbegehrens fanden. Vorbild im Kampf um mehr Demokratie war unter anderem der amerikanische Bürgerrechtler Martin Luther King. Die auf seine Ermordung folgenden Rassenunruhen in amerikanischen Großstädten und der **Vietnamkrieg** führten zu einem veränderten Bild der USA in der Bundesrepublik.

Ein erster Höhepunkt der sich verschärfenden Auseinandersetzung zwischen Staat und Studenten war die Erschießung des Studenten Benno Ohnesorg durch einen Polizisten am 2. 6. 1967 anlässlich einer Demonstration gegen den Besuch des persischen Schahs. Für die Studenten verkörperte der Schah den

Nach dem Attentat auf Rudi Dutschke: Die Polizei setzte Wasserwerfer gegen demonstrierende Studenten ein. Das Attentat löste die größten Straßenunruhen der Nachkriegszeit aus.
Vor allem junge Menschen demonstrierten 1968 gegen den Vietnamkrieg und nahmen Partei für den nordvietnamesischen Staatschef Ho Chi Minh.

Prototypen eines verknöcherten, die eigene Bevölkerung unterdrückenden Machthabers. Besonders nach einem Attentat auf den Studentenführer **Rudi Dutschke** vom Sozialistischen Deutschen Studentenbund (SDS) in der Endphase der **Debatte um die Notstandsgesetze** 1968 eskalierten die Auseinandersetzungen: Es kam zur Besetzung von Hörsälen und zu Sitzblockaden, **Straßenschlachten** gegen die Polizei sowie Brandanschlägen gegen den Springer-Verlag als Verkörperung einer „reaktionären Presse“ und gegen Kaufhäuser als „Konsumtempel“. Die Polizei antwortete mit dem Einsatz von Knüppeln, Wasserwerfern und rigorosem Zugriff gegen die „Störer des Landfriedens“. In der Entschlossenheit des Staates waren sich alle Parteien einig, und das Vorgehen der Polizei wurde in weiten Teilen der Bevölkerung begrüßt, die mit der marxistisch befrachteten Gedankenwelt der **Studentenrevolte** wenig anzufangen wusste und in dem nordvietnamesischen Staatschef Ho Chi Minh keineswegs nur den Führer eines von den USA bombardierten Volkes, sondern auch einen kommunistischen Machthaber sah.

Die „68er" und die „APO"

Der Mangel an gemeinsamer Programmorientierung und das Fehlen kurzfristiger Erfolge der **Außerparlamentarischen Opposition** (APO), wie die Protestbewegung genannt wurde, veranlasste den Großteil der später sogenannten 68er, den „Weg durch die Institutionen", also innerhalb der Parteien und parlamentarischen Gremien, bis in politische Spitzenämter anzutreten. Entscheidenden Einfluss auf die „68er"-Generation hatte das kritische Gedankengut der **Frankfurter Schule** (Marcuse, Horkheimer, Adorno). Ihre Analyse der kapitalistischen Überflussgesellschaft prägte die gedankliche Auseinandersetzung um ideologische und pragmatische Positionen in der Bundesrepublik. Die Kritik stellte die traditionellen Autoritäten des „Establishments", die Bedürfnisbefriedigung des „Wohlstandsbürgertums" infrage, forderte Aufklärung über die NS-Vergangenheit, bemängelte die Ausschließung und Manipulation des Einzelnen im politischen Entscheidungsprozess durch das „System" und sah im Marxismus das „anti-bürgerliche" Gegenmodell. In Verbindung mit Elementen der Psychoanalyse wurde außerdem ein Weg der Selbstbestimmung der eigenen Daseinsgestaltung ohne Tabus und Fragen nach dem jeweiligen Nutzen propagiert. Die Suche nach neuen Lebensformen beinhaltete das Zusammenleben in Wohngemeinschaften (Kommunen), sexuelle Freizügigkeit (begünstigt durch die Anti-Baby-Pille) und die antiautoritäre Erziehung. Mit dem sogenannten Extremistenbeschluss von 1972, mit dem Bewerber für den öffentlichen Dienst auf ihre Verfassungstreue geprüft werden konnten, reagierte der Staat schnell und hart, Kritiker sahen darin ein Berufsverbot bzw. ein repressives Pendant zur sozialliberalen Ostpolitik.

Terrorismus

Ein kleiner gewaltbereiter Teil der APO organisierte sich neu und konfrontierte die Bundesrepublik Ende der 60er-Jahre mit politisch motiviertem Terrorismus. Unter dem Einfluss der Journalistin Ulrike **Meinhoff** und den Brandstiftern gegen ein Frankfurter Kaufhaus, Andreas **Baader** und Gudrun **Ensslin**, bildeten sie sogenannte Zellen, die „den bewaffneten Kampf" weiterführen wollten, und schlossen sich zur **Rote-Armee-Fraktion (RAF)** zusammen. Seit 1970 durch die militante Palästinenserorganisation El Fatah militärisch ausgebildet, verübten die Mitglieder der RAF Banküberfälle für die Finanzierung ihrer Aktionen sowie Bombenanschläge. Sie entführten und ermordeten Repräsentanten des von ihnen gehassten und bekämpften Systems. Zugleich griff auch der **internationale Terrorismus** auf Deutschland über, als während der Olympischen Spiele von München (1972) Palästinenser Mitglieder der israelischen Mannschaft entführten und sie während des Befreiungsversuchs deutscher Sicherheitskräfte ermordeten.

1972 war es der Polizei gelungen, die führenden RAF-Mitglieder (Baader, Ensslin, Raspe, Meins) zu verhaften, die in den sogenannten **Stammheimer Prozessen** zu langjährigen Freiheitsstrafen verurteilt wurden. An ihre Stelle trat die „zweite Generation" der RAF. Nach der Ermordung des Kammergerichtspräsidenten von Drenkmann im November 1974 wurde im Februar 1975 die Freilassung von inhaftierten Gesinnungsgenossen gegen die Freigabe des entführten Berliner CDU-Vorsitzenden Lorenz erpresst. Der von Bundeskanzler Schmidt eingerichtete Krisenstab gab den Forderungen nach, weil der Rettung von Menschenleben Vorrang vor rechtsstaatlichen Grundsätzen eingeräumt wurde. Später wurde diese Linie verlassen, um eine fortwährende Erpressbarkeit des Staates zu verhindern. Höhepunkt der terroristischen Anschläge war das Jahr 1977 („blutiger Herbst") mit der Ermordung von Generalbundesanwalt Buback, des Vorstandsvorsitzenden der Dresdner Bank, Jürgen Ponto, und der Entführung und Ermordung von Arbeitgeberpräsident Schleyer.

Andreas Baader und Gudrun Ensslin vor Gericht in Frankfurt 1968.

Im März 2007 wurde Brigitte Mohnhaupt, eine von noch vier inhaftierten hochrangigen ehemaligen RAF-Terroristen, nach 24 Jahren Haft vorzeitig entlassen. Die Aussetzung der Haftstrafe entfachte erneut die Diskussion über den Umgang mit diesem Teil der deutschen Vergangenheit.

Die RAF arbeitete auch mit dem **internationalen Terrorismus** zusammen. Nach der Befreiung einer von palästinensischen Luftpiraten entführten Lufthansamaschine durch eine bundesdeutsche Spezialeinheit in Mogadischu (Somalia) begingen Baader, Ensslin und Raspe in ihren Gefängniszellen Selbstmord (Oktober 1977). Ungeklärt blieb, wie die Waffen ins Gefängnis gelangen konnten. Einen Tag später wurde Schleyer ermordet aufgefunden.

Trotz weitgehender Zerschlagung der Strukturen der RAF operierten ihre Nachfolger weiter und ermordeten 1986 einen hohen Beamten des Auswärtigen Amts und 1989 den Vorstandssprecher der Deutschen Bank. Internationale Verbindungen sicherten der RAF Waffen, Geld und Zufluchtsorte. Auch die DDR gehörte zu den Staaten, die mit den Terroristen zusammenarbeiteten. Sie verhalf sogenannten Aussteigern zu einer neuen Existenz. Erst nach der Wiedervereinigung gelang der deutschen Polizei die Verhaftung von international gesuchten Terroristen, die in der DDR ein ruhiges, unauffälliges Leben geführt hatten.

Entwicklung in der DDR

Mit dem Mauerbau verschaffte sich die DDR-Führung die Chance, den Staat zu stabilisieren und ihre eingemauerte „sozialistische Menschengemeinschaft" zugleich fester an ihn zu binden. Im **Freundschaftsvertrag von 1964** erkannte die UdSSR die bestehenden Grenzen der DDR an und schuf damit die territorialen Grundlagen für einen sozialistischen Staat, der im Verlauf der 60er-Jahre die Gemeinsamkeiten einer gesamtdeutschen Nation aufkündigte. Als „sozialistischer Staat deutscher Nation" grenzte sich die DDR von der Bundesrepublik ab und stellte nach außen ihre Eigenständigkeit unter Beweis. Wirtschaftsreformen stärkten das Selbstbewusstsein der DDR-Führung.

Im Inneren wurden über Systemkritiker harte Sanktionen wegen „staatsfeindlicher Hetze" verhängt und „versuchte Republikflucht" mit langjährigen Haftstrafen geahndet. Während in den ersten Monaten nach dem Mauerbau noch 50 000 Menschen die Grenze überwinden konnten, wurden in den kommenden 28 Jahren gelungene Fluchtversuche zum Ausnahmefall. Ein absolutes „Westreise-Verbot" – nur Rentner durften ab November 1964 jährlich einmal in die Bundesrepublik – und die intensive Bespitzelung der DDR-Bürger waren weitere Maßnahmen, um die Bevölkerung einzuschüchtern und zur Anpassung an den Staat zu zwingen. Die meisten Menschen lebten daher in einer „Doppelexistenz": Sie beteiligten sich im vorgeschriebenen Mindestmaß an sogenannten „gesellschaftlichen Aktivitäten" und entzogen sich weiteren ideologischen Tätigkeiten durch den Rückzug in den privaten Bereich, in eine Nische.

Führungsrolle der SED

Die im April 1968 angenommene neue **„sozialistische Verfassung"** der DDR offenbarte grundlegende Unterschiede zum Staatsverständnis der parlamentarischen Demokratie. Alle Elemente, die einen gesamtdeutschen Charakter hatten, wurden getilgt und durch spezifisch sozialistische Wesensmerkmale des Staates ersetzt. Der **Führungsanspruch der SED** wurde ausdrücklich festgelegt, Grundrechte aus der Verfassung von 1949, vor allem Freiheits- und Eigentumsrechte, fielen weg. Dagegen wurden soziale Rechte neu aufgenommen: das Recht auf Arbeit, Bildung, Freizeit und Erholung sowie auf Wohnraum. Dem **Ministerrat** verblieb die Funktion eines Wirtschaftskabinetts, das nach der Verfassung höchste Machtorgan des Staates, die **Volkskammer**, war de facto eine reine Zustimmungskammer mit geringem politischen Einfluss. Nach dem Tod Wilhelm Piecks (1960) war der **Staatsrat** geschaffen worden, dessen Vorsitzender als Staatsoberhaupt fungierte. Auch er war

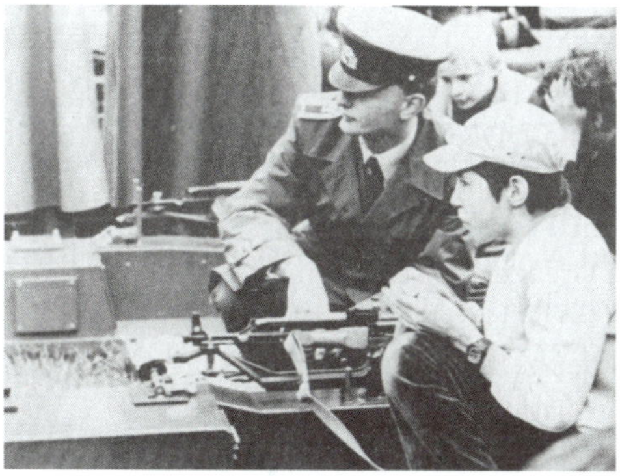

Frühe Wehrerziehung: Beim Nationalen Jugendfestival der DDR 1984 erklärten Offiziere jungen Pionieren und Mitgliedern der FDJ den Umgang mit Waffen. Mit Massenaufmärschen feierte die DDR den sozialistischen Einheitsstaat.

im Wesentlichen Repräsentations- und Abzeichnungsorgan ohne grundle genden Entscheidungsbefugnisse. Die Verflechtungen zwischen Partei- und Staatsämtern stellten die staatliche Umsetzung der in der SED getroffenen Beschlüsse sicher. Die Zwangsbindung aller SED-Direktiven durch den **„demokratischen Zentralismus“** sicherte zwar die Kontrolle über den Staat, nahm aber den Menschen potenzielle Spielräume für gesellschaftliche Eigeninitiative und machte zugleich dieses System ineffektiv, da es nur schwerfällig und nach „Wesung von oben“ reagieren konnte. Die täglich erfahrbare Praxis unberechenbarer Funktionärsentscheidungen, die zwischen Härte und Reformbereitschaft pendelten, prägte die Lebenserfahrung von zwei Generationen.

Wehrerziehung

Zur Absicherung der staatlichen Eigenständigkeit gehört auch die Einführung der **Wehrpflicht** 1962. Die Nationale Volksarmee (NVA) verstand sich als Gegenbild zur Bundeswehr, übernahm in vielen Bereichen revolutionär besetzte Traditionen der deutschen bzw. preußischen Geschichte und spiegelte bis zum Zusammenbruch der DDR einen Teilbereich der Militarisierung ihrer Gesellschaft, der konsequenten Erziehung „zum **Hass auf den Klassenfeind**“. Die Wehrerziehung begann bereits in der Schule und in Jugendorganisationen wie der Freien Deutschen Jugend (FDJ), und setzte sich nach dem Wehrdienst in den „Betriebskampfgruppen“ fort. Als Zugeständnis gegenüber den opponierenden Kirchen konnte seit 1964 der Wehrdienst verweigert und durch den Einsatz bei Baueinheiten der NVA („Bausoldaten“) ersetzt werden. Die Androhung der Gefängnisstrafe wurde aufgehoben, die Wehrdienstverweigerung hatte aber erhebliche Einschränkungen im beruflichen Werdegang zur Folge.

Abgrenzung gegenüber der Bundesrepublik

Angesichts der Versuche der Regierungen Erhards und Kiesingers, unter Umgehung der DDR die Beziehungen zu den osteuropäischen Ländern zu verbessern, stellte diese erfolgreich ihre Eigenständigkeit unter Beweis. Besuche Ulbrichts in Ägypten und des jugoslawischen Staatschefs Tito in Ost-Berlin werteten die DDR außenpolitisch auf. Nachdem die Bundesrepublik und Israel die Aufnahme diplomatischer Beziehungen beschlossen hatten, erkannten 1969 Syrien, Sudan, Südjemen und Ägypten als erste nichtsozialistische Staaten die DDR an, weitere Länder der Dritten Welt zogen nach.

Gleichzeitig wurden auch die Abschottungstendenzen gegenüber der Bundesrepublik verstärkt. Zwar waren mit den **Passierscheinabkommen** zwischen 1963 und 1966 für West-Berliner Verwandtenbesuche im Osten möglich geworden, aber die DDR grenzte sich durch den im Juni 1968 verfügten **Pass- und Visumzwang** für den Reise- und Transitverkehr zwischen der Bundesrepublik, West-Berlin und der DDR sowie einen **Zwangsumtausch** entschieden ab. 1967 wurde mit dem **„Gesetz über die Staatsbürgerschaft"** die bisherige gemeinsame deutsche Staatsangehörigkeit abgeschafft und eine DDR-eigene eingeführt.

Als beispielhaft für die veränderten Beziehungen zwischen der Bundesrepublik und der DDR kann der **innerdeutsche Sportverkehr** angesehen werden. War bei den Olympischen Spielen bislang eine gesamtdeutsche Mannschaft angetreten, kam nach dem Mauerbau der Sportverkehr fast zum Erliegen. Zwar musste auf Weisung des Internationalen Olympischen Komitees (IOC) 1964 nochmals eine gesamtdeutsche Mannschaft antreten, doch schon ein Jahr später erkannte das IOC das Nationale Olympische Komitee (NOK) der DDR an, sodass 1968 eine **DDR-Mannschaft** neben der bundesdeutschen vertreten war. Mit der Vergabe der Sommerspiele 1972 an München war zugleich die Auflage verbunden, der DDR-Mannschaft volle Gleichberechtigung zu gewähren, also das Auftreten mit eigener Flagge und Hymne.

Walter Ulbricht und Erich Honecker genossen 1968 sichtlich die internationale Aufwertung der DDR und feierten ihre Olympiamannschaft.

Wirtschaftliche Entwicklung

Um die DDR-Bevölkerung zur Mitarbeit im „sozialistischen Wettbewerb“ zu gewinnen, die wirtschaftliche Produktivität zu erhöhen und damit die Versorgungslage mit Konsumgütern zu verbessern, verordnete die Staats- und Parteiführung der DDR im Juni 1963 das **„Neue Ökonomische System der Planung und Leitung der Volkswirtschaft“** (NÖSPL). Mit ihm fanden Elemente des **wirtschaftlichen Wettbewerbs**, wie die Einführung von leistungsabhängigen Löhnen und Prämien sowie größere Handlungs- und Entscheidungsfreiheit der Volkseigenen Betriebe (VEB), Eingang in die sozialistische Planwirtschaft. Wirtschaftsleistung der Volkswirtschaft und Volkseinkommen stiegen, die Versorgungslage der Bevölkerung mit Konsumgütern verbesserte sich deutlich. Die Wachstumsraten der ostdeutschen Wirtschaft erreichten quantitativ vergleichbare Kennziffern gegenüber denen der westdeutschen. 1967 wurde die 5-Tage-Woche eingeführt, der akute Arbeitskräftemangel durch die Steigerung der Frauenerwerbstätigkeit vor allem in der Landwirtschaft und in den nichtproduktiven Bereichen ausgeglichen. Die DDR wurde **Reform-Vorbild** für die kommunistischen Nachbarländer und zweitstärkste Industriemacht im **Rat für gegenseitige Wirtschaftshilfe** (RGW), dem Gegenstück zur EWG. Die anfängliche Dezentralisierung wurde allerdings bald wieder zugunsten einer zentralen Lenkung rückgängig gemacht, sodass die 1970 auftretenden wirtschaftlichen Verzerrungen zu einem **Abbruch der Reformen** und zur partiellen Rückkehr alter Zentralisierung der Wirtschaftsplanung führten („Ökonomisches System des Sozialismus“, ÖSS). Trotz des unbestreitbaren wirtschaftlichen Erfolges und aller Lobeshymnen vergrößerte sich der Abstand zur Bundesrepublik, da die grundlegenden Funktionsprobleme, Stockungen und Mängel im Produktionsprozess aus ideologischen Gründen auch mit dem Nachrücken der „zweiten Generation“ in die Verantwortung für Staat und Gesellschaft nicht behoben werden konnten und sollten.

Bildungswesen

Wenn im Westen überhaupt von einem Vorsprung der DDR die Rede war, so bezog sich das allein auf den Bildungsbereich. Das „Gesetz über das einheitliche sozialistische Bildungswesen“ (1965) hatte die bereits bestehende zehnjährige polytechnische Oberschule noch stärker auf einen **Praxisbezug der Inhalte und Methoden** festgelegt. Die „Erweiterte Oberschule“ (EOS) mit anschließender 11. und 12. Klasse ermöglichte den leichteren Erwerb der Facharbeiterqualifikation und bildete zugleich einen Filter, den nur systemkonforme Schüler, vorzugsweise aus Arbeiter- und Bauernfamilien, passieren durften. Kindern aus sogenannten Intelligenzfamilien standen als Ausweichmöglichkeit

Maßnahmen der **Erwachsenenqualifikation** mit Fern- und Abendstudium zur Verfügung. Schule und Studium beinhalteten als Pflichtfach neben der allgemeinen und fachspezifischen Ausbildung auch „Grundlagen des Marxismus-Leninismus“ und darauf aufbauend Erziehungsinhalte, die die **ideologische Durchdringung** der Bevölkerung und ihre Bindung an Staat und System gewährleisten sollten. Die flexible Regelung der Erwachsenenbildung verbesserte auch die **Aufstiegsmöglichkeit für Frauen**. Um ihre Einbindung in den sozialistischen Produktionsprozess zu ermöglichen, wurden die Kinder in Kinderkrippen und -gärten ganztätig betreut und damit auch ideologisch intensiv beeinflusst. Zwar lag der Anteil berufstätiger Frauen vor allem in sogenannten Männerberufen deutlich über dem in der Bundesrepublik und Berufstätigkeit erlangte für sie eine über den materiellen Aspekt hinausgehende Bedeutung, doch entsprach die Zahl weiblicher Führungskräfte – ähnlich wie in Westdeutschland – zu keinem Zeitpunkt annähernd der Bevölkerungsverteilung.

13. 8. 1961 Mauerbau in Berlin → „Politik der kleine Schritte“
1963 Passierscheinabkommen;
1964 Rentnerbesuch in der BRD;
kulturelle und wirtschaftliche Zusammenarbeit; Amnestien in der DDR

Internationale Krisen: Kuba, Vietnam
Kriegsgefahr

1969 Regierungsantritt der sozialliberalen Koalition Brandt / Scheel → **Entspannungspolitik**
Ostverträge:
Aussöhnung mit den östlichen Nachbarn:

- 19. 3. 70 / 21. 5. 70 Treffen von Brandt und Stoph in Erfurt bzw. Kassel
- 12. 8. 70 Moskauer Vertrag
- 7. 12. 70 Warschauer Vertrag
- 3. 9. 71 Viermächteabkommen
- 21. 12. 72 Grundlagenvertrag

Ergebnisse

- Reiseerleichterungen
- Grenznaher Verkehr
- Ausreise von Deutschen aus Polen
- Anerkennung der bestehenden Grenzen und Anerkennung der DDR (kein Ausland!)

Kritik in der BRD

- Ost-West-Gegensatz bleibt bestehen
- Aufgabe von wesentlichen Rechtspositionen (Oder-Neiße-Linie)

ab Mitte der 70er-Jahre Abkühlung der Beziehungen: ideologische Differenzen bleiben bestehen

DDR

- wirtschaftliche Stagnation
- Kampf gegen Oppositionelle
- Grenzschikanen und Schießbefehl

BRD

- wirtschaftliche Stagnation
- Ökologie- und Friedensbewegung
- Nato-Doppelbeschluss

INTERNATIONAL

- Einmarsch der UdSSR in Afghanistan
- Olympiaboykotte
- erneutes Wettrüsten

Die deutschen Staaten während der Entspannungspolitik

Chronologie	
24. Jan. 1962	Einführung der allgemeinen Wehrpflicht in der DDR
26. Okt. 1962	Beginn der „Spiegelaffäre“
23.–26. Juni 1963	Staatsbesuch Kennedys
15. Okt. 1963	Rücktritt Adenauers
16. Okt. 1963	Ludwig Erhard wird Bundeskanzler (Koalition CDU/CSU-FDP)
17. Dez. 1963	1. Passierscheinabkommen
1963–1966	Auschwitz-Prozesse
12. Juni 1964	Freundschaftsvertrag zwischen der Sowjetunion und der DDR
12. Mai 1965	Aufnahme diplomatischer Beziehungen zu Israel
25. März 1966	Friedensnote der Regierung Erhard
1. Dez. 1966	Kurt Georg Kiesinger Bundeskanzler; Große Koalition
14. Febr. 1967	1. konzertierte Aktion
20. Febr. 1967	Gesetz über DDR-Staatsbürgerschaft
2. Juni 1967	Tod von Benno Ohnesorg
8. Juni 1967	Stabilitätsgesetz
6. April 1968	neue DDR-Verfassung
11. April 1968	Attentat auf Rudi Dutschke
30. Mai 1968	Verabschiedung der Notstandsgesetze
5. März 1969	Wahl Gustav Heinemanns zum Bundespräsidenten
28. Sept. 1969	Bundestagswahl
21. Okt. 1969	Willy Brandt Bundeskanzler; sozialliberale Koalition
28. Nov. 1969	Unterzeichnung des Atomwaffensperrvertrags
19. März/21. Mai 1970	Treffen Brandt/Stoph in Erfurt und Kassel
12. Aug. 1970	Moskauer Vertrag
7. Dez. 1970	Warschauer Vertrag
3. Mai 1971	Rücktritt Ulbrichts als 1. Sekretär der SED; Nachfolger Erich Honecker
3. Sept. 1971	Viermächteabkommen über Berlin
17. Dez. 1971	Transitabkommen
27. April 1972	Misstrauensvotum gegen Brandt gescheitert
17. Mai 1972	Ratifizierung der Ostverträge im Bundestag
26. Mai 1972	Verkehrsvertrag
3. Juni 1972	Viermächte-Schlussprotokoll zum Abkommen über Berlin; Inkrafttreten der Ostverträge
21. Dez. 1972	Grundlagenvertrag

Entspannung und Sicherheit in den 70er- und 80er-Jahren

Von der Regierung Schmidt zur Ära Kohl

Der Regierungswechsel Brandt – Schmidt

Als Bundeskanzler Brandt im Mai 1974 seinen Rücktritt erklärte, erfuhr die Öffentlichkeit erst im Nachhinein, dass einer seiner engsten Mitarbeiter, Günter **Guillaume**, seit Langem, sogar noch nach seiner Enttarnung für den ostdeutschen Staatssicherheitsdienst, als Spion im Kanzleramt tätig gewesen war. Mit einer raschen Regierungsneubildung wurde eine größere Krise vermieden. Nach der Wahl **Helmut Schmidts** zum neuen Kanzler setzte dieser die Politik seines Vorgängers fort. Allerdings hatte sich das Bedingungsgeflecht politischen Handelns gewandelt. Von der Parole „Mehr Demokratie wagen" zu Beginn der sozialliberalen Koalition und dem damit verbundenen Aufbruch zu Reformen konnte keine Rede mehr sein. Das Stimmungshoch war abgelöst durch eine pessimistische Grundhaltung, genährt aus der ersten Ölkrise, der Brutalität terroristischer Anschläge, der Unwägbarkeit künftiger Entwicklung. Schmidt verstand sich als „erster Angestellter des Staates" und „Krisenmanager".

Die Kanzlerschaft Schmidt

Innerhalb der SPD waren der **Parteivorsitzende Brandt** und **Bundeskanzler Schmidt** Garanten dafür, die Grundwerte Freiheit, Gerechtigkeit und Solidarität zeitgemäß auszuformen und dabei Denkanstöße der kritischen Generation aufzunehmen. In Fortführung der Koalition mit der FDP und ihrem Spitzenpolitiker Hans **Hans-Dietrich Genscher** als **Außenminister** – Walter Scheel war im gleichen Jahr zum Bundespräsidenten gewählt worden – gab es mit den Liberalen wichtige Übereinstimmungen bezüglich der weiteren Demokratisierung der Gesellschaft, der Bildungsreform sowie der neuorientierten Deutschland- und Ostpolitik. Schmidt und Genscher boten die Gewähr, dass es mit ihnen keine „sozialistischen Experimente" geben würde. In wirtschaftspolitischen Fragen hingegen bestand kein ausgeprägter Konsens. Hier gab es innerhalb der FDP eine größere Nähe zu konservativen Vorstellungen.

CDU und CSU hatten in der Opposition erhebliche Mühen, sich innerparteilich zu festigen und die für einen Machtwechsel notwendigen Wählerstimmen

Bundeskanzler Helmut Schmidt mit Außenminister Hans Dietrich Genscher und dem US-Außenminister Henry Kissinger 1975 vor dem Kanzlerbungalow in Bonn.

zu gewinnen. Im Streit um die Führungsrolle in der Union wurde zwar der „Kreuther Beschluss" der CSU-Landesgruppe von 1976, die Fraktionsgemeinschaft mit der CDU aufzukündigen, schnell wieder rückgängig gemacht, aber die Niederlage des Spitzenkandidaten Helmut Kohl, dem rheinland-pfälzischen Ministerpräsidenten, trotz eines hervorragenden Wahlergebnisses in der Bundestagswahl von 1976 erneuerte die Frage nach dem richtigen Programm und einem geeigneten Kanzlerkandidaten. Erst 1978 legte die CDU das parteiintern lange diskutierte neue Grundsatzprogramm einer „geistigen Erneuerung in der Opposition" vor, mit dem sie sich den gewandelten Verhältnissen stellte. Für die Bundestagswahl von 1980 wurde der **bayerische Ministerpräsident Franz-Josef Strauß** als Kanzlerkandidat nominiert. Seine Wahlniederlage beendete den Kampf um die Führung in der Union: **Helmut Kohls Stellung als Spitzenkandidat von CDU und CSU** war unangefochten.

Die „Wende"

Die wirtschaftliche Entwicklung belastete die in den Wahlen von 1976 und 1980 bestätigte SPD-FDP-Regierung erheblich und führte allmählich zu einer schärferen Grenzziehung innerhalb der Regierungsparteien. Die FDP entfernte sich mit der Forderung nach mehr Leistungsbereitschaft statt staatlicher Hilfen von den Sozialdemokraten. Besonders Wirtschaftsminister Graf Lambsdorff forderte die Beendigung der Koalition und löste mit seinen Vorschlägen zur Sparpolitik den Koalitionsbruch aus. Am 1. 10. 1982 wurde mit einem **konstruktiven Misstrauensvotum** Bundeskanzler Schmidt gestürzt und **Helmut Kohl** zu seinem Nachfolger gewählt. Dieser galt als „zweiter Sieger" der für die CDU verlorenen Wahl 1980, da sich sein Konkurrent um die Kanzlerkandidatur der Union, Strauß, nach der Niederlage endgültig auf den Posten des bayerischen Ministerpräsidenten zurückgezogen hatte. Die in der Wahl von 1983 bestätigte

Regierung Kohl/Genscher versprach eine **„geistig-moralische Wende“** und wirtschaftspolitische Stabilität durch „weniger Staat, mehr Markt“, „weg von kollektiven Lasten, hin zu persönlicher Leistung“.

Wahlplakat zur Bundestagswahl von 1976.

Die Ära Kohl

Die „Wende“ war mit dem Versprechen erreicht, grundsätzliche Änderungen in der Politik vorzunehmen. In vielen Bereichen aber setzte **Bundeskanzler Kohl** das unter Brandt und Schmidt Begonnene fort. Vor allem in der Außen- und Deutschlandpolitik kann man von einem Höchstmaß an Kontinuität sprechen, das Deutschland zu einem weltweit anerkannten und zuverlässigen Partner machte. Wenn auch unter der Kanzlerschaft Kohl die Arbeitslosigkeit drastisch anstieg, so haben ihn nicht zuletzt seine Verdienste um die **Europäische Einigung** und die **Vereinigung Deutschlands** zum Regierungschef mit der **längsten Amtsdauer** (bis 1998) gemacht. In Anknüpfung an die Ära Adenauer ist es daher wohl berechtigt, auch von einer **Ära Kohl** zu sprechen.

Die **SPD** brauchte lange Jahre der Opposition, um die programmatische und personellen Erneuerung hin zur sogenannten Enkel-Generation durchzuführen. Besonders erbittert wurde die innerparteiliche Debatte um die NATO-Nachrüstung geführt. Nach dem Verlust der Regierungsbeteiligung bekämpften der linke Flügel der SPD und die Grünen den vom damaligen SPD-Bundeskanzler Schmidt initiierten NATO-Doppelbeschluss. Wenn auch das politische Ziel der Friedensbewegung, die Stationierung von Mittelstreckenraketen zu verhindern, nicht erreicht wurde, prägte sie doch die öffentliche Diskussion über die Sicherheitspolitik auch nach dem Ende des Ost-West-Konflikts.

Mit den **Grünen** war 1983 eine vierte Partei in den Bundestag gewählt worden. Hervorgegangen aus dem diffus kritischen Potenzial der Bürgerbewegungen, traf sie mit **ökologischen Themen**, der Forderung nach **Gewaltfreiheit** und **Basisdemokratie** die Interessenslage jüngerer Menschen. Der tiefe Zweifel, ob ein stetiges Wirtschaftswachstum Voraussetzung der bundesdeutschen Gesellschaft und Demokratie sei, wurde durch die Grünen parteipolitisch kanalisiert und fand so Eingang in die Parlamente. Pazifistisch orientiert, waren die Grünen eng mit der **Friedensbewegung** verbunden und forderten den Austritt der Bundesrepublik aus der NATO. Innerparteilich gab es harte Auseinandersetzungen zwischen „Wertkonservativen“ und „Linken“ sowie zwischen Befürwortern der Übernahme von Regierungsverantwortung zur Durchsetzung ökologischer Zielsetzungen **(Realos)** und **Fundamentalisten**, den Gegnern dieses Kurses. Erst in den 90er-Jahren setzten sich die Realpolitiker unter ihrem prominentesten Vertreter Joschka Fischer durch.

Mit dem Aufkommen der Grünen verschärfte sich der Kampf der beiden großen Volksparteien SPD und CDU um die politische Mitte. Zugleich band sich die FDP fester an die CDU, sodass die Regierungskoalition während der gesamten Ära Kohl weitgehend stabil blieb.

Vertrauensverlust der Parteien

Der Aufstieg der Grünen fiel in eine Phase des Vertrauensverlustes der etablierten Parteien. Die enge Verflechtung von politischen, staatlichen und Parteiämtern, der Lobbyismus und die Vermischung von wirtschaftlichen mit politischen Interessen ließen viele Wähler an der Glaubwürdigkeit der politischen Aussagen und dem Willen zu Reformen zweifeln. Alle großen Parteien hatten unter Umgehung der gesetzlichen Vorschriften unversteuerte Spenden von Wirtschaftsunternehmen entgegengenommen. Die **Flick-Spendenaffäre** zeigte die Verflechtung von Wirtschaft und Politik in besonders krasser Weise. Die Minister Friedrichs und Graf Lambsdorff (beide FDP) hatten 1977 der Unternehmensgruppe Flick für den 1,5 Milliarden DM-Erlös aus dem Verkauf von Daimler-Benz-Aktien gegen die Zahlung hoher Spendensummen an die FDP eine Steuerbefreiung zugestanden. Beide Minister wurden rechtskräftig wegen Bestechlichkeit verurteilt; Lambsdorff trat aber erst 1983 von seinem Amt zurück, nachdem der Versuch, für ihn ein „Amnestie-Gesetz“ zu schaffen, an der FDP-Basis gescheitert war.

Während die Flick-Spendenaffäre ihren Ursprung in der finanziellen Ausstattung der Parteien im Allgemeinen hatte, wurde durch die **Barschel-Affäre** die Glaubwürdigkeit von Politikern angesichts des ungezügelten Machtstrebens Einzelner erschüttert. Die Behauptung der Zeitschrift „Der Spiegel“ aus dem Jahr 1987, der schleswig-holsteinische Ministerpräsident Barschel (CDU) habe seinen Konkurrenten von der SPD Engholm bespitzeln und mit Falschaussagen diskreditieren lassen, erwies sich nach anfänglichem Leugnen Barschels als wahr. Dieser trat von seinem Amt zurück und kam wenig später unter bis heute ungeklärten Umständen ums Leben. Engholm, inzwischen Amtsnachfolger Barschels und SPD-Vorsitzender, räumte erst 1993 ein, viel früher als zugegeben über Barschels Machenschaften informiert gewesen zu sein, und trat von seinen Ämtern zurück.

Deutschlandpolitik in den 70er- und 80er-Jahren

Die Regierungen Schmidt und Kohl führten das fort, was Brandt begonnen hatte. Die **Kontinuität der Bonner Deutschlandpolitik** in den 70er- und 80er-Jahren beweist, dass nach der Debatte um die Ostverträge das gewandelte Verhältnis zwischen den beiden deutschen Staaten von allen Parteien weitgehend akzeptiert worden war und eine realistische Alternative zum Versuch, die staatliche Teilung durch ihre zeitweilige Anerkennung zu überwinden, fehlte. Um den Preis der Stabilisierung sollten die Folgen der Teilung abgemildert werden und durch verbesserte, „gutnachbarliche Beziehungen" die inneren Widersprüche des sozialistischen Systems aufgezeigt und damit letztlich die Destabilisierung der DDR erreicht werden. Der darin begründete Zwang zum pragmatischen Handeln bewog Schmidt zu einer **„Politik der kleinen Schritte"**. Von seinem Amtsantritt bis 1980 wurden über ein Dutzend Abkommen und Protokolle mit der DDR unterzeichnet. Von Anfang an wurde dabei der innerdeutsche Handel, der sich zwischen 1974 und 1982 fast verdoppelte, von der Bundesrepublik als Hebel für Verbesserungen der innerdeutschen Beziehungen und zugleich zur Festigung der westdeutschen Vorzugsstellung im Handel eingesetzt.

Als gleichberechtigtes Mitglied unterzeichnete die DDR 1975 die Schlussakte von Helsinki. In der Folge kam es zu einem regelmäßigen Meinungsaustausch beider deutscher Staaten.

Zu einem ersten offiziellen Zusammentreffen von Schmidt und Staats- und Parteichef Honecker kam es bei der Unterzeichnung der Schlussakte von Helsinki im August 1975. Daraus ergab sich ein **kontinuierlicher Meinungsaustausch** bei persönlichen Begegnungen (Belgrad 1980, Werbellinsee 1981), über schriftliche Mitteilungen und Telefonate bis zum Bonner Machtwechsel

1982, der von einem zunehmend entkrampften und weniger distanzierten Verhältnis geprägt war. Dem entsprach aber nicht das generelle Verhalten der DDR gegenüber der Bundesrepublik. Die Ausweisung eines SPIEGEL- und eines ARD-Korrespondenten sowie die Schließung des SPIEGEL-Büros in Ost-Berlin sorgten für eine empfindliche Abkühlung der Beziehungen. Zusätzlich belastete die von Honecker in Gera (1980) erneut vorgetragene Maximalforderung nach völkerrechtlicher Anerkennung das Klima ebenso wie die **Ausweisung bzw. Ausbürgerung kritischer Künstler** aus der DDR (z. B. Wolf Biermann, Hermann Loest, Manfred Krug). In der Bundesrepublik sah man in diesen Maßnahmen ein Zeichen wachsender Hilflosigkeit des DDR-Systems, den Anspruch eines „fortschrittlichen demokratischen Staates" in der Wirklichkeit einzulösen.

Der Kurs des politischen Realismus von Bundeskanzler Schmidt wurde von seinem Nachfolger Kohl fortgesetzt, wenn auch in stärkerer Betonung des Rechtes der Deutschen auf Wiedervereinigung, der **Einheit in Freiheit**. Aber – wie es der SPD-Politiker Erhard Eppler 1982 formulierte: „Frieden geht vor Wiedervereinigung." Diese Kontinuität begründete eine **Koalition der Vernunft**, die auch nach dem Abbruch der Verhandlungen über die Begrenzung nuklearstrategischer Waffensysteme um „Schadensbegrenzung" bemüht war. Der Deutsche Bundestag entschied sich im November 1983 mit seiner Mehrheit von CDU/CSU und FDP für die Raketenstationierung. Trotz steigender Irritationen aufseiten der UdSSR und der USA über das Aneinanderrücken der beiden deutschen Staaten wurde die Politik der Kooperation fortgesetzt, die DDR von Bonn durch zwei „Milliarden-Kredite" 1983 und 1984 unterstützt und 1986 ein Abkommen über den Austausch und die Zusammenarbeit in den Bereichen Kunst, Kultur, Bildung und Wissenschaft abgeschlossen. Ein dichtes Vertragswerk und häufige Gespräche hochrangiger Politiker, wie die zwischen Schäuble (CDU) und DDR-Staatssekretär Schalck-Golodkowski, regelten den Umgang mit der Teilung. Höhepunkt dieser Entwicklung war der **Besuch Honeckers in Bonn** (September 1987) mit allen protokollarischen Ehren für das Oberhaupt eines souveränen Staates.

Mitte der 80er-Jahre schien alles auf eine **dauerhafte Koexistenz** der beiden deutschen Staaten hinauszulaufen. Die Politik der kleinen Schritte hatte zwar „menschliche Erleichterungen" bewirkt, die Wiedervereinigung blieb aber nach wie vor in weiter Ferne. Aus „Brüdern und Schwestern" waren die anderen Deutschen, „die da drüben" geworden. Der Ständige Vertreter der Bundesrepublik in der DDR, Klaus Bölling, empfahl, das Wiedervereinigungsgebot des Grundgesetzes zu ändern. Wenn auch die persönlichen, wirtschaftlichen und intellektuellen Kontakte das Gefühl nationaler Zusammengehörigkeit aufrechterhielten, schien aber ernsthaft niemand mehr an ein vereinigtes Deutschland zu glauben, als aus Anlass des 40. Jahrestages der Beendigung des Zweiten Weltkrieges Bundespräsident Richard von Weizsäcker in zwei Reden vor diesem Hintergrund den Standort der Deutschen zu bestimmen versuchte. Damit war die Deutsche Frage in neuer Form gestellt, und dies zu einem Zeitpunkt, als in der Sowjetunion der neue Generalsekretär der KPdSU, **Michail Gorbatschow**, mit seinen Reformen ein „neues Denken" einforderte.

Die Kontinuität der Deutschlandpolitik der 70er- und 80er-Jahre bedeutete aber zugleich Stagnation. Neben der Verbesserung der Beziehungen und Stabilisierung des Bestehenden führte die Anerkennung des Anderen zugleich auch zur Anerkennung der Teilung. Wenn auch die Zeichen des wirtschaftlichen und staatlichen Verfalls der DDR immer deutlicher hervortraten, wagte kein deutscher Politiker die festgefahrenen Gleise der deutsch-deutschen Beziehungen zu verlassen.

Wirtschaftliche Entwicklung

Ölkrise

In der ersten Hälfte der 70er-Jahre ging der wirtschaftliche Aufschwung, der fast zwei Jahrzehnte – nur durch die Rezession von 1966/67 unterbrochen – gedauert hatte, endgültig zu Ende. Zeitgleich erschien der alarmierende Bericht des „Club of Rome" (1972) über die **„Grenzen des Wachstums"**. Im Verlauf der Krise zeigten sich die Schwächen in der Wirtschaftsstruktur der Bundesrepublik. In den „alten Industrien" waren auch durch staatliche Subventionen Überkapazitäten entstanden, die gegenüber dem Angebot der asiatischen Produzenten und der Billiglohnländer preislich nicht mehr konkurrenzfähig waren. Die nachlassende Binnennachfrage konnte durch Exportüberschüsse nicht ausgeglichen werden, da alle westlichen Industriestaaten von der Krise betroffen waren. „Hausgemacht" waren das wachsende Haushaltsdefizit sowie die hohe Inflationsrate der Bundesrepublik, die durch eine Ausgabenoffensive des Staates und sehr hohe Lohnabschlüsse entstanden war, die wiederum die Arbeitgeber veranlassten, Arbeitsplätze abzubauen. Steigende Ölpreise seit dem Yom-Kippur-Krieg 1973 und der Wertverlust des für den deutschen Export überaus wichtigen US-Dollars verschärften die Lage. Stagnierende Wirtschaft und Inflation **(Stagflation)** trieben die Zahl der Arbeitslosen innerhalb von zwei Jahren um das Vierfache nach oben. Mit Beschäftigungsprogrammen und Investitionsförderung wurden die Auswirkungen der Krise abgemildert, aber die Haushaltslücken vergrößert. Einzig der Außenhandel florierte: Über

80 % der Ein- und Ausfuhren entfielen auf die europäischen Länder, davon allein die Hälfte auf die Länder der EG. Auch der **Osthandel** wies in dieser Zeitspanne sehr hohe Zuwachsraten auf, der innerdeutsche Handel wurde durch den mit osteuropäischen Staaten ergänzt.

Die wirtschaftliche Krise fiel zusammen mit einem schnellen technologischen Wandel, dem Vordringen der sogenannten **Neuen Technologien** (z. B. Computer, Mikroelektronik, Recycling). Diese „dritte industrielle Revolution" vernichtete zwar herkömmliche Arbeitsplätze, schuf aber im Gegenzug durch Produktinnovationen auch neue. Da diese Prozesse in allen Industriestaaten wirksam waren und nationale Lösungsansätze im Zuge einer sich verflechtenden Weltwirtschaft eher hinderlich als förderlich waren, verständigten sich die Regierungschefs der wichtigsten Industriestaaten (USA, Frankreich, Bundesrepublik, Großbritannien, Italien, Japan) darauf, jährliche **Weltwirtschaftsgipfel** durchzuführen. Seit 1983 wurde der ursprüngliche wirtschafts- und finanzpolitische Rahmen um allgemeinpolitische Themen erweitert.

Wirtschaftspolitische Wende

Staatliche Beschäftigungsprogramme und Kreditaufnahme hatten zwar kurzfristige Erfolge gezeigt, doch 1981/82 stieg die Arbeitslosigkeit bei Rückgang des Bruttosozialprodukts **(Minuswachstum)** wieder deutlich an. Vor allem die FDP drängte auf eine Änderung der Politik und verlangte Einschnitte im Sozialbereich. Die wesentlichen Überlegungen des Wirtschaftsministers Graf Lambsdorff wurden dann in der CDU/FDP-Koalition ab 1983 umgesetzt. Trotz Wirtschaftswachstum, geringerer Kreditaufnahme und Haushaltskonsolidierung konnte die **Arbeitslosigkeit** nicht bekämpft werden. Ende der 80er-Jahre blieb sie bei etwa neun Prozent stehen. Zur Beseitigung dieses Problems, das mit dem Wandel einer Industrie- zur Dienstleistungsgesellschaft entstanden war, taugten die in der Vergangenheit bewährten wirtschaftspolitischen Instrumente nicht. Die Gründe für die anhaltend hohe Arbeitslosigkeit werden seitdem in den finanziellen Belastungen, die die Unternehmen in Form von Versicherungsbeiträgen für die Arbeitnehmer („Lohnnebenkosten") zu leisten haben, und in starren Arbeitsrechtsregelungen gesehen. Im internationalen Vergleich wurde damit der Wirtschaftsstandort Deutschland so teuer, dass viele Unternehmen Produktionsstätten ins Ausland verlagert und damit Arbeitsplätze in Deutschland abgebaut haben. In dieser Debatte spielt auch eine Rolle, dass die Wochenarbeitszeit 1984 auf 38,5 Stunden reduziert wurde und mit ihrer Flexibilisierung neue Modelle der Produktionsauslastung möglich wurden.

Innenpolitische Entwicklung

Alternative Bewegung und Umweltschutz

Unter dem Einfluss der „68er" breitete sich in den 70er-Jahren ein wachsendes Gefühl der Unzufriedenheit und Ohnmacht gegenüber dem Staat und den Parteien aus. Aus **Bürgerinitiativen**, der **Frauenbewegung**, die besonders für eine Reform des Abtreibungsparagrafen 218, aber auch für weitergehende feministische Ziele kämpfte, und der **Friedensbewegung** bildete sich die **alternative Bewegung**. Sie griff zunächst Ziele im kommunalen Bereich auf und forderte einen grundsätzlichen Mentalitätswandel. Das tiefe Misstrauen in Teilen der Bevölkerung gegen die Methoden im parlamentarischen Willensbildungsprozess führte zu einer Abkehr vom Staat. Im privaten Bereich wurden mit Wohngemeinschaften („Kommunen") neue Lebensformen erprobt, mit der Besetzung leer stehender Häuser für die „selbstbestimmte" Lebensverwirklichung und gegen die „kapitalistische Gewinnsucht" protestiert.

Auch der **Umweltschutz** wurde zu einem vorrangigen politischen Thema, das seinen Ausdruck in zahlreichen Gesetzen (z. B. Bundesnaturschutzgesetz 1976) fand. Widerstand vonseiten der Industrie, von Unternehmen und Gewerkschaften verzögerte ein entschiedeneres und früheres Vorgehen, konnte es aber nicht verhindern (z. B. Einführung von bleifreiem Benzin und des PKW-Katalysators). Das Reaktorunglück von **Tschernobyl** (1986) führte zu einer tief greifenden Angst vor radioaktiver Verstrahlung und zu einem sich in gewaltsamen Protesten entladenden Streit um die **Nutzung von Kernenergie**. Großdemonstrationen, Straßenblockaden und Menschenketten vereinten Hunderttausende gegen die Wiederaufbereitung von Kernbrennstäben und für den Frieden in der Welt.

Menschen versammeln sich zu Demonstrationen für den Frieden: Blockade einer Kaserne der US-Armee (1984) und Ostermarsch in der Wittstocker Heide in Brandenburg (1998).

Gesellschaftliche Trends

Aufgrund der sinkenden Geburtenrate wuchs die Bevölkerung erheblich langsamer. Die Bevölkerungsbilanz wurde durch den Zuwachs **ausländischer Arbeitskräfte**, **Asylsuchender** und durch deutschstämmige **Aussiedler** aus den Ostblockstaaten (1988 ca. 220 000) ausgeglichen. Diese demografische Entwicklung der 70er- und 80er-Jahren veränderte die Gesellschaft der Bundesrepublik nachhaltig, zumal die Integration der Zuziehenden bei Weitem nicht im erwünschten Maß gelang. Noch immer erschweren u. a. mangelnde Sprachkenntnisse und Wissensdefizite über kulturelle Unterschiede das Zusammenleben. Vor allem rechtsradikale Gruppierungen schüren eine latente **Ausländerfeindlichkeit** und zielen damit besonders auf Menschen mit niedrigem sozialen Status und Bildungsniveau.

Die Entwicklung zur **postindustriellen Gesellschaft**, also zur Dienstleistungsgesellschaft, veränderte soziale Milieus und Arbeitsbedingungen. Der Anteil der Angestellten überstieg denjenigen der Arbeiter, immer weniger Menschen arbeiteten bis zur Altersgrenze von 65 Jahren. Das real verfügbare Einkommen pro Kopf der Bevölkerung stieg zwischen 1979 und 1991 um 50 %. Der **wachsende Wohlstand** äußerte sich in höherem Konsum und machte einen **Individualisierungsschub** möglich, sodass bei gleichzeitig steigendem Heiratsalter und höherer Scheidungsrate die Zahl der privaten Haushalte und der Alleinstehenden stark anstieg. Als Ausdruck sich wandelnder Geschlechterverhältnisse ist vor allem die rechtliche Gleichstellung der Frauen zu sehen, der die politischen Parteien der Grünen und der SPD mit der Einführung einer **Frauenquote** bei der Vergabe von Mandaten und Ämtern zu entsprechen versuchten.

Die 70er-Jahre waren zugleich ein Jahrzehnt der **Bildungsexpansion**. Mit der Verbesserung der Chancengleichheit von Bildung stieg zwar der Anteil der Gymnasialschüler und nachfolgend der Studenten – vor allem der Studentinnen – deutlich an. Aber die Bemühungen um eine Behebung der „deutschen Bildungskatastrophe“ hielten nicht lange an. Verringerte Ausgaben für die materielle und personelle Ausstattung, Lehrermangel und überfüllte Klassenzimmer bzw. Hörsäle kennzeichneten bald die deutschen Bildungseinrichtungen, ohne dass periodisch wiederkehrende Proteste an Schulen und Hochschulen Wesentliches daran änderten. Zwar konnte der Anteil von Studierenden aus unteren sozialen Schichten deutlich angehoben werden, doch liegt das vereinigte Deutschland im internationalen Vergleich noch 30 Jahre später weit zurück.

Der Wandel zur postindustriellen war zugleich einer zur **Mediengesellschaft**. Die technische Weiterentwicklung der elektronischen Medien wurde erst von der Regierung Kohl durch Verkabelung und Aufgabe des öffentlich-rechtlichen Rundfunkmonopols 1984 akzeptiert. Private Radio- und Fernsehsender erhöhten den Anteil an Unterhaltung jeder Art, schufen aber mit ihrer Brutalisierung und Sexualisierung auch neue Probleme der Massenkultur.

Die gesellschaftlichen Entwicklungen begünstigten ihrerseits einen Wandel traditioneller Werte und eine Hinwendung zur **Erlebnisgesellschaft**. Die Akzeptanz traditioneller Normen, wie z. B. Pflicht, Disziplin, Leistung, trat immer stärker hinter dem Streben nach persönlicher Freiheit und Selbstentfaltung und einem nichtautoritären Verständnis von Erziehung zurück.

Die Entwicklung in der DDR

Von Ulbricht zu Honecker

Mit dem Abschluss der Ostverträge und der Aufnahme beider deutschen Staaten in die UNO 1973 hatte die DDR endlich ihr Ziel weltweiter Anerkennung erreicht. Dieser zweite Einschnitt in der politischen Entwicklung der DDR war weiterhin markiert durch den **Führungswechsel in der SED von Ulbricht zu Honecker**. Er hatte 1971 mit der Billigung der sowjetischen Führung Ulbricht entmachtet und als 1. Sekretär des Zentralkomitees der SED (ab 1976 Generalsekretär) abgelöst. Mit der Übernahme des Vorsitzes im Nationalen Verteidigungsrat im selben Jahr und im Staatsrat 1976 vereinigte Honecker wenige Jahre später die zentralen Machtpositionen seines Vorgängers in seiner Person. Der neue erste Mann in Partei und Staat war seit seiner Jugend im Saarland überzeugter Kommunist. Nach 1945 mit dem Aufbau der Freien Deutschen Jugend (FDJ) beauftragt, war er von 1946 bis 1955 ihr Vorsitzender. Ab 1958 saß er als Sekretär für Sicherheitsfragen im Politbüro und war in dieser Funktion der **Organisator des Mauerbaus**. Unter seiner Führung erwies sich die DDR insgesamt als ein zunehmend akzeptierter Partner im Ost-West-Dialog, in Spannungszeiten wurden die Kontakte zwischen Bonn und Ost-Berlin sogar intensiviert, und auch mit der Regierung Kohl wurde der eingeschlagene Weg der Regelung praktischer Fragen fortgesetzt. Im Inneren aber blieb die DDR-Führung auf Abgrenzung zur Bundesrepublik bedacht. So wurde die 750-Jahr-Feier Berlins in beiden Stadthälften getrennt gefeiert. Auch noch angesichts der Reformen Gorbatschows hielt die DDR am alten Kurs fest, bis zur Verkrustung der politischen, wirtschaftlichen und gesellschaftlichen Strukturen und verweigerte sich allen Reformen.

Die DDR unter dem reformunwilligen Honecker feierte sich selbst. Gegen Kritiker ging die Staatsführung hart vor: Der Rauswurf Biermanns 1976 führte allerdings zur Ausreise vieler Künstler und damit zu einem künstlerischen Aderlass der DDR.

Stabilisierung des staatlichen Systems

Mit der Aufnahme in die UNO 1973 wuchs die internationale Reputation der DDR. Sie hatte allerdings dafür mit Zugeständnissen bei der Sicherung fundamentaler Menschenrechte im Rahmen der KSZE-Konferenzen einen Preis zahlen müssen, der die innere Stabilität des Systems bedrohen konnte, weil die westlichen Staaten die Geltung der Helsinki-Prinzipien auch für Systemkritiker einforderten. Damit sah sich die DDR-Führung im Inneren unter Zugzwang. Um systemgefährdende Forderungen zu unterbinden, wurden Kritiker kaltgestellt, sogar verhaftet und Westkontakte z. B. mit Journalisten rigoros unterbunden bzw. strafrechtlich verfolgt. Dennoch konnten weder staatlicher Druck und Einschüchterung noch die Unterwanderung mit Spitzeln durch die Stasi verhindern, dass sich – zumeist unter dem Schutz der Kirchen – informelle Friedens- und Umweltgruppen („Schwerter zu Pflugscharen") formierten. Die 1985 von den Bürgerrechtlern Bohley, Poppe, Templin und anderen gegründete „Initiative Frieden und Menschenrechte" erweiterte den bislang eher christlich-pazifistisch ausgerichteten Protest um die Forderungen nach einer freiheitlichen Demokratie, nach Toleranz und Anerkennung des Rechtes auf freie Meinungsäußerung, wie sie die Bürgerrechtsbewegungen in der ČSSR (Charta 77) und Polen (Solidarność) schon seit Längerem vertraten. Die bloße Weitergabe von Informationen galt als Landesverrat, alle Mitarbeiter von Forschungseinrichtungen wurden kurzerhand zu „Geheimnisträgern" gemacht, die einer Kontaktsperre zu Verwandten im Westen unterlagen.

Der Besitz westlicher Publikationen wurde bestraft, ein Katalog von Arbeitsvorschriften für westliche Berichterstatter erstellt, missliebige Journalisten ausgewiesen. Auch gegenüber der eigenen Bevölkerung zeigte sich die Tendenz der Überreaktion. Nach der **Ausbürgerung** des Liedermachers Wolf Biermann und dem Hausarrest für den Naturwissenschaftler und Systemkritiker Robert Havemann (1976) reagierte die SED mit Parteiausschlüssen, Berufsverboten und Drohungen gegen protestierende Schriftsteller wie Stefan Heym, Christa Wolf, Heiner Müller, Stephan Hermlin u. a. Die Entscheidung für rigorose Maßnahmen zeugt von einer realistischen Einschätzung der mangelnden Stabilität der DDR und der Reformunwilligkeit bzw. -unfähigkeit ihrer Führung.

Die Verbesserung der Beziehungen der beiden deutschen Staaten nach 1972 löste vermehrte Kontakte untereinander aus – 1978 wurden bereits über 3 Millionen Reisen in die DDR gezählt – und damit wuchs bei der Staatsführung die Sorge um die Stabilität des Staates. Daher wurde die wenige Jahre zuvor beschlossene Verfassung der DDR 1974 geändert und damit auch dem gewachsenen Selbstbewusstsein nach der Aufnahme der DDR in die UNO entsprochen. In Abgrenzung zur „bürgerlichen Nation" der Bundesrepublik sei die **„sozialistische Nation"** der DDR „fester Bestandteil der sozialistischen Staatengemeinschaft", „für immer und unwiderruflich" mit der Sowjetunion verbündet. Eine zusätzliche Rückversicherung erfuhr diese Politik durch den Abschluss eines neuen **Bündnisvertrages** mit der UdSSR im Oktober 1975.

Innerdeutscher Handel und Reiseverkehr

Folglich waren die vereinbarten **Pauschalzahlungen** im Transitverkehr und die Abminderung des Zwangsumtauschsatzes für Westbesucher nicht Ausdruck einer Öffnung, sondern einzig Resultat einer nüchternen Überlegung. Mit diesen Entgegenkommen konnte die Bundesregierung bewogen werden,

den zinslosen Überziehungskredit im **innerdeutschen Handel** („Swing“) zu erhöhen. Ein weiterer Vorteil für die DDR war es, fast die Hälfte der Bezüge aus dem Westen nicht mit Devisen, sondern mit eigenen Leistungen und Lieferungen verrechnen zu können. Der innerdeutsche Handel war für die DDR überlebenswichtig, da auf diesem Wege dringend benötigte Konsum- und Investitionsgüter importiert werden konnten. Er galt in der EWG und EG als **Binnenhandel** und wurde nach besonderen Bestimmungen abgewickelt, da er selbstständige und unterschiedliche Währungsgebiete betraf. Auf diese Weise kam die DDR in Genuss der Vergünstigungen von Mitgliedern der Gemeinschaft. Daher wurde der deutsch-deutsche Handel auch in Zeiten sich verhärtender Konfrontationen im beiderseitigen Interesse ausgebaut. So wurden zwar 1980 verabredete Besuche Bundeskanzler Schmidts in der DDR abgesagt, der Handel stieg aber weiterhin kräftig an. Die finanziellen Vorteile der Einnahmen aus Transitpauschale, Zwangsumtausch, der Abnahme von Müll und Abwässern und die direkten Zahlungen für den Ausbau der Transitwege beliefen sich 1980 auf ca. 2 Milliarden DM. Häftlingsfreikäufe (pro Häftling fast 100 000 DM), ein von Strauß (CSU) vermittelter **Milliardenkredit** und die Entschädigung für die Übernahme der S-Bahn durch West-Berlin waren weitere wichtige Einnahmequellen, um der ständig steigenden Verschuldung zu begegnen. Übersiedlungen aus der DDR, die unter erschwerten und unwürdigen Bedingungen in insgesamt 250 000 Fällen möglich waren, wurden in Form von Warenlieferungen bezahlt. Die Bundesrepublik konnte auf diesem Wege **Erleichterungen** im Reise- und Besucherverkehr erreichen und trug so ungewollt, aber sehenden Auges zur **Stabilisierung** des DDR-Systems bei. Andererseits wurde durch zahlreiche Ost-West-Begegnungen in Form von Städtepartnerschaften, Familien-, Rentner-, Forschungs- und Tagungsreisen die Mauer immer durchlässiger. Die bessere Kenntnis der Lebensbedingungen stärkte das Zusammengehörigkeitsgefühl der Deutschen, ohne die Teilung überwinden zu können.

Deutschlandpolitik der DDR

Nachdem die DDR ihr außenpolitisches Hauptziel, die Anerkennung durch die internationale Staatengemeinschaft, erreicht und als gleichberechtigtes Mitglied die Schlussakte von Helsinki unterzeichnet hatte, konnte sie sich kaum der **„Politik der kleinen Schritte“** der Bundesregierung entziehen. Die Treffen Honeckers mit Schmidt 1980 in Belgrad, 1981 am Werbellinsee, der Besuch Honeckers in Bonn 1987 werteten die DDR international weiter auf, stärkten das Selbstbewusstsein ihrer Führung und schufen in der Phase der NATO-Nachrüstung das Bewusstsein einer Verantwortungsgemeinschaft der beiden deutschen Staaten. In den 80er-Jahren kam es zu über 80 Begegnungen zwischen Honecker und bundesdeutschen Politikern. In der Sicht der DDR bildete der **Besuch Honeckers in Bonn** (September 1987) den Höhepunkt ihres langen Kampfes um Anerkennung als gleichberechtigter souveräner Staat.

Insgesamt waren vor allem die 80er-Jahre von einem friedlichen Miteinander beider deutscher Staaten geprägt, das sich durch das innerdeutsche Vertragsnetz tatsächlich zunehmend „gutnachbarlich“ entwickelte. Die „Journalistenverordnung“ von 1979 und die **Geraer Forderungen** Honeckers vom Oktober 1980 nach Anerkennung der DDR-Staatsbürgerschaft, Umwandlung der Ständigen Vertretungen in Botschaften, Auflösung der Zentralen Erfassungsstelle für Menschenrechtsverletzungen in der DDR bedeuteten zwar empfindliche Rückschläge in den innerdeutschen Beziehungen. Ihnen standen aber ein demonstrativer Entspannungswille und eine großzügigere Genehmigung von Ausreisen zu Besuchszwecken und Familienzusammenführungen gegenüber.

In den letzten beiden Jahrzehnten ihrer Existenz hatte sich die DDR in eine immer größere Abhängigkeit von der Bundesrepublik begeben, die als einziger Staat ein Interesse an der Vermeidung von Krisensituationen in der DDR hatte. Damit war das Hauptziel der SED, die deutsche Teilung für unwiderruflich und endgültig zu erklären, immer weniger erreichbar. Als die deutsche Frage im Herbst 1989 wieder auf der Tagesordnung stand, hatte sie keine praktikable Abwehrstrategie mehr entgegenzusetzen.

50er-Jahre	Strikte Planwirtschaft: → Ausbau der Grundstoff- und Schwerindustrie → mangelhafte Versorgung der Bevölkerung mit Konsumgütern	
Nach dem Mauerbau	Lockerung der Planwirtschaft: → Anschluss an die führenden Industrienationen → hoher Lebensstandard im Vergleich zu anderen Ostblockstaaten → Integration der Frauen in das Berufsleben	
70er- und 80er-Jahre	Hoffnung auf Liberalisierung des Systems: • Entspannungspolitik • Reformen Gorbatschows in der UdSSR → Ideologischer Starrsinn von Staats-/Parteiführung: • Verfolgung von Kritikern und Oppositionellen (Schikanen, Verhaftungen, Zwangsausbürgerungen); • Erziehung zur „sozialistischen Persönlichkeit“ (Massenorganisationen); Propaganda, Verbot von Westfernsehen	Vorbild des westlichen Lebensstandards: → Stagnation der DDR-Wirtschaft in den 80er-Jahren; Zweiklassengesellschaft: Privilegien für Parteifunktionäre Mangelwirtschaft: Waren minderer Qualität, oft nicht vorrätig, lange Lieferfristen und Wartezeiten, Wohnungsnot

Die Entwicklung in der DDR bis zur Wende

Chronologie	
18. Sept. 1973	Aufnahme beider deutscher Staaten in die UN
3. Okt. 1973	Willi Stoph wird Vorsitzender des DDR-Staatsrats
11. Dez. 1973	Deutsch-Tschechoslowakischer Vertrag
6. Mai 1974	Rücktritt Brandts wegen der Guillaume-Affäre
16. Mai 1974	Helmut Schmidt wird Bundeskanzler
1. Juli 1974	Walter Scheel wird Bundespräsident
7. Okt. 1974	Änderung der DDR-Verfassung („deutsche Nation“ getilgt)
1975–1981	Majdanek-Prozess in Düsseldorf
21. Mai 1975	Beginn der Baader-Meinhof-Prozesse
1. Aug. 1975	Schlussakte von Helsinki
1. Juli 1976	Mitbestimmungsgesetz in Kraft
29. Okt. 1976	Erich Honecker wird Staatsratsvorsitzender
7. April 1977	Die RAF ermordet Generalbundesanwalt Buback
30. Juli 1977	Ermordung des Bankiers Jürgen Ponto durch die RAF
5. Sept. 1977	Entführung und Ermordung von Arbeitgeberpräsident Hanns-Martin Schleyer
13.–18. Okt. 1977	Anschlag auf die Lufthansamaschine „Landshut“ in Mogadischu
12. Dez. 1979	NATO-Doppelbeschluss
11.–13. Dez. 1981	Treffen Schmidt-Honecker in der Schorfheide
25. März 1982	Neues Wehrdienstgesetz in der DDR
1. Okt. 1982	Konstruktives Misstrauensvotum gegen Schmidt: Helmut Kohl wird Bundeskanzler
6. März 1983	Bundestagswahlen bestätigen die christlich-liberale Koalition
19. Mai 1983	Flick-Untersuchungsausschuss wird eingesetzt
22. Nov. 1983	Bundestagsbeschluss zur Stationierung von Pershing-II-Raketen
26. April 1986	Reaktorunfall in Tschernobyl
6. Mai 1986	Kulturabkommen zwischen der Bundesrepublik und der DDR
7.–11. Sept. 1987	Staatsbesuch von Erich Honecker in der Bundesrepublik
12. Sept. 1987	Beginn der Barschel-Affäre

Der Zerfall des Ostblocks und die deutsche Einheit

Die Entwicklung in der DDR

Innenpolitische Entwicklung

Die durch Gorbatschow eingeleitete außenpolitische Öffnung traf bei der DDR-Führung zunächst auf Zustimmung, entsprach sie doch der bereits praktizierten Linie. Als dieser jedoch die innenpolitische Öffnung folgen sollte, sahen die Mitglieder des SED-Politbüros ihr Lebenswerk bedroht – eine durch scheindemokratische Beteiligung der Beherrschten geschönte Erziehungsdiktatur. Auch der übrige Parteiapparat **verweigerte** aus Furcht vor möglichen „Säuberungen" eine **Übernahme der Reformideen**. Die SED-Führung versuchte sogar, Gorbatschows Politik als einen „Nachholbedarf der rückständigen UdSSR gegenüber der fortschrittlicheren DDR" zu diskreditieren. Wenn der Nachbar die Wohnung neu tapeziere, müsse man nicht das Gleiche tun, kommentierte ein Politbüro-Mitglied. Um eine öffentliche Diskussion mit nicht absehbaren Folgen zu verhindern, wurden russische Zeitschriften, die sich kritisch mit dem Sozialismus auseinander setzten, verboten.

Anders als die Parteikader reagierte die Bevölkerung, vor allem die jüngere Generation, **positiv** auf Gorbatschows Initiative. Da das gesellschaftliche Leben in der DDR für Opposition keinen Freiraum bot, wandten sich Jugendliche, Alternative, Umwelt-, Friedens- und Bürgerrechtsgruppen den **Kirchen** zu,

Bei seinen Besuchen in der DDR drängte KPdSU-Generalsekretär Gorbatschow auf längst überfällige Reformen.

auch wenn sie der religiösen Institution Kirche fern standen. Diese hoffte ihrerseits kirchenferne Menschen zu gewinnen, wollte sie zumindest nicht abweisen und bot im Rahmen von kirchlichen Veranstaltungen wie dem „Montagsgebet“ Raum für politische Aktivitäten, sodass sich trotz staatlicher Behinderungen und Bespitzelung die Oppositionsbewegung organisieren konnte.

Der Konflikt spitzte sich im Mai 1989 anlässlich der **Kommunalwahlen** in der DDR zu. Kirchliche Gruppen riefen zum Wahlboykott auf, da die „Einheitsliste“ belege, dass die Wahl nicht demokratischen Prinzipien entspreche. Angesichts der drohenden Repressalien spricht es von gewachsenem Selbstbewusstsein und dem beginnenden Zerfall der staatlichen Autorität, dass nach der Wahl Vorwürfe wegen Wahlbetrugs erhoben und Anzeigen wegen Wahlfälschung erstattet wurden.

Massenflucht und Demonstrationen

Honecker weigerte sich, dem dringenden Rat Gorbatschows nach Einleitung von Reformen („Wer zu spät kommt, den bestraft das Leben!“) zu folgen, den dieser bei seinem Besuch in Ost-Berlin aus Anlass des 40. Jahrestages der DDR am 6./7. Oktober 1989 ausgesprochen hatte, und machte damit die letzte Hoffnung auf Reformbereitschaft und -fähigkeit der SED-Führung zunichte. Als die reformkommunistische ungarische Regierung die Sicherungsmaßnahmen an ihrer Grenze nach Aufhebung der Breschnew-Doktrin abbaute, reisten immer mehr Menschen nach Ungarn, um über die „grüne Grenze“ nach Österreich zu gelangen. Die **Flüchtlingsbewegung** nahm im Sommer 1989 Ausmaße an – über 25 000 Menschen nutzten dieses Schlupfloch –, die den Kollaps der DDR-Wirtschaft befürchten ließen. Der einseitige ungarische Schritt – die DDR-Führung war darüber nicht informiert worden – offenbarte die **Hilflosigkeit und Handlungsunfähigkeit der Staats- und Parteiführung** und die zunehmende Hoffnungslosigkeit verstärkte die Fluchtbewegung („Wir wollen raus!“). Allein im Sommer 1989 stellten über 120 000 Menschen einen Ausreiseantrag. Viele flohen auf das Gelände der deutschen Botschaften in Prag und Warschau und konnten nach zähen Verhandlungen mit Zügen über die DDR in die Bundesrepublik ausreisen.

Auf der anderen Seite war dies der Zeitpunkt, an dem sich die im Land verbleibenden oppositionellen Kräfte auch politisch zu formieren begannen („Wir bleiben hier!“). Neu gegründete Parteien wie „Neues Forum“, „Demokratischer Aufbruch“, „Demokratie Jetzt“ und die „Sozialdemokratische Partei in der DDR“ entwarfen eine **oppositionelle Alternative zum SED-Regime** mit schonungsloser Bestandsaufnahme und Programmansätzen für eine Reform von innen. Die größte Wirkung entfaltete aber der Protest auf den Straßen in allen

Städten der DDR. Er erreichte besonders in Leipzig mit über 500 000 Teilnehmern auf den **Montagsdemonstrationen** ein Ausmaß, gegen das nur noch der Einsatz von sowjetischem Militär oder ein Nachgeben möglich war.

Gorbatschow bezeichnete die Ereignisse jedoch strikt als innere Angelegenheit der DDR und verweigerte einen möglichen Einsatz sowjetischer Truppen gegen die Demonstranten. Doch die Reformunwilligkeit Honeckers stärkte die innerparteiliche Opposition unter **Egon Krenz** und **Hans Modrow**, die Honecker am 18. 10. zum Rücktritt zwingen konnten. Krenz wurde zum neuen Generalsekretär der SED, Modrow zum Ministerpräsidenten ernannt.

Öffnung der Mauer

Die Bereitschaft von Staats- und Parteiführung zu Reformen kam zu spät. Die Proteste nahmen eine Richtung („Wir sind das Volk!"), die auf eine völlige Beseitigung des SED-Regimes abzielte. Angesichts einer scheinbar völlig reformunwilligen Führung beschleunigte sich die Massenflucht – insgesamt hatten 1989 bis zum Fall der Mauer 225 000 Menschen die DDR verlassen – und bereitete sogar der Bundesrepublik Probleme bei der Aufnahme der Flüchtlinge. Bonn drang daher in Ost-Berlin auf Regelungen für einen „geordneten Ausreiseverkehr". Den Entwurf für ein solches **Reisegesetz** präsentierte Politbüro-Mitglied Günter Schabowski am **9. 11. 1989** der Presse. Danach konnte jeder DDR-Bürger ab dem nächsten Morgen ohne Vorbedingungen ein Visum für die sofortige Reise ins Ausland erhalten. Damit waren die **Grenzen praktisch offen**, noch in der gleichen Nacht wurden an den Grenzkontrollstellen in Berlin alle Personen durchgelassen, die vom Ost- in den Westteil der Stadt wechseln wollten. In ausgelassener Freude wurde an diesem und den folgenden Tagen auf den Straßen Berlins die Wiedervereinigung gefeiert. Vorläufiger Höhepunkt war die Öffnung des Brandenburger Tors, die US-Präsident Reagan einige Jahre zuvor – damals von vielen belächelt – gefordert hatte.

Der Weg in die Vereinigung

Am Beginn der Demonstrationen hatte der Wunsch nach Reformen gestanden. Daran knüpften sich Forderungen nach einer personellen Erneuerung in Staat und Partei, die letztlich den SED-Führungsspruch infrage stellten. Die Existenzberechtigung der DDR wurde bis zum Fall der Mauer nicht in Zweifel gezogen. Mit der neuen Freiheit wurde nun schlagartig die Vereinigung der deutschen Staaten zum Thema. In den nächsten Wochen reisten die meisten der DDR-Bürger zum Besuch nach Westdeutschland. Es bildeten sich lange Schlangen vor den Banken, die ein Begrüßungsgeld ausgaben, mit dem erste Konsumwünsche erfüllt werden konnten. Die Protestbewegung spaltete sich in Befürworter und Gegner einer politischen Wiedervereinigung. Aus der Parole

Die Montagsdemonstrationen machten deutlich, dass sich die Bevölkerung der DDR nicht mit kosmetischen Kurskorrekturen und personellen Umbesetzungen in der Regierung zufrieden geben würde. Die „Wende“ war absehbar geworden.

„Wir sind das Volk!“ wurde „Wir sind ein Volk!“. Mit dieser **„Wende in der Wende“** sollte das „zusammenwachsen, was zusammengehört“ (Willy Brandt).

Nach der Wahl Modrows zum Ministerpräsidenten versuchten die Reformkräfte in der SED die Existenz der DDR mit ihrer **Umgestaltung** zu sichern. Eine wirtschaftliche und finanzielle Sanierung des Staates war überlebenswichtig, um die Wettbewerbsfähigkeit gegenüber der Bundesrepublik zu erhöhen und damit eine weitere Bevölkerungsabwanderung zu verhindern. Aber neben dem Vertrauensverlust der Bevölkerung waren die ökonomischen Voraussetzungen denkbar schlecht. **Die DDR war bankrott**. Das Haushaltsdefizit betrug 120 Milliarden DM, die Auslandsverschuldung 20 Milliarden US-Dollar, die Produktivität war seit 1980 um die Hälfte gesunken. Ohne wirtschaftliche Unterstützung des Westens war keine Umgestaltung möglich.

Modrow hoffte daher, in einer **Vertragsgemeinschaft** zwischen den beiden deutschen Staaten von der EU und der Bundesrepublik massive wirtschaftliche Unterstützung zu erhalten, konnte aber seine Vorstellungen infolge der weiterhin hohen Massenflucht der Bevölkerung und der von Bonner Seite vorgetragenen Pläne (Zehn-Punkte-Plan) in der ihm noch zur Verfügung stehenden Zeit nicht realisieren. Erhoffte Zusagen blieben aus und die Sowjetunion widersprach unter dem Eindruck der sich weiter verschlechternden Wirtschaftslage einer Wiedervereinigung nicht mehr. Daher trat Modrow Ende Januar 1990 mit Billigung der Gremien einer inzwischen personell erneuerten und in SED-PDS umbenannten Partei mit einem Plan zur Bildung eines in einer **Konföderation** vereinigten Deutschlands an die Öffentlichkeit. Dieser Plan, der an die sowjetischen Vorschläge der 50er-Jahre erinnerte, wurde durch den sich beschleunigenden Zerfall der DDR hinfällig.

Institutionalisierung der Opposition

Während der Auflösung von Staats- und Polizeimacht richtete sich der Zorn der Bevölkerung besonders gegen den **Staatssicherheitsdienst** (Stasi). Sie hatte mit einem lückenlosen Überwachungssystem durch hauptamtliche und „inoffizielle Mitarbeiter“ (IM) alle Bereiche des Lebens kontrolliert und terrorisiert. Nach dem Sturz des Leiters Erich Mielke besetzten Demonstranten überall die Stasi-Zentralen, um die Vernichtung der Akten zu verhindern.

Die neuen politischen Kräfte waren bereits Ende 1989 an der politischen Macht beteiligt worden. In einem nach polnischem Vorbild organisierten **Runden Tisch** bildeten sie ein Korrektiv und Gegengewicht zur staatlichen Regierungsgewalt und zur alten Volkskammer. Als erste Maßnahmen wurden die Ausarbeitung einer **Verfassung und Neuwahlen** zur Volkskammer beschlossen. In die Regierung der Nationalen Verantwortung entsandte der „Runde Tisch“ acht Minister. Nach seinem Vorbild wurden in vielen Städten der DDR „Runde Tische“ eingerichtet, die zahlreiche Belange des öffentlichen Interesses in die Hände nahmen.

Die alten Blockparteien der DDR lösten sich zunehmend aus der Umklammerung durch die SED und bemühten sich mithilfe der westdeutschen Parteien um ein eigenständiges Profil. In der **Volkskammerwahl** vom 18. 3. 1990, die bereits durch das Angebot einer Währungsunion beeinflusst war, stimmten die DDR-Bürger mit großer Mehrheit gegen den bestehenden Staat. Die Parteien der von den Christdemokraten unterstützten „Allianz für Deutschland“ erhielten fast die Hälfte der Stimmen. Das Ergebnis war eine klare Absage an jegliche Form des Sozialismus und eine unüberhörbare Aufforderung nach rascher Wiedervereinigung und Marktwirtschaft.

Der Vorsitzende der CDU, **Lothar de Maizière**, wurde am 12. 4. 1990 für die letzten Monate der DDR zum **Ministerpräsidenten** einer Koalition mit Liberalen und Sozialdemokraten gewählt und führte die Verhandlungen zur staatlichen Einheit.

Die Bundesrepublik und die Wiedervereinigung

Reaktion auf die Ereignisse in der DDR

Die Ereignisse in der DDR im Herbst 1989 trafen den Westen unvorbereitet. Mit der Politik Gorbatschows war zunächst nur die Hoffnung auf einen Wandel in der Weltpolitik verbunden gewesen. Erst die beginnende Massenflucht über Ungarn und in noch stärkerem Maße die über die deutsche Botschaft in Prag verdeutlichten der deutschen Öffentlichkeit und den Politikern, dass das Aufbegehren der Oppositionellen, der wachsende Protest und die Demonstrationen von Hunderttausenden auch die Bundesrepublik betrafen. Waren zunächst noch die finanziellen Belastungen, die sich aus der Aufnahme der Flüchtlinge ergaben, das Hauptproblem, erkannte vor allem Bundeskanzler Kohl in den ersten Wochen nach Öffnung der Mauer die in der Entwicklung liegende **Chance auf Wiedervereinigung**.

Bei der Verwirklichung dieser Chance musste die Bundesregierung innen- und außenpolitisch behutsam operieren: Während in den USA die Entwicklung mit Genugtuung über das nahe Ende des Kommunismus betrachtet wurde, dominierte auf französischer und britischer Seite die Sorge über die **europapolitischen Risiken** der deutschen Wiedervereinigung. Daher versicherte Kohl der WEU, keinen „nationalen Alleingang" in der Außenpolitik unternehmen zu wollen, und gab gegenüber Polen eine Garantie der deutschen Ostgrenze ab. Dem innenpolitischen Vorwurf der Passivität gegenüber dem Umbruch in der DDR vonseiten der SPD und konservativer Wähler begegnete er mit einem **Zehn-Punkte-Plan**, der von Sofortmaßnahmen über eine Modrows Vorschlag aufgreifende deutsche Konföderation bis zur Möglichkeit einer deutschen Wiedervereinigung nach freien Wahlen reichte. Kohl konnte sich aber bei einem Besuch in Dresden selbst überzeugen, dass die Parole **„Deutschland einig Vaterland"** ein noch schnelleres Vorgehen möglich machte. Bedenken der USA und der Sowjetunion räumte er mit dem Argument aus, dass bei einer Verschleppung der Entwicklung die Ereignisse in der DDR unkontrollierbar werden könnten.

Um die Befürchtungen der europäischen Staaten über ein größeres und mächtigeres Deutschland zu entkräften, entwickelte die Bundesregierung eine Strategie, die im Wesentlichen fünf Zielbereiche umfasste:

- Beschränkung und Kontrolle der wirtschaftlichen und politischen Macht Deutschlands durch eine europäische Wirtschafts- und Währungsunion,
- Beschränkung und Atomverzicht der deutschen Streitkräfte,
- Aufbau eines vertrauensvollen bilateralen Verhältnisses zur Sowjetunion,

- definitive Anerkennung der Oder-Neiße-Linie als Westgrenze Polens,
- Mitwirkung bei der Bildung neuer Formen und Institutionen einer gesamteuropäischen Zusammenarbeit.

Vertragliche Regelung der Wiedervereinigung

Die desolate Finanzlage der DDR erforderte als ersten Schritt zur Wiedervereinigung eine Anpassung der **Währung**. Gegen Warnungen von Finanzminister Waigel und Bundesbankpräsident Pöhl vor den Risiken eines solchen Schrittes kündigte Kohl diese am 7. 2. 1990 für den schnellstmöglichen Zeitpunkt an und versprach einen Umtauschkurs von 1:1 für kleinere Sparguthaben.

Die Einführung der DM in Ostdeutschland konnte allerdings nur dann erfolgreich sein, wenn damit auch die Übernahme der westdeutschen Wirtschaftsordnung sowie der Wirtschafts- und Finanzpolitik für die DDR verbunden war. Dieser Schritt erfolgte mit der **Wirtschafts- und Währungsunion** am 1. 7. 1990. Der Umtauschkurs von 1:1 betraf alle Löhne, Gehälter, Pensionen und Sparguthaben bis zu gestaffelten Höchstgrenzen und barg damit finanzpolitische Stabilitätsprobleme. Die Umstellung auf **Privatbesitz** wurde vertraglich verankert, jedoch wurden Ansprüche früherer Eigentümer und die Reprivatisierung verstaatlichten Besitzes erst im Nachhinein geregelt. Ein „Fonds Deutsche Einheit" in Höhe von 155 Milliarden DM wurde zur Angleichung der **Lebens- und Beschäftigungsverhältnisse** eingerichtet.

Daneben wurden die vertraglichen Regelungen über die Herstellung der Einheit Deutschlands **(Einigungsvertrag)** ausgearbeitet. Umstritten waren vor allem zwei Punkte: Das rechtliche Verfahren der Wiedervereinigung und die Eigentumsfrage.

In der Frage, wie die Wiedervereinigung geregelt werden solle, gab es nach den Bestimmungen des Grundgesetzes zwei mögliche Wege:

- Inkrafttreten einer neuen Verfassung, die vom deutschen Volk in freier Entscheidung beschlossen wird (Art. 146 GG), oder
- **Übernahme der Verfassung in Beitrittsländern** (Art. 23 GG).

Diese zweite Möglichkeit war nicht nur die unkompliziertere, sondern sie wurde auch vom weitaus überwiegenden Teil der Bevölkerung in Ost und West befürwortet. Eine Minderheit, die eine „Annexion" der DDR durch Bonn befürchtete, konnte sich nicht durchsetzen. Auch die DDR-Volkskammer schloss sich der Regelung nach Art. 23 GG im August 1990 an. Mit Wirkung vom **3. Oktober traten** die Länder Brandenburg, Mecklenburg-Vorpommern, Sachsen, Sachsen-Anhalt und Thüringen der Bundesrepublik Deutschland bei. Berlin – jahrzehntelang Brennpunkt der Ost-West-Auseinandersetzungen – erfuhr analog zur gesamtdeutschen eine „kleine Wiedervereinigung". In

Am 3. Oktober 1990 wurde, 45 Jahre nach Kriegsende und 41 Jahre nach der staatlichen Teilung, mit dem Beitritt der DDR zur Bundesrepublik die Vereinigung der beiden deutschen Staaten vollzogen und in ganz Deutschland gefeiert.

der Eigentumsfrage war festgelegt worden, Enteignungen aus der Zeit vor Gründung der DDR nicht rückgängig zu machen, nach 1949 enteigneten Besitz dagegen nach dem Prinzip „Rückgabe vor Entschädigung" zu behandeln. Zugleich wurden alle in der Bundesrepublik geltenden Gesetze und Bestimmungen zur sozialen Marktwirtschaft und des Sozialrechts auf das Beitrittsgebiet übertragen. Weitere Punkte regelten die Übernahme der kulturellen Verpflichtungen und die Anerkennung der beruflichen sowie der Bildungsabschlüsse.

In der **Hauptstadtfrage** entschied sich eine Bundestagsmehrheit in einer hart umkämpften Abstimmung am 20. 6. 1991 für den Umzug nach **Berlin**. Damit war die innere Einheit Deutschlands formal wieder hergestellt.

Verhandlungen mit den vier Mächten

Zeitgleich mit der Ausarbeitung des Einigungsvertrages waren Verhandlungen mit den vier Mächten erforderlich. Diese besaßen seit 1945 wegen des fehlenden Friedensvertrages immer noch de jure Vorbehaltsrechte für Deutschland als Ganzes. Nur mit ihrer Zustimmung war die Wiedervereinigung möglich, die schließlich Auswirkungen auf die gesamte europäische Ordnung hatte.

Allerdings hatten Frankreich und Großbritannien zum Teil erhebliche Vorbehalte gegen ein starkes geeintes Deutschland. Angst vor wirtschaftlicher bzw. politischer Hegemonie und ein traditionelles Gleichgewichtsdenken bestimmten ihre Überlegungen. Die britische Premierministerin Thatcher sprach sich sogar offen gegen die Wiedervereinigung aus. Dagegen unterstützten der amerikanische Präsident Bush und sein Außenminister Baker die Wiedervereinigung, um eine Schwächung der NATO durch das Ausscheiden einer dem westlichen und dem östlichen Lager verbundenen, „neutralisierten" deutschen Konföderation zu verhindern. Mit der Einbindung des wiedervereinigten Deutschlands in die NATO und die europäischen Institutionen sind diese Bedenken ausgeräumt worden. Die Sowjetunion war angesichts der eigenen Instabilität und der Auflösung des SED-Regimes nicht in der Lage, Alternativen vorzulegen. Die Zusage von Finanzhilfen bei der Rückführung der sowjetischen Truppen erleichterte Gorbatschows Zustimmung zur Wiedervereinigung und zum Truppenabzug. Bundeskanzler Kohl konnte daher unter Hinweis auf den raschen Gang der Ereignisse und das Selbstbestimmungsrecht der Deutschen Verhandlungen der vier Mächte mit der Bundesregierung einfordern. Im Februar 1990 wurden in Ottawa **Zwei-plus-vier-Konferenzen** vereinbart. Im **Vertrag über die abschließende Regelung im Bezug auf Deutschland** vom 12. 9. 1990 wurden die bestehenden Grenzen als rechtsgültig festgeschrieben, Deutschland als Ganzes anerkannt, seine Streitkräfte auf konventionelle Waffen und 370 000 Mann begrenzt. Im Gegenzug sicherten die vier Mächte dem vereinten Deutschland die volle Souveränität, den Abzug der sowjetischen Truppen, den Verzicht auf die Stationierung von Atomwaffen und die Beendigung der Viermächte-Verantwortung zu. Als Teil einer neuen europäischen Ordnung hatte Deutschland endlich als Ganzes volle staatliche Souveränität erhalten und war mit allen Rechten und Pflichten in Europa verankert.

Revolution – Reformation – Zusammenbruch?

In der Bewertung der Ereignisse 1989/90 gab und gibt es noch heute divergierende Meinungen. Während im Herbst 1989 auch DDR-Bürger von einer **Revolution** sprachen, so deuten doch die Attribute „gewaltfrei" und „friedlich" schon auf eine Relativierung, auf andere Möglichkeiten der Interpretation hin. Die mangelnde Gegenwehr des DDR-Regimes gegenüber den immer weiter fortschreitenden Forderungen der Demonstranten lässt eher auf eine **Aushöhlung der bestehenden Verhältnisse** schließen. Ihre allmähliche Umwandlung, wie sie in den Ländern Osteuropas erfolgte, war wiederum durch die Nachbarschaft zum westlichen Deutschland, zum Vorhandensein einer greifbaren Alternative kaum möglich. Angesichts der eigenen desolaten Lage entschloss sich die Bevölkerung für das politische System der Bundesrepublik. Für einen eigenen Neuanfang fehlten die Möglichkeiten. Erst 1990 prägte der bis dahin passive Teil der Bevölkerung durch seine Teilnahme an Wahlen aktiv die weitere Entwicklung. Folglich wäre eher die Phase bis zum Fall der Mauer als revolutionär, die folgende als eine der zunehmenden Umgestaltung mit demokratischen Mitteln zu bezeichnen.

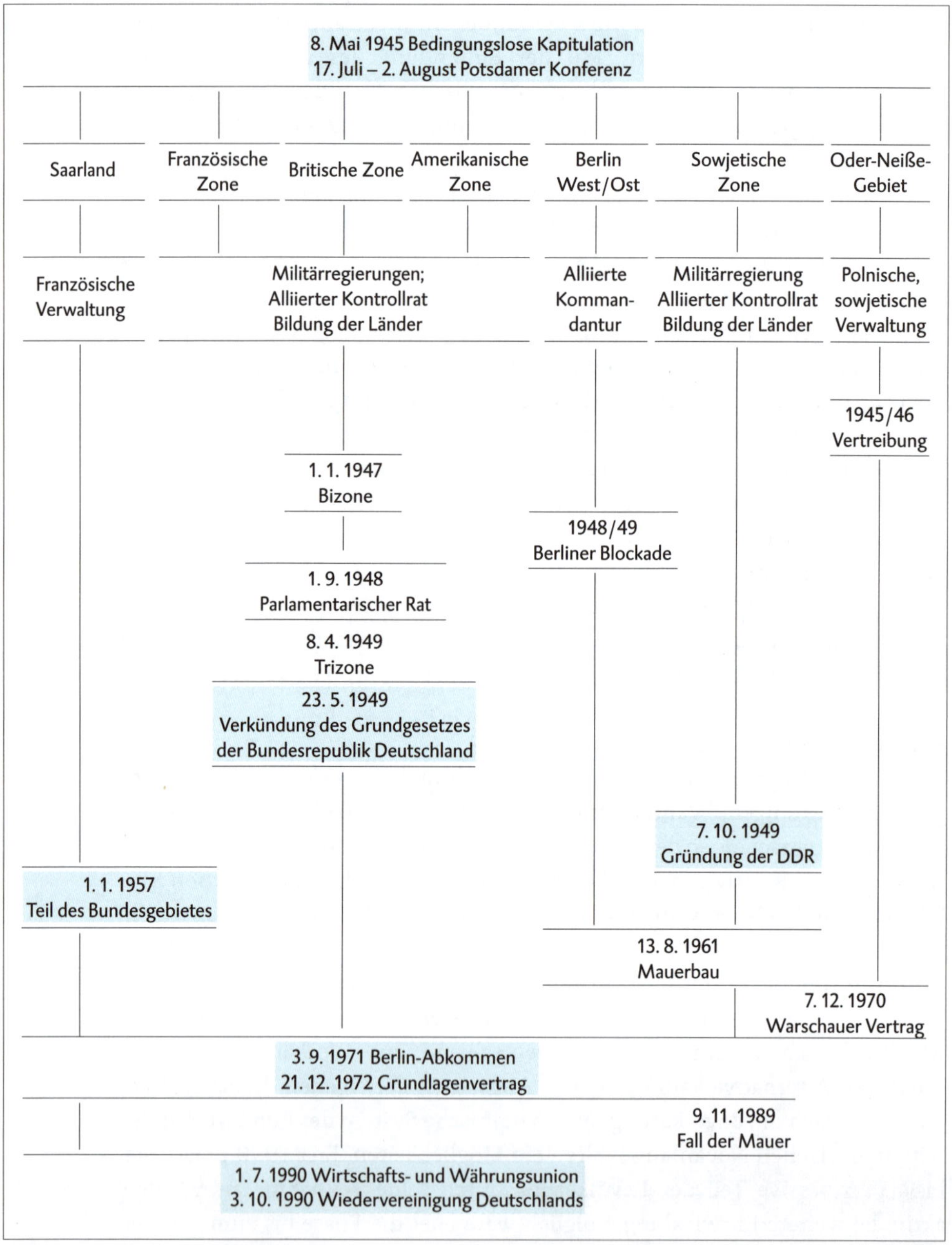

Die Wiederherstellung der deutschen Einheit

Die Herstellung der Einheit

Politische Entwicklung

Einen Tag nach der Wiedervereinigung, am 4. 10. 1990, trat der erste gesamtdeutsche Bundestag im Berliner Reichstagsgebäude zusammen, am 9. 11. 1990 konstituierte sich der erste gesamtdeutsche Bundesrat in Berlin. Die sich sofort anschließenden **ersten freien gesamtdeutschen Bundestagswahlen** entschied die CDU/CSU-FDP-Koalition mit deutlicher Mehrheit für sich, die Wahlen 1994 dagegen nur noch äußerst knapp. In den „neuen Ländern" machte sich zunehmend Enttäuschung über das Ausbleiben schneller ökonomischer Erfolge breit. Das Gefühl vieler Ostdeutscher, ihre Lebensleistungen nicht gebührend gewürdigt zu sehen, die gegenüber Westdeutschland geringeren Löhne und Gehälter und vor allem die steigende Arbeitslosigkeit führten zu einer **Wählerwanderung** von der CDU zur SPD und zur erstarkenden SED-Nachfolgepartei PDS.

Zugleich machten sich in der Regierungskoalition die programmatischen und personellen Verschleißerscheinungen nach 1 ½ Jahrzehnten Regierung bemerkbar. Auch die Weigerung Kohls, einem Nachfolger Platz zu machen, erhöhte den Wählerverdruss.

Mit einer klaren Koalitionsaussage und dem Versprechen von Reformen entschieden die SPD und Bündnis 90/Die Grünen 1998 die Bundestagswahl für sich. Bundeskanzler wurde **Gerhard Schröder** (SPD), Außenminister **Joschka Fischer** (Bündnis 90/Die Grünen), dem es gelungen war, die Positionen der „Realos" in seiner Partei gegen die der „Fundis" durchzusetzen. Die CDU erlebte nach der Bundestagswahl mit dem Aufdecken eines Parteispenden-Skandals einen drastischen Vertrauensverlust, in dessen Folge **Angela Merkel** im April 2000 zur CDU-Vorsitzenden gewählt wurde.

Die „neue" Hauptstadt Berlin: Das Brandenburger Tor wurde zu einem Symbol der Wiedervereinigung Deutschlands. Einen Tag danach, am 4. 10. 1990, trat der erste gesamtdeutsche Bundestag im Berliner Reichstagsgebäude zusammen.

Nach der Bundestagswahl 1999 zogen Bundestag, Bundesrat und die meisten Ministerien aus Bonn nach Berlin um. Seither tagt der Deutsche Bundestag im ehemaligen Reichstagsgebäude.

Umbau der staatlichen Institutionen

Die staatlichen Aufgaben und Leistungen im Rahmen der Wiedervereinigung sind beeindruckend. Die Übernahme der staatlichen und politischen Strukturen erforderte die grundlegende Umstrukturierung und den Neuaufbau aller staatlichen Institutionen und Einrichtungen im Beitrittsgebiet. Mit der Aufbauhilfe vieler in den Osten entsandter westdeutscher Fachleute wurden Verwaltungen, Justiz und Polizei institutionell und personell den westdeutschen Strukturen und dem Rechtssystem der Bundesrepublik angeglichen. Die **Nationale Volksarmee** (NVA) wurde „abgewickelt", geeignete Offiziere und Unteroffiziere in die Bundeswehr übernommen. Da aufgrund des Zwei-plus-Vier-Vertrages die Truppenstärke der gesamtdeutschen Streitkräfte drastisch reduziert werden musste, ging damit auch im Westen ein erheblicher Personalabbau einher. Für die Aufarbeitung des DDR-Unrechts wurde das Amt des Beauftragten für die Unterlagen der DDR-Staatssicherheit geschaffen, die zumindest bis 2019 arbeiten soll. Roland Jahn ist nach Joachim Gauck und Marianne Birthler bereits der dritte ehemalige DDR-Bürgerrechtler als Amtschef.

Wirtschaftliche Entwicklung

Die wirtschaftlichen Auswirkungen der Wiedervereinigung wurden schon frühzeitig sehr zwiespältig eingeschätzt. Das Bild von den „blühenden Landschaften", das Bundeskanzler Kohl im Wahlkampf 1990 zeichnete, war die Vorstellung einer vollendeten Angleichung der Lebens- und Arbeitsbedingungen, für dessen Verwirklichung Experten die Zeitdauer einer Generation ansetzten. Vor allem aber für die wirtschaftlichen und finanziellen Regelungen gab es kaum eine realistische Alternative angesichts der Forderung „Kommt die DM nicht zu uns, so kommen wir zu ihr!" Andererseits war der **Zusammenbruch der ostdeutschen Wirtschaft** infolge der „Schocktherapie" sicherlich vorherzusehen. Die Ineffizienz der maroden, fast ausschließlich aus der Substanz wirtschaftenden, personell überbesetzten und mit Verlusten arbeitenden Betriebe mit veralteter Ausstattung und desolater Infrastruktur wurde aber erst nach der Einigung in ganzer Schärfe sichtbar. Die Anpassung der ostdeutschen Wirtschaft an die neuen politischen und ökonomischen Bedingungen und damit die Privatisierung des staatlichen Grundbesitzes und der Kombinate mit fast 13 000 Unternehmen war der **Treuhandanstalt** (1995–2000 Bundesanstalt für vereinigungsbedingte Sonderausgaben BvS) übertragen worden.

Für jede privat investierte DM mussten beim Kauf eines ostdeutschen Unternehmens drei DM staatlicher Zuschuss gezahlt werden. Insgesamt sind mit dem Fonds Deutsche Einheit (1990-1994), Solidarpakt I (1995-2004) und Solidarpakt II (seit 2005) seit 1990 ca. 1 500 Milliarden Euro in Form von direkten Zuweisungen, Steuerzuweisungen, über den Länderfinanzausgleich sowie über private Investitionen in der Industrie für den **Aufbau Ost**, vor allem über Transfers in die Sozialsysteme, aufgewendet worden. Aber trotz öffentlicher **Stützungs- und Arbeitsbeschaffungsprogramme** (ABM) ist die wirtschaftliche Lage im Osten weiterhin durch mangelnde Investitionsbereitschaft der Privatwirtschaft gekennzeichnet. Die **Arbeitslosigkeit** stieg bereits Anfang der 90er-Jahre weit über 15% und liegt immer noch über dem Westniveau. Nur wenige „Leuchttürme" haben die Deindustrialisierung und die Demontage der industriellen Kerne Ostdeutschlands überstanden.

Dem Vorwurf vieler Ostdeutscher, der Westen und die „Besser-Wessis" hätten den Osten „platt gemacht", stehen jedoch die Wohlstandssteigerung in den neuen Bundesländern und die tatsächlichen Aufbauleistungen gegenüber. Durch die von der öffentlichen Hand erbrachten Leistungen wurde fast die gesamte **Infrastruktur** der ehemaligen DDR saniert. Wasser-, Gas-, Strom-, Kanalisations- und Kommunikationsleitungen wurden erneuert, mit den **Verkehrsprojekten Deutsche Einheit**, dem Ausbau des Straßen-, Wasserstraßen- und Schienennetzes wurde der Osten nicht nur an den Westen angeschlossen, sondern zugleich auf den technologisch neuesten Stand gebracht. Die Einführung der westdeutschen DM im sogenannten späteren Beitrittsgebiet Monate vor der Wiedervereinigung ermöglichte die Erfüllung lang entbehrter Konsumwünsche und Reisen.

Als Folge dieser Entwicklungen erlebten die neuen Bundesländer u. a. einen drastischen Rückgang der Geburtenquote und eine hohe **Abwanderung** vor allem jüngerer Menschen. Damit einher geht eine Überalterung ihrer Bevölkerungsstruktur.

Chronologie	
7. Mai 1989	Kommunalwahlen in der DDR
12.–15. Juni 1989	Gorbatschow zum Staatsbesuch in der Bundesrepublik
Aug./Sept. 1989	DDR-Bürger besetzen Botschaften in Prag, Budapest und Warschau sowie die ständige Vertretung der Bundesrepublik in Ost-Berlin
11. Sept. 1989	Ungarn öffnet seine Grenze nach Österreich für DDR-Ausreisende
7. Okt. 1989	40-Jahr-Feier der DDR, Stasi geht gegen Demonstranten vor
18. Okt. 1989	Ablösung Honeckers als SED-Generalsekretär durch Egon Krenz
9. Nov. 1989	Die DDR öffnet die Grenzen zur Bundesrepublik und zu West-Berlin
13. Nov. 1989	Die Volkskammer wählt Hans Modrow zum Ministerpräsidenten
18. März 1990	Erste demokratische Wahl zur Volkskammer der DDR
12. April 1990	Wahl Lothar de Maizières zum Ministerpräsidenten der DDR
1. Juli 1990	Währungs-, Wirtschafts- und Sozialunion tritt in Kraft
23. Aug. 1990	Die Volkskammer beschließt Beitritt zur Bundesrepublik zum 3. Oktober
12. Sept. 1990	Abschluss der „Zwei-plus-vier-Gespräche“. Souveränitätsvertrag in Moskau unterzeichnet
3. Okt. 1990	Wiedervereinigung Deutschlands: Staatsakt in Berlin
14. Okt. 1990	Landtagswahlen in den fünf neuen Bundesländern
14. Nov. 1990	Deutsch-polnischer Grenzvertrag
2. Dez. 1990	Erste gesamtdeutsche Bundestagswahlen
20. Juni 1991	Der Deutsche Bundestag bestimmt Berlin zum Regierungssitz
26. Mai 1993	Der Bundestag beschließt Solidarpakt zum Aufbau der neuen Länder
31. Aug. 1994	Verabschiedung der russischen Truppen aus Deutschland
16. Okt. 1994	Wahlsieg der CDU/CSU-FDP-Koalition
21. Jan. 1997	Deutsch-tschechische Erklärung über die gegenseitigen Beziehungen und deren künftige Entwicklung
Juli 1997	„Jahrhundert-Hochwasser“ an der Oder
27. Sept. 1998	Wahlsieg der SPD und ihres Kanzlerkandidaten Schröder
25. Febr. 1999	Der Bundestag stimmt einem Engagement der Bundeswehr im Kosovo zu
23. Mai 1999	Wahl von Johannes Rau zum Bundespräsidenten
seit 1. Juli 1999	Bundestag in Berlin
1. Juli 1999	Vereidigung von Johannes Rau zum Bundespräsidenten
10. April 2000	Angela Merkel wird Bundesvorsitzende der CDU

Die europäische Integration

Der Weg zur Europäischen Gemeinschaft

Die **Idee eines vereinigten Europas** (Paneuropa-Union von Coudenhove-Kalergi, deutsch-französische Verständigung durch Stresemann und Briand) war nach dem Ersten Weltkrieg gegen den Widerstand der nationalen Kräfte nicht durchsetzbar. Nach 1945 aber stellten die immensen materiellen Verluste im Zweiten Weltkrieg, das Katastrophenerlebnis der Selbstzerstörung der europäischen Staaten und eine veränderte weltpolitische Konstellation Herausforderungen dar, denen nach der Überzeugung vieler Europäer nur mit einem Prozess der europäischen Integration zu begegnen war. In der Zusammenfassung aller Kräfte der demokratischen Staaten Westeuropas konnte der wirtschaftliche Wiederaufbau realisiert, Deutschland in die europäische Staatengemeinschaft eingegliedert und zugleich dem expansiven Sowjetkommunismus entgegengetreten werden. Der ehemalige britische Premier Winston Churchill griff diesen Gedanken 1946 auf, forderte die **„Vereinigten Staaten von Europa"** und schlug als ersten Schritt die Bildung eines Europarats vor. Während in der Folgezeit die britische Regierung eher die Zusammenarbeit zwischen den Regierungen stärken und am System der eigenverantwortlichen Nationalstaaten festhalten wollte, gingen die Vorstellungen vor allem in Kontinentaleuropa darüber hinaus: Ihr Ziel war die Schaffung einer über den europäischen Staaten

Architekten eines vereinten Europas: Adenauer und der britische Premier Churchill.

stehenden (supranationalen) Ordnung. Die Befürworter dieser Konzeption waren der italienische Ministerpräsident Alcide de Gasperi, der französische Außenminister Schuman und nicht zuletzt Bundeskanzler Adenauer.

Die zahlreichen europäischen Institutionen, die in der Nachkriegszeit entstanden, sind im Wesentlichen drei Gruppen zuzuordnen:

- Europäisch-atlantische Organisationen, in denen europäische Staaten mit den USA und Kanada verbunden sind (OEEC, NATO);
- Formen lockerer Zusammenarbeit unter Einschluss möglichst vieler europäischer Staaten (Europarat);
- Organisationen als Kern noch engerer Verflechtung (EGKS, EWG, EG, EU). Ihre Mitglieder waren bereit, Hoheitsrechte auf zwischenstaatliche Einrichtungen zu übertragen.

Für die Bundesrepublik bot der europäische Zusammenschluss die Möglichkeit, internationales Ansehen zurückzugewinnen und nach der Zeit des Nationalsozialismus eine neue Identität aufzubauen.

Von besonderer Bedeutung für den westeuropäischen Integrationsprozess war dabei das **deutsch-französische Verhältnis**. Erst die Beendigung der sogenannten Erbfeindschaft der beiden großen Kontinentalmächte durch den politischen und wirtschaftlichen Ausgleich mit Frankreich schuf die Grundlagen für ein stabiles „Kerneuropa", die Keimzelle der Europäischen Union.

Das „Europa der Sechs"

Die **Organisation für europäische wirtschaftliche Zusammenarbeit (OEEC)**, am 16. 4. 1948 gegründet um die ERP-Mittel zu verwalten, war die erste zwischenstaatliche Einrichtung. Mit der Gründung des **Europarats** am 5. 5. 1949 begann der politische Einigungsprozess. Der Europarat erhielt allerdings keine Entscheidungsbefugnisse, da die Widerstände gegen einen Verzicht auf nationale Souveränität vor allem in England nicht überwunden werden konnten. Er blieb ein Beratungsorgan von Parlamentariern (Beratende Versammlung) und Regierungsvertretern (Ministerrat).

Anfänge eines „gemeinsamen Marktes" ohne Zoll- und Handelsschranken wurden am 18. 4. 1951 mit der **Europäischen Gemeinschaft für Kohle und Stahl (EGKS, Montanunion)** zwischen Frankreich, der Bundesrepublik, Italien und den Beneluxstaaten geschaffen, dem Vorbild für alle weiteren Integrationsbemühungen Westeuropas. Dennoch war sie aber nur vordergründig wirtschaftspolitisch ausgerichtet. Ihr eigentliches Ziel war die Überwindung der jahrhundertealten Rivalität zwischen Frankreich und Deutschland durch die europäische Kontrolle über das an der Ruhr konzentrierte kriegswirtschaftliche Potenzial. Auch der französische Vorschlag der Bildung einer **Europäischen Verteidigungsgemeinschaft (EVG)** entsprach der integrationspolitischen Ebene der Montanunion. In der Europa-Euphorie nach Abschluss von EGKS und EVG wurde bereits 1953 die Satzung einer Europäischen Politischen Gemeinschaft (EPG) vorgelegt, in der die sechs EGKS-Gründungsstaaten wirtschaftlich und politisch mit gemeinsamen Institutionen zusammengeschlossen sein sollten. Das Scheitern der EVG in der französischen Nationalversammlung 1954 bedeutete auch das Ende für die weitergehende politische Union. Der direkte Weg zur politischen Einigung Europas war blockiert.

Aber der außenpolitische Druck während des Kalten Krieges beschleunigte zumindest die wirtschaftlichen Einigungsbemühungen. Mit der Unterzeichnung der im Juni 1955 durch die Außenminister der sechs Mitgliedstaaten der Montanunion beschlossenen **Römischen Verträge** am 25. März 1957 wurden eine umfassende wirtschaftliche Organisation, die **Europäische Wirtschaftsgemeinschaft (EWG)**, und die **Europäische Atomgemeinschaft (EURATOM)** gebildet. Das Vertragswerk trat am 1. 1. 1958 in Kraft. Es sah einen Wegfall der **Zoll- und Handelsschranken**, einen **gemeinsamen Markt** und die Zusammenarbeit auf dem Gebiet der **Kernforschung** und der friedlichen Nutzung der Kernenergie vor. Die Koordination der Wirtschaftspolitik wurde der **EWG-Kommission** in Brüssel unter ihrem ersten Präsidenten Walter Hallstein übertragen. Sie führte die Beschlüsse des **EWG-Rates** aus, dem Gremium der Vertreter der nationalen Regierungen. Eine **Parlamentarische Versammlung** von Mitgliedern der nationalen Parlamente mit Sitz in Straßburg hatte nur geringe Beratungs- und Kontrollrechte.

Großbritannien und andere westeuropäische Staaten traten der EWG aus Sorge vor einer Einschränkung ihrer Handelsinteressen nicht bei. Sie gründeten am 21. 7. 1959 die wirtschaftlich weniger bedeutende **Europäische Freihandels-Vereinigung (EFTA)**.

Die von vielen Europäern erhoffte Eigendynamik im europäischen Integrationsprozess, in der die wirtschaftlichen Sachzwänge die politische Einigung vorantreiben würden, stellte sich während der 60er- und 70er-Jahre nicht ein, der Fortgang der Integration beschränkte sich im Wesentlichen weiterhin auf die wirtschaftliche Ebene. Infolge des wirtschaftlichen Aufschwungs und abnehmender Furcht vor der Sowjetunion erstarkten die nationalstaatlichen Egoismen in Westeuropa. Der weltpolitische Wandel zur „friedlichen Koexistenz“ hatte die kommunistische Bedrohung auf einen wirtschaftlichen Wettbewerb der Systeme reduziert. Außerdem richtete sich die Aufmerksamkeit der westeuropäischen Staaten auf die nach dem **Zusammenbruch der Kolonialreiche** entstandenen neuen Staaten in Afrika und Asien und verlieh vor allem den ehemaligen „Mutterländern“ wachsende Bedeutung. Auch unter dem Eindruck des erfolgreichen wirtschaftlichen Aufholprozesses, der die Wohlstandslücke zu den USA weitgehend geschlossen hatte, kam ihnen nun mehr Gewicht in der Allianz mit den USA zu und ließ den Wunsch nach mehr Eigenständigkeit und mehr Mitsprache vor allem in Verteidigungsfragen wachsen.

Die Europäische Wirtschaftsgemeinschaft

Vor allem Frankreichs Staatspräsident de Gaulle ging zu den USA und der NATO auf Distanz und blockierte weitere Integrationsbemühungen. Er widersetzte sich allen Versuchen, nationale Souveränitätsrechte an die EWG zu übertragen. In einem Beitritt Großbritanniens argwöhnte er ein „trojanisches Pferd“ der USA, verhinderte 1961 und 1967 die britische Mitgliedschaft in der EWG, boykottierte die EWG-Ratssitzungen (Politik des „leeren Stuhls“) und setzte das **Prinzip der Einstimmigkeit** bei allen wichtigen Beschlüssen des Ministerrats durch, mit dem Entscheidungsprozesse sehr erschwert wurden. Auch die weiteren Bestimmungen des **Luxemburger Kompromisses** (29. 1. 1966) stellten mehr Hürden als Erleichterungen für mögliche Beitrittskandidaten dar: Übernahme des geltenden Gemeinschaftsrechtes in seiner Gesamtheit – also auch die bereits mit Drittländern abgeschlossenen Verträge –, keine Behinderung der Weiterentwicklung der Gemeinschaft während der Beitrittsverhandlungen, Bereinigung inländischer Probleme vor dem Beitritt. Angesichts des schwierigen Interessensausgleichs schon unter den Gründungsmitgliedern der EWG mussten künftig gesonderte Regelungen für Anpassungsprobleme neuer Mitglieder vereinbart werden.

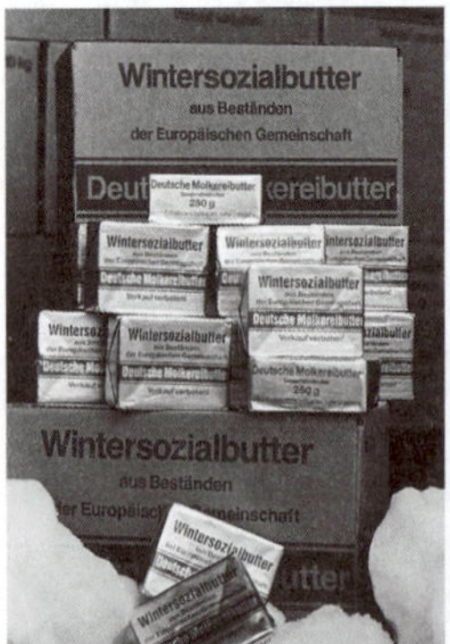

Die Auswüchse der EU-Agrarpolitik zeigen sich in Überproduktionen: „Butterberge“ werden zu Billigpreisen abgearbeitet. Der Euro wurde 2002 mit dem Karlspreis ausgezeichnet. Die Dankesrede hielt der damalige EZB-Präsident Wim Duisenberg.

Erst nach dem Rücktritt de Gaulles 1969 kam der europäische Einigungsprozess erneut in Gang: 1973 traten **Großbritannien**, **Irland** und **Dänemark** – die norwegische Bevölkerung hatte den Beitritt mit einer Volksabstimmung abgelehnt – der 1967 aus EGKS, EWG und EURATOM gebildeten **Europäischen Gemeinschaft (EG)** bei. Eine zweite Erweiterungswelle erfolgte in den 80er-Jahren mit dem Beitritt **Griechenlands** (1981) sowie **Spaniens** und **Portugals** (1986). Mit weiteren Staaten des Mittelmeerraumes (darunter die Türkei) sowie mit bis heute über 60 Ländern der Dritten Welt wurden **Assoziationsabkommen** (Abkommen von Lomé, 28. 2. 1975) geschlossen.

Nord- und Südausdehnung stärkten vordergründig die EG, erschwerten aber den Interessenausgleich und verschärften die Verteilungskämpfe um die EG-Mittel. Vor allem die **Agrarpolitik** der Gemeinschaft ist durch Marktordnungen, garantierte Mindestpreise und Abnahmegarantien gekennzeichnet.

Beschlossen, um die Versorgung der Bevölkerung und die Existenz der Landwirte sicherzustellen, führten sie zu einer Überproduktion von Agrarerzeugnissen (z. B. „Butterberge", „Milchseen") und binden bis heute die Hälfte des EG- bzw. EU-Haushaltes. Um das agrarpolitische Gleichgewicht innerhalb der Gemeinschaft nicht zu gefährden, wurde der Import von Nahrungs- und Genussmitteln aus Übersee mit hohen Einfuhrzöllen belegt. Sogenannte AKP-Staaten (mit der EU assoziierte Länder Afrikas, der Karibik und des Pazifik) erhalten allerdings erleichterte Zugänge zum Europäischen Binnenmarkt.

Die Bildung der Europäischen Union

Der europäische Binnenmarkt

Die Erweiterung der EG zu einer **Zwölfer-Gemeinschaft** hatte eine quantitative Stärkung, aber keine qualitative Weiterentwicklung gebracht. Der **Streit der Konzeptionen** um einen lockeren „europäischen Staatenbund" oder einen fest gefügten „europäischen Bundesstaat" behinderte die Verwirklichung der Wirtschafts- und Währungsunion sowie die Neugestaltung der politischen Strukturen der Gemeinschaft mit Ausweitung der Befugnisse der Kommission und der Direktwahl des Europäischen Parlaments. Ganz allmählich und im Zuge zäher Verhandlungen entstand aus den Anstößen politischer Änderungen der wirtschaftlich bestimmende Gedanke eines **einheitlichen Binnenmarktes**. Erster Schritt war die Einrichtung eines **Europäischen Währungssystems (EWS)**, in dem die Mitgliedstaaten über die **Europäische Währungseinheit (ECU)** 1979 ihre Währungen zu weitgehend festen Wechselkursen anstelle des bestehenden lockeren Wechselkursverbundes („Währungsschlange") einander anglichen. Nach vielen vergeblichen Anläufen fand am 7./10. 6. 1979 auch die erste **Direktwahl zum Europäischen Parlament** statt. Wenn dieses Gremium auch nur wenige Kompetenzen hat, so werden doch mit den Wahlen im fünfjährigen Turnus die Gemeinschaftsentscheidungen auf eine breitere demokratische und glaubwürdigere Basis gestellt.

Die Probleme bei der Umsetzung des Gemeinsamen Marktes, der drohende Verlust internationaler Wettbewerbsfähigkeit, die Forderung nach mehr Rechten für das Europäische Parlament Anfang der 80er-Jahre zeigten aber, dass die europäische Integration stockte („Eurosklerose"). Nach der jahrzehntelangen Beschränkung auf Wirtschaftsfragen wurde immer lauter ein „Europa der zweiten Generation", die Bildung einer politischen Union gefordert. 1986 verständigten sich die Regierungschefs auf weitergehende Reformen in der **Einheitlichen Europäischen Akte (EEA)**: Erleichterung für Mehrheitsentscheidungen im Ministerrat, stärkere Beteiligung des Europäischen Parlaments an der Gesetzgebung und vorsichtiger Beginn einer gemeinsamen Außenpolitik. Der Kern der Änderungen der Römischen Verträge durch die EEA bestand aber in der Zielvorgabe, bis 1992 einen einheitlichen Binnenmarkt zu schaffen. Das bedeutete vor allem die Sicherung der „vier Freiheiten" (volle Freizügigkeit für Personen, Dienstleistungen, Güter- und Kapitalverkehr durch alle Mitgliedstaaten).

Statt einer Vereinheitlichung der nationalen Vorschriften regelten über 300 Maßnahmen zur Rechtsgleichheit die Einhaltung von Mindeststandards, z. B. beim Lebensmittelschutz und die gegenseitige Anerkennung von Qualitätsvorschriften, um den Europäischen Binnenmarkt auf dem Weltmarkt gegenüber den USA, Japan und anderen Ländern konkurrenzfähig zu erhalten. Für alle Bürger ist der Binnenmarkt mit der Aufhebung von Pass- und Warenkontrollen an den Grenzen und der gegenseitigen Anerkennung von beruflichen Qualifikationen sichtbar und erfahrbar geworden. Die EEA hatte damit neue Impulse für die weitere Zusammenarbeit in Europa gegeben, die auch Konsequenzen für die anderen Länder Westeuropas aufwarf. Für sie stellte sich nun die Frage, ob sie diesen Prozess durch einen Beitritt in die EG selbst beeinflussen können und sollten oder ihre außenpolitische Eigenständigkeit bzw. Neutralität dies grundsätzlich verbiete. Bereits im April 1984 hatten EFTA und EG sich auf die Schaffung eines **Europäischen Wirtschaftsraumes (EWR)** mit binnenmarktähnlichen Verhältnissen unter den insgesamt 18 Staaten verständigt. Dieses Konzept wurde durch den Vorschlag des EG-Kommissionspräsidenten **Delors** 1989 für eine punktuelle Assoziation der beiden Gemeinschaften aufgegriffen und 1992 im EWR-Vertrag besiegelt.

Die Europäische Union seit 1989

Der epochale Wandel des Jahres 1989, der Osteuropa die Freiheit und Deutschland die Wiedervereinigung brachte, beschleunigte den europäischen Einigungsprozesses unter Einschluss der Staaten des ehemaligen Ostblocks. Nach dem Zusammenbruch der sowjetischen, der tschechoslowakischen und später der jugoslawischen Föderationen entstanden in kurzer Zeit über ein Dutzend neuer Staaten. Zwischen 1990 (Ungarn) und 1996 (Kroatien) wurden die Reformländer in den Europarat aufgenommen, die WEU folgte diesem Schritt in langsamerem Tempo und zu anspruchsvolleren Bedingungen.

Umso schwieriger gestaltete sich die Weiterentwicklung einer Wirtschafts-, Währungs- und zuletzt politischen Union. Im Dezember 1991 einigten sich die Regierungschefs in **Maastricht** über folgende Kernpunkte:

- Einführung einer gemeinsamen europäischen Währung bis 1999,
- Zusammenarbeit in der Außen- und Sicherheitspolitik,
- gemeinsame Verteidigungspolitik,
- Kompetenzerweiterung des Europa-Parlaments,
- Erweiterung der Gemeinschaftskompetenzen und
- Schaffung einer europäischen Staatsbürgerschaft.

Bis 1993 ratifizierten alle Länder der **Europäischen Union** den Vertrag von Maastricht. Vor allem aber die Währungsunion stieß auf erheblichen Widerstand einzelner Länder. Die **Konvergenzkriterien** relative Preisstabilität, Begrenzung der Staatsverschuldung, stabile Wechselkurse und Angleichung der langfristigen Zinssätze sollten eine Stabilitätsgemeinschaft statt einer Inflationsgemeinschaft begründen. Nur mit strikten Sparprogrammen und der Privatisierung von Staatseigentum gelang es einigen Ländern, den strengen wirtschaftlichen Anforderungen zu genügen. Die Umsetzung des anspruchsvollen Vorhabens erfolgte in Stufen:

- Einrichtung einer „Europäischen Zentralbank" mit Sitz in Frankfurt/Main, die nach dem Vorbild der Deutschen Bundesbank unabhängig von den Weisungen der nationalen Regierungen über die Währungsstabilität wacht;
- Einführung der Gemeinschaftswährung „Euro" im bargeldlosen Zahlungsverkehr der Eurozone (1999);
- der Euro ersetzt die nationalen Währungen als Bargeld zum 1. Januar 2002.

Von den heutigen Mitgliedsstaaten sind Dänemark, Schweden und Großbritannien aus politischen Gründen der Eurozone noch nicht beigetreten.

1995 definierte das **Schengener Abkommen** die gemeinsame Außengrenze der EU. Weiterhin wurden Maßnahmen zur Grenzkontrolle festgelegt. Am 1. 1. 1995 schlossen sich die lange neutralen EFTA-Länder **Finnland**, **Österreich** und **Schweden** der EU an.

Der **Amsterdamer Vertrag** (2. 10. 1997) stärkte das Europäische Parlament durch das Vetorecht gegen Ministerratsbeschlüsse. Regelungen für eine reibungslosere Zusammenarbeit von Justiz und Innenpolitik ermöglichten eine einheitliche Asylpolitik. Um auf der einen Seite die Sicherheit Europas und auf der anderen Seite den europäischen Beitrag zur Sicherheit in der Welt zu gewährleisten, wurde im Vertrag von Amsterdam nach einem deutsch-französischen Vorschlag die Westeuropäische Union (WEU) als „Integraler Bestandteil der EU" verankert. Damit wurde die Voraussetzung für eine **„Europäische Sicherheits- und Verteidigungspolitik"** (ESVP) geschaffen. Seitdem verfügt die EU über Strukturen, die ihr eine Unterstützung und Absicherung der **„Gemeinsamen Außen- und Sicherheitspolitik"** (GASP) auch mit militärischen Mitteln erlauben. Dazu wurde 1999 das Amt des Hohen Vertreters der GASP eingerichtet und der Aufbau einer Eingreiftruppe für die Krisen- und Konfliktbewältigung beschlossen. Nach dem ersten Einsatz in Mazedonien (2003) wurden Truppen im Auftrag der EU auch außerhalb Europas, u. a. im Kongo (Sicherung der Parlamentswahlen 2006) und im Libanon (Sicherung der Waffenruhe zwischen Israel und Palästinensern, seit 2007) eingesetzt.
Der im Dezember 2000 geschlossene und im Februar 2001 unterzeichnete **Vertrag von Nizza** war ein mühsam ausgehandelter Kompromiss für die Aufnahme neuer Mitglieder. Der Vertrag legte die Zusammensetzung der EU-Kommission und des Ministerrates, die nationale Verteilung der Sitze im EU-Parlament und die zukünftigen Abstimmungsverfahren im Ministerrat fest.

Der **Erweiterungsprozess** der Europäischen Union hat 2004 mit der Aufnahme von Estland, Lettland, Litauen, Polen, Tschechien, Slowakei, Ungarn, Slowenien, Zypern und Malta, 2007 von Rumänien und Bulgarien sowie 2013 von Kroatien einen vorläufigen Höhepunkt erreicht. Die Vergrößerung der EU erfordert grundlegende Reformen und Anpassungsmaßnahmen. Daher bleibt der mögliche EU-Beitritt der Türkei, der Balkan- und weiterer osteuropäischer Staaten abzuwarten. Mazedonien, Serbien und Montenegro sind bereits **Beitrittskandidaten**; Albanien, Bosnien und Herzegowina sowie der Kosovo sind mit der EU assoziiert.

Im Juni 2004 einigten sich 25 Staats- und Regierungschefs auf einen europäischen **Verfassungsvertrag**, der größere Kompetenzen für das Europäische Parlament, mehr Macht für eine verkleinerte Kommission, den Ausbau der ESVP, das Amt eines europäischen „Außenministers" sowie „qualifizierte Mehrheiten" statt Einstimmigkeit bei wichtigen Entscheidungen vorsah. Bei Referenden Im Mai (Frankreich) und Juni (Niederlande) 2005 wurde der Verfassungsentwurf jedoch **abgelehnt**.

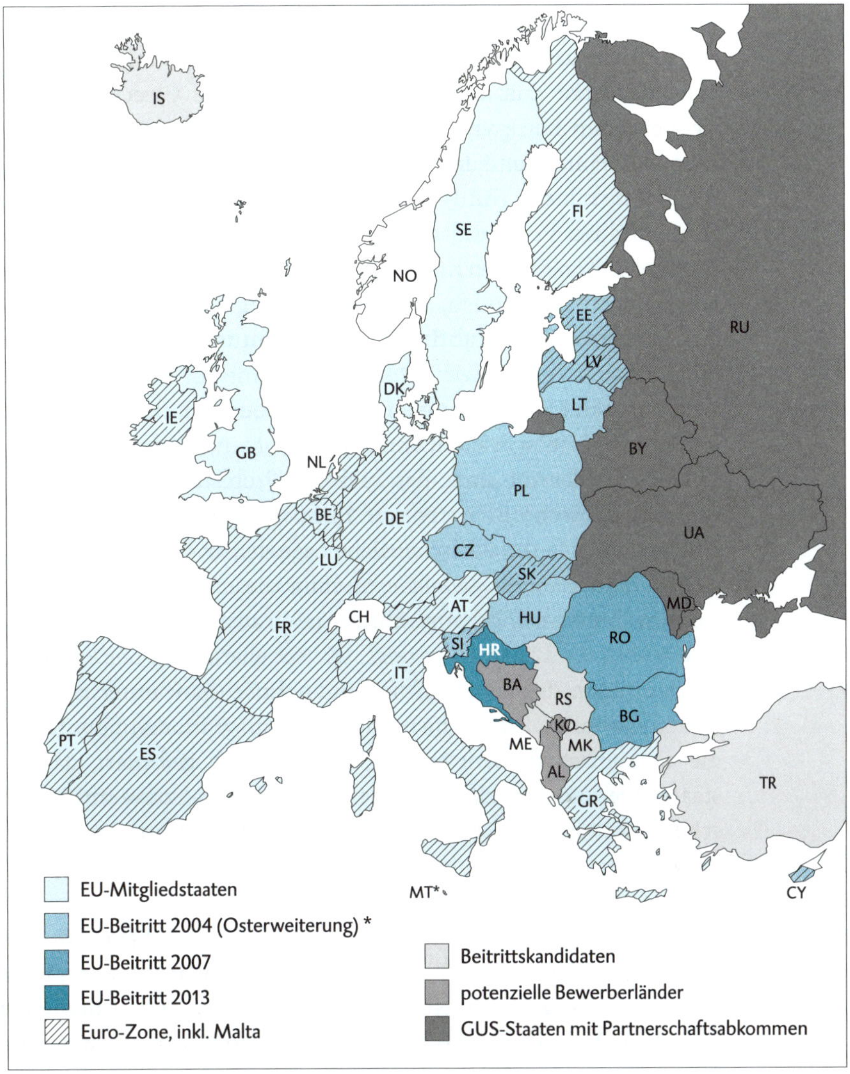

Im **Vertrag von Lissabon** (Oktober 2007) einigten sich die Staats- und Regierungschefs auf eine überarbeitete Fassung (u. a. Verzicht auf den Namen „Verfassung", auf Flagge und Hymne der EU, aber Beibehaltung der wichtigsten Reformen). Alle Parlamente der EU-Mitgliedsstaaten haben inzwischen dem Vertrag zugestimmt, der nach verschiedenen Ratifikationskrisen am 1. Dezember 2009 in Kraft getreten ist.

Ein spekulativ aufgeblähter **Immobilienmarkt** in den **USA** löste 2007 eine Bankenkrise aus, die auch Europa erfasste und im Oktober 2009 in eine **Staatsschuldenkrise** mit drohender Staatsinsolvenz Griechenlands und anderer Krisenstaaten Europas (Irland, Portugal, später Spanien, Italien und Zypern) mündete. Hilfspakete des Internationalen Währungsfons (IWF), der Europäischen Zentralbank (EZB) und der Europäischen Union für vom Staat finanzierte und tief verschuldete Banken sowie für die Staaten selbst konnten den drohenden finanziellen Kollaps dieser Staaten und ihren Austritt aus der Eurozone zunächst abwenden. Als Gegenleistung für Notkredite und Bürgschaften des **Europäischen Stabilitätsmechanismus** (ESM, 2012) sollen die Empfängerstaaten Spar- sowie Reformprogramme zur Verbesserung ihrer Wettbewerbsfähigkeit durchführen. In den südeuropäischen Krisenstaaten ist die Arbeitslosigkeit, vor allem unter jungen Menschen, dramatisch angestiegen. Entsprechend stark sind hier auch die Proteste gegen die EU-Krisenpolitik und das deutsche Beharren auf Einsparungen wird als Diktat empfunden. Auch wenn sich die wirtschaftliche Lage der Krisenländer langsam bessert, so stehen eine grundlegende Gesundung dieser Staaten und eine langfristige Rettung der Gemeinschaftswährung noch aus.

Rückblickend hat sich gezeigt, wie schwierig sich der Prozess der europäischen Einigung bei wirtschaftlich und politisch ganz unterschiedlich verfassten Staaten gestaltet. Damit die europäische Integration voranschreiten kann und die Gemeinschaft nicht zerfällt, wird vielfach gefordert, dass die Mitgliedstaaten weitere wirtschafts- und finanzpolitische Souveränität an die Europäische Union abgeben. Hier ist vor allem Deutschland, das mit seiner exportorientierten Wirtschaft besonders stark vom Euro profitiert, als Brücke zwischen Ost und West in der Mitte Europas gefordert. Seine geografische und politische Westorientierung der letzten 50 Jahre machte es für die Länder Ost- und Ostmitteleuropas zu einem Vorbild und Partner in dieser Entwicklung.

Auch die KSZE wandelte sich. Vor allem der Zerfall Jugoslawiens in verschiedene Teilstaaten und das Versagen europäischen Handelns bei der sich unter den Augen ganz Europas abspielenden Katastrophe erforderten ein gesamteuropäisches Sicherheitsmodell. Inwieweit die Europäische Sicherheitscharta der 1994 in „**Organisation für Sicherheit und Zusammenarbeit in Europa**“ (OSZE) umbenannten Institution tatsächlich für alle Mitgliedsstaaten eine Hilfe sein wird, muss sich erst noch erweisen.

Chronologie	
16. April 1948	Gründung der Organisation für europäische wirtschaftliche Zusammenarbeit
5. Mai 1949	Gründung des Europarats
9. Mai 1950	Schuman-Initiative zur Montanunion
18. April 1951	Gründung der Europäischen Gemeinschaft für Kohle und Stahl (EGKS)
30. 8. 1954	Scheitern der Gründung einer Europäischen Verteidigungsgemeinschaft
25. März 1957	Römische Verträge: Gründung der Europäischen Wirtschaftsgemeinschaft (EWG) und der Europäischen Atomgemeinschaft (EURATOM)
21. Juli 1959	Gründung der Europäischen Freihandelszone (EFTA)
22. Jan. 1963	Deutsch-Französischer Freundschaftsvertrag (Elysée-Vertrag)
8. April 1965	Zusammenschluss von EGKS, EWG und EURATOM (Fusionsvertrag)
1. Juli 1968	Zollunion der EWG
1. Jan. 1973	Beitritt von Irland, Dänemark und Großbritannien zur EG
13. März 1979	Europäisches Währungssystem (EWS) tritt rückwirkend zum 1. 1. 1979 in Kraft
7./10. Juni 1979	Erste Direktwahl des Europäischen Parlaments
1. Jan. 1981	Beitritt Griechenlands zur EG
1. Jan. 1986	Beitritt Spaniens und Portugals zur EG
17./28. Febr. 1986	Unterzeichnung der Einheitlichen Europäischen Akte (EEA)
1. Juli 1990	1. Stufe der Wirtschafts- und Währungsunion
7. Febr. 1992	EU-Vertrag von Maastricht (Inkrafttreten: 1. November 1993)
2. Mai 1992	Abkommen zur Bildung des Europäischen Wirtschaftsraums (EWR)
1. Jan. 1994	2. Stufe der Wirtschafts- und Währungsunion
1. Jan. 1995	Beitritt von Finnland, Österreich und Schweden
26. März 1995	Durchführungsübereinkommen des Schengener Abkommens tritt in Kraft (Wegfall der Personenkontrollen an den Grenzen)
2. Okt. 1997	Vertrag von Amsterdam
1. Jan. 1999	Beginn der Europäischen Währungsunion, Euro (€) als Buchgeld
26. Febr. 2001	Unterzeichnung des Vertrags von Nizza (Inkrafttreten: 1. Febr. 2003)
1. Jan. 2002	Einführung des Euro als Bargeld
1. Mai 2004	Beitritt von Estland, Lettland, Litauen, Malta, Polen, Slowakei, Slowenien, Tschechien, Ungarn und Zypern zur EU
29. Okt. 2004	Unterzeichnung des Vertrags über eine Verfassung für Europa (VVE) in Rom
29. Mai/1. Juni 2005	Ablehnung der EU-Verfassung durch Frankreich und die Niederlande
3. Oktober 2005	Beginn der Beitrittsverhandlungen mit der Türkei und Kroatien
1. Jan. 2007	Beitritt Bulgariens und Rumäniens; Einführung des Euro-Bargelds in Slowenien
18./19. Okt. 2007	Annahme des Reformvertrags von Lissabon (Inkrafttreten: 1. 12. 2009)
Oktober 2009	Ausbruch der Staatsschuldenkrise in diversen Mitgliedstaaten
1. Januar 2011	Einführung des Euro in Estland
27. September 2012	Europäischer Stabilitätsmechanismus (ESM) tritt in Kraft
1. Juli 2013	Beitritt Kroatiens
1. Januar 2014	Einführung des Euro in Lettland

Das vereinigte Deutschland im 21. Jahrhundert

Weltpolitischer Rahmen

Nach der Wiedervereinigung Deutschlands, dem Wandel in Europa, der Auflösung der Sowjetunion und der Blöcke sind nationale und internationale Aufgaben nicht mehr in den gewohnten Denkschemata und alten Strategien zu bewältigen. In den letzten 50 Jahren ist das europäische Weltsystem, die dominierende Stellung Europas in der Weltpolitik, unwiederbringlich verloren gegangen. Die USA sind aus dem Ost-West-Konflikt, der die Weltpolitik in der zweiten Hälfte des 20. Jahrhunderts kennzeichnete, zweifellos als Sieger hervorgegangen. Wenn nun für das kommende Jahrhundert (und vielleicht noch weit darüber hinaus) das **„Pazifische Zeitalter"** erwartet wird, so scheint doch festzustehen, dass das künftige Weltstaatensystem eine größere Vielfalt lokaler und regionaler Machtzentren aufweisen wird.

Mit Sicherheit wird **China** neben Indien zu den kommenden Führungsmächten gehören. Die nach **Mao Zedongs** Tod (1976) von seinem Nachfolger **Deng Xiaoping** eingeleiteten umfangreichen Reformen haben im bevölkerungsreichsten Land der Erde (über 1,3 Milliarden Einwohner) einen Modernisierungs- und Entwicklungsschub eingeleitet, der China zum Land mit den größten, meist sogar zweistelligen Zuwachsraten der Wirtschaft gemacht hat. Chinas Aufstieg zur „Werkbank der Welt", wichtigstem Wachstumsmarkt und größtem Exporteur, geht einher mit einer ständig steigenden Nachfrage nach Rohstoffen, die inzwischen das weltweite Preisgefüge vor allem bei Erdöl maßgeblich beeinflusst. Der anhaltende **ökonomische Fortschritt** ist begleitet von einem tief greifenden Wandel der Gesellschaft und einer sich vergrößernden Kluft zwischen Arm und Reich. Die Entwicklung der prosperierenden Städte im Osten des Landes zu modernen Mega-Cities (Peking, Shanghai) wird ermöglicht durch ein Millionenheer von **Wanderarbeitern**, die auf der Suche nach Arbeit die ländlichen Gebiete verlassen und zu Niedrigstlöhnen in den Industriebetrieben und auf den Baustellen der Städte arbeiten. Das rasante Wirtschaftswachstum geht auch zu Lasten der Umwelt. Die Umweltstandards der Industriebetriebe und Kraftwerke sind auf einem niedrigen Niveau, die nachholende Motorisierung führt zu einem hohen Schadstoffausstoß, für die Energieerzeugung wird massiv in die Natur eingegriffen. Dem wirtschaftlichen Fortschritt steht ein politischer Stillstand gegenüber. Immer noch wird das

Land von einer kleinen Gruppe hoher Funktionäre der KPCh geführt, Regimegegner und Kritiker ihrer Politik werden weiterhin verfolgt, Forderungen nach größerer Selbstbestimmung z. B. der Tibeter mit militärischer Gewalt niedergeschlagen. Auch die Olympischen Spiele in Peking (Beijing) 2008 haben keine demokratische Öffnung des Landes oder politische Reformen bewirkt. Stattdessen wächst der Unmut in der Bevölkerung über die Korruption der Funktionäre und die schamlose Bereicherung ihrer Familienclans.

Ebenso ist die Entwicklung der Staaten der **Dritten Welt** weit hinter den Erwartungen zurückgeblieben. Die Hinterlassenschaften des Kolonialismus und Imperialismus, die Rückständigkeit vieler Staaten Afrikas, Asiens und Südamerikas sind trotz der Anstrengungen dieser Länder und internationaler Organisationen nicht behoben, sondern eher größer geworden. Solange die reichen industrialisierten Staaten ihre Selbstverpflichtung nach deutlich größerem Engagement nicht wahrnehmen, werden Armut, Hungerkatastrophen, Massenelend und innere Konflikte, wie z. B. in Ruanda und Burundi, die weltweit Millionen Tote gefordert haben, nicht ab-, sondern zunehmen und der **Nord-Süd-Konflikt** ein beherrschendes Thema der Zukunft bleiben.

Im Nahen Osten und in Nordafrika haben sich die Menschen 2011 in **Revolutionen** gegen die etablierten Machthaber und Potentaten in Tunesien, Ägypten, Libyen und anderen Staaten aufgelehnt. Aber weder im syrischen Bürgerkrieg gegen Präsident Assad noch im Atomstreit mit dem Iran kann sich die

Kinderarbeit ist ein Problem in vielen Ländern der Dritten Welt, da die Familien häufig das Einkommen ihrer Kinder zum Überleben benötigen. Verstärkt gibt es auch Hilfsprojekte, die speziell auf die Bedürfnisse von Frauen ausgerichtet sind. Im Mittelpunkt stehen dabei häufig Themen wie Familienplanung und Gesundheitsvorsorge.

Weltgemeinschaft aufgrund divergierender Interessen auf eine gemeinsame Linie verständigen. Dabei ist die Einführung demokratischer Strukturen, von Parlamentarismus und Freiheitsrechten in diesen Ländern eine Aufgabe, der sich die Staaten der EU nicht entziehen können, um auch langfristig die Stabilität dieser Krisenregion zu gewährleisten.

In dieser Struktur kommt den industrialisierten Staaten Europas eine veränderte, aber ihrer wirtschaftlichen und politischen Stärke entsprechend große Rolle zu. Das vereinigte Deutschland hat sich bereits dieser Änderung des Selbstverständnisses und der daraus erwachsenden Aufgaben gestellt, wird aber als derzeit **drittgrößte Industriemacht**, als Teil der Europäischen Union in noch stärkerem Maße und mit erhöhtem Engagement seinen Beitrag zur Lösung der Zukunftsaufgaben leisten müssen.

Seit 1990 haben sich die Konflikträume und -bereiche verändert. Die Bedrohungen des Weltfriedens fußen nicht mehr auf dem alten Gegensatz der Ideologien, sondern sind eher begründet in einer zunehmenden **Globalisierung** der Welt. Die rasante Entwicklung der Kommunikations- und Verkehrstechnologie hat zu einer ungeahnten Mobilitätssteigerung von Informationen, Menschen und Gütern geführt, die trotz ungleichmäßiger Auswirkungen auf zentrale und Randregionen positive und negative Entwicklungen global spürbar macht. Dies wird besonders deutlich an Umweltschäden, Finanz- und Wirtschaftskrisen sowie der Austragung gewalttätiger Konflikte, aber auch am weltweiten Informationsfluss durch das World Wide Web (WWW).

Vor allem die globale Dimension des **Klimawandels** hat sich zu einer entscheidenden Herausforderung entwickelt. Der fortwährende Raubbau an den natürlichen Ressourcen und ein ständig steigender Schadstoffausstoß bei weiterhin steigendem Energieverbrauch besonders in den aufstrebenden Volkswirtschaften Asiens haben bereits jetzt zu einer weltweiten Erwärmung geführt. Das Abschmelzen des polaren Eises, der damit verbundene Meeresspiegelanstieg und die Veränderung der Klimagürtel bedrohen die natürlichen Lebensgrundlagen in vielen Räumen der Erde. Nur radikales Umdenken und gemeinsames Handeln können die ökologische Katastrophe noch verhindern.

Die Verwundbarkeit auch hochentwickelter Staaten und Regionen hat sich in Japan erwiesen, als am 11. März 2011 nach einem Erdbeben ein Tsunami im Atomreaktor von Fukushima eine nukleare Reaktorkatastrophe auslöste.

Konfliktbewältigung und Krisenmanagement sind in diesem Zusammenhang nicht mehr auf das unmittelbare räumliche Umfeld beschränkt. Sie müssen dort, wo sie die größte Aussicht auf Erfolg haben, unter Einsatz aller zur Verfügung stehenden wissenschaftlichen, politischen, wirtschaftlichen, technischen und militärischen Möglichkeiten ausgeübt werden. Ein Beispiel für ein solches Engagement war die weltweite Zusammenarbeit und Hilfsbereitschaft nach dem Tsunami, der am 26. 12. 2004 weite Teile Indonesiens, Thailands und Sri Lankas überflutete und ca. 300 000 Todesopfer forderte.

Internationaler Terrorismus

Die USA haben aufgrund ihres wirtschaftlichen, finanziellen, militärischen und politischen Potenzials die Rolle als **„Weltpolizei"** übernommen, ohne deren Beteiligung und Zustimmung keine wichtigen Veränderungen möglich sind. Damit sind sie aber zur Zielscheibe all derer geworden, die die Globalisierung ablehnen, ihr traditionelle und auch religiös begründete Wertvorstellungen entgegensetzen und sie mit gewalttätigen Mitteln bekämpfen. Die Terroranschläge auf das World Trade Center und das Pentagon vom 11. 9. 2001 beantworteten die USA mit der Bildung einer weltweiten **Koalition gegen den internationalen Terrorismus**, der sich fast alle Länder der Welt, auch viele islamische, anschlossen. Zur Bekämpfung der islamisch-fundamentalistischen al-Qaida unter ihrem Führer **Osama Bin Laden** griffen amerikanische und europäische Streitkräfte, darunter auch deutsche Einheiten, das Taliban-Regime in **Afghanistan** an und verhalfen der demokratisch orientierten Opposition zur Übernahme der Regierung. Aber auch der anhaltende Einsatz von Kampftruppen konnte weder ein erneutes Erstarken der Taliban verhindern noch die Sicherheitslage nachhaltig stabilisieren. Dennoch ist der Abzug der ISAF-Truppen nach über zehn Jahren Krieg bis Ende 2014 geplant, die Sicherung des Landes wird dann die afghanische Armee selbst übernehmen.

Die Terroranschläge auf Washington und New York im September 2001 haben die Welt verändert: Eine bisher kaum vorstellbare Bedrohung durch fanatische islamistische Terroristen wurde sichtbar. Der 2011 von einem US-Kommando in Pakistan getötete Osama Bin Laden – als mythischer Kämpfer – und Mohammed Atta, einer der Selbstmordterroristen von New York.

Weltführungsmacht USA

Kritiker warfen dem US-Präsidenten George W. Bush (2001–2009) vor, nicht bei allen Konflikten so schnell und entschieden einzugreifen, zu undifferenziert in „Freund-Feind-Kategorien" zu denken und durch die Einordnung von Gegnern in eine „Achse des Bösen" Verhandlungslösungen zu erschweren. Mit der Wahl des ersten schwarzen US-Präsidenten **Barack Obama** verbanden daher viele Menschen die Hoffnung auf eine flexiblere und differenziertere Politik und eine deutliche Hinwendung zu den internationalen Krisenherden. Dies fand ihren Ausdruck auch in der Verleihung des Friedensnobelpreises an Obama im Jahr 2009. Aber auch nach der Wiederwahl Obamas 2012 sind die Spannungen zwischen den Atommächten Indien und Pakistan ungelöst und bestehen immer noch Gefahren eines globalen Konflikts im Zusammenhang mit den Atomprogrammen des Iran und Nordkoreas. Vor allem aber wird im Nahen Osten eine aktive Schlichterrolle der amerikanischen Regierung vermisst. Zwar haben die Auseinandersetzungen in **Israel** mit einer Spirale der Gewalt von palästinensischen Selbstmordattentaten, denen mit israelischen Militäraktionen begegnet wird, die wiederum mörderische Anschläge zur Folge haben, nachgelassen. Nach dem erneuten Übergreifen des Nahost-Konflikts auf den Libanon und der israelischen Intervention gegen die radikale Palästinensergruppierung Hamas im Gazastreifen sichern zwar EU-Streitkräfte den Waffenstillstand, doch kann eine dauerhafte Lösung nur unter Einschluss aller Beteiligten, den USA, Russland und der EU („Nahost-Quartett") sowie bei Zugeständnissen an die Palästinenser erzielt werden.

Auch im **Irak-Konflikt** wurde das Vorgehen der USA unter Präsident George W. Bush selbst von ihren Verbündeten kritisiert. Der Krieg gegen den irakischen Machthaber **Saddam Hussein** (2003) wurde mit gefälschten Beweisen über vermeintliche irakische Massenvernichtungswaffen begründet und spaltete Europa in ein „neues" Europa der Befürworter (z. B. mittelosteuropäische Staaten) und in ein „altes" der Gegner (besonders Frankreich, Deutschland). Die nachfolgende Besetzung des Irak war lange durch Selbstmordattentate und Bombenanschläge auf alliierte Soldaten und Zivilisten, die Entführung und Hinrichtung von Ausländern durch fundamentalistische Extremisten und Anhänger des alten Regimes gekennzeichnet. Spanien zog nach Bombenanschlägen in Madrid 2004 seine Truppen aus dem Irak ab, Dänemark und Großbritannien folgten. Um eine Eskalation der innerirakischen Auseinandersetzungen, ihr Übergreifen auf die Nachbarländer und den Zerfall des Staates zu verhindern, blieben die amerikanischen Truppen trotz wachsender Kritik im In- und Ausland bis 2010 im Irak. Nach ihrem Abzug ist die Sicherheitslage im Land weiterhin labil.

Wie wichtig die Notwendigkeit einer weltweiten Kontrolle von Staaten ist, die sich nicht an internationale Vereinbarungen halten und den Terrorismus unterstützen, zeigt sich am Beispiel der **Atomwaffenprogramme Nordkoreas** und des **Iran**. Dem Bemühen der EU und der USA, die Regierung in Teheran zu einer Aufgabe des Atomprogramms zu bewegen, folgen Russland und China weniger entschieden. Sie erhoffen sich diplomatische Vorteile gegenüber dem Westen und eine ungehinderte Versorgung mit Rohöl.

Auch bei **umweltpolitischen Fragen** spielen die USA als größte Industrienation nach wie vor keine Vorreiterrolle.

Die amerikanische Weigerung, eigene wirtschaftliche und machtpolitische Interessen zugunsten gemeinsamer, weltweiter Belange zurückzustellen und, wie am Beispiel der Einrichtung eines **Internationalen Gerichtshofes für Kriegsverbrechen** im Juli 2002 gefordert, eine Ausnahmestellung einnehmen zu können, führt zu wachsender Kritik an der Rolle der „Weltpolizei“. Die Übergriffe amerikanischer Soldaten im Irak, die Entführung vermeintlicher Terroristen durch den US-Geheimdienst CIA und ihre rechtswidrige Inhaftierung in Guantanamo sowie die Abhöraktionen der Nationalen Sicherheitsbehörde (NSA) haben dem Ansehen der USA großen Schaden zugefügt und nähren die Befürchtung vor amerikanischen Alleingängen in der Sicherheits- und Militärpolitik. Dies betrifft auch eine Stärkung der **UNO** und ihrer Institutionen. Ohne ihr „Hauptausführungsorgan“ USA hätte sie in den letzten Jahrzehnten kaum einen Beschluss umsetzen können. So ist die UNO bislang nicht zu dem Gremium geworden, das einer „Weltregierung“ gleichzusetzen wäre.

Die Rolle Russlands

Zentrale weltpolitische Fragen werden derzeit noch auf bilateraler Ebene oder auf Konferenzen der führenden Staaten entschieden. Hier ist inzwischen **Russland** wieder vertreten, das seit 1998 auch Mitglied der **G-8** (vorher G-7) ist. Auf ihren jährlichen Treffen verhandeln die acht wichtigsten Industrienationen neben wirtschaftlichen auch Schlüsselfragen der Weltpolitik.

Wie sehr die Welt die Zusammenarbeit mit Russland benötigt, zeigte sich in der Kosovo-Krise (24. 3.–10. 6. 1999). Als das militärische Eingreifen der NATO nicht zum gewünschten Erfolg führte, konnte der Krieg im Juni 1999 erst unter Einbeziehung der russischen Diplomatie beendet werden. **KFOR-Friedenstruppen** sorgen seither für die Einhaltung des Friedens. Im Gegenzug könnten die westlichen Staaten Russland dabei unterstützen, den inneren Zusammenhalt des Landes zu festigen.

Wachsende Sorge löst jedoch die Politik der Rückgewinnung alter Stärke aus Sowjet-Zeiten aus, die Wladimir Putin, der 2012 zum dritten Mal zum

Präsidenten Russlands gewählt wurde, verfolgt. Sein Versuch, den **Tschetschenien-Konflikt** militärisch zu lösen, um die strategische Kontrolle über den Kaukasus und damit über die Erdölvorkommen am Kaspischen Meer zu erhalten, hat die Auseinandersetzungen direkt nach Moskau getragen. Eine Geiselnahme durch tschetschenische Rebellen konnte im Oktober 2002 zwar aus russischer Sicht „erfolgreich" beendet werden, forderte aber über 100 Tote unter den Geiseln. Auch das russische Vorgehen in der **Ukraine** ist besorgniserregend und belastet das Verhältnis der USA und Europas zu Russland erheblich. Als im Zuge der von der EU forcierten „Europäisierung" der Ukraine mit Massendemonstrationen die gewählte pro-russische Regierung gestürzt und eine „pro-europäische" installiert wurde, erkannte Russland diese nicht an. Es nahm die **Krim** nach einer Volksbefragung am 16. März 2014 in die Russische Föderation auf und destabilisiert seitdem die russlandnahen ostukrainischen Regionen. EU, USA und NATO üben zwar heftige Kritik an diesem Vorgehen, sind aber sehr zurückhaltend in ihren Sanktionen, da Westeuropa und insbesondere Deutschland auf wirtschaftliche Zusammenarbeit mit Russland und dessen Erdgaslieferungen angewiesen sind. Auch im Umgang mit innenpolitischen Gegnern zeigt Präsident Putin ein Rechtsstaatsverständnis, das im Westen auf zunehmende Kritik stößt.

Ein deutsches Kontingent der internationalen KFOR-Truppen überwacht die Situation nach dem Kosovokrieg.

Das vereinigte Deutschland

Innenpolitische Entwicklung

Nach ihrem Wahlsieg 1998 begann die rot-grüne Koalition unter Bundeskanzler Schröder und Außenminister Fischer den sogenannten **Reformstau** der Ära Kohl abzubauen. Mit einem Kurs der **Neuen Mitte** sollten berufliche und gesellschaftliche Aufsteiger, Freiberufler und Beschäftigte in den Informations- und Dienstleistungsbranchen angesprochen werden. Angesichts der Unzufriedenheit mit der Regierung bei der erfolglosen Bekämpfung der Arbeitslosigkeit verlor die Koalition bei den Landtagswahlen zwischen 1999 und 2002 die Mehrheit im Bundesrat. Dennoch konnte sie sich in den Bundestagswahlen 2002 noch einmal knapp behaupten. Ursache dafür war unter anderem die Verweigerung einer deutschen Beteiligung am Angriff auf den Irak.

Mit der Politik der Haushaltskonsolidierung, der Steuerreform, dem Ausstieg aus der Atomenergie, der Einführung der Ökosteuer, der Rentenreform und dem Einwanderungsgesetz hatte die rot-grüne Koalition wichtige Reformvorhaben umgesetzt und in der BSE-Krise Handlungsfähigkeit unter Beweis gestellt. Während die Opposition im Bundesrat mit der CDU/CSU-Mehrheit die Umsetzung der Koalitionsbeschlüsse erschwerte, warfen Verbände und Medien der Regierung mangelnde Durchsetzungsfähigkeit und Inkompetenz vor. Bundeskanzler Schröder hielt trotz herber Verluste bei Landtags- und Europawahlen 2003–2005 an seinem **Erneuerungskurs** für mehr Wachstum und Beschäftigung (Agenda 2010) fest, auch als er nach der Erneuerung von Arbeitslosen- und Sozialleistungen (Hartz IV) zur Arbeitsmarktbelebung vor allem von den Gewerkschaften und der PDS wegen zu starker Einschnitte in den Sozialstaat angegriffen wurde. Auch innerhalb der SPD war die Agenda 2010 sehr umstritten und wurde vehement von der Parteilinken bekämpft.

Nach Wahlniederlagen bei den Landtagswahlen in Schleswig-Holstein und Nordrhein-Westfalen ersuchte Schröder Bundespräsident Horst Köhler, der Auflösung des Bundestages (21. 7. 2005) und vorgezogenen **Neuwahlen** zuzustimmen (18. 9. 2005). Nach einem kurzen, aber hitzigen Wahlkampf ergab sich ein politisches Patt. Statt für „Jamaika" (CDU/CSU, FDP, Bündnis 90/Die Grünen) entschieden sich die Führungsspitzen der Parteien zu einer **Großen Koalition** aus CDU/CSU und SPD. Nach heftigen Führungskämpfen setzte sich **Angela Merkel** gegen **Gerhard Schröder** durch und wurde am 22. 11. 2005 zur **ersten Bundeskanzlerin** Deutschlands gewählt. Zentrale Vorhaben der Großen Koalition (Haushaltskonsolidierung mit Erhöhung der Mehrwertsteuer, Rente mit 67, Föderalismusreform) wurden im Wesentlichen umgesetzt. Größere Differenzen traten ab 2008 bei der Frage auf, wie die Auswirkungen der Finanz- und Wirtschaftskrise in Deutschland zu bekämpfen seien. In den Bundestagswahlen von 2009 erzielte die SPD das schlechteste Ergebnis seit 1953, die CDU verlor nur leicht und bildete zusammen mit der FDP die neue „schwarz-gelbe" Regierung. Nach der Bundestagswahl 2013 bildeten CDU/CSU und SPD eine Große Koalition, da die FDP aufgrund ihres schwachen Ergebnisses nicht mehr im Bundestag vertreten ist.

In der **CDU** hatte die Parteivorsitzende Angela Merkel eine Öffnung der Partei bewirkt, die den veränderten Rahmenbedingungen des wirtschaftlichen Modernisierungsprozesses und dem daraus resultierenden gesellschaftlichen Wandel entsprach. 2009 waren viele ehemalige Wähler der SPD, besonders junge Frauen, zur CDU gewechselt, die ihrerseits aufgrund der als „sozialdemokratisch" kritisierten Politik Merkels Stimmen an die FDP verloren hatte. Bei der Bundestagswahl 2013 gewannen CDU/CSU nochmals deutlich Stimmen hinzu. Die neue Bereitschaft der CDU, Koalitionen auch außerhalb des traditionellen bürgerlichen Lagers mit anderen Parteien zu suchen, ermöglichte in Hamburg kurzfristig eine „schwarz-grüne" Regierung, auf Bundesebene verweigerten sich Die Grünen 2013 aber einer Koalition. In der Euro-Schuldenkrise hingegen hat Bundeskanzlerin Merkel an Popularität gewonnen. Die **SPD** hat wiederum mit einem Vertrauensverlust ihrer traditionellen Wählerschaft zu kämpfen. Innerparteilich besonders umstritten war die Agenda 2010. Nach Wolfgang Platzeck, Kurt Beck und Franz Müntefering wurde 2009 Siegmar Gabriel Bundesvorsitzender. Die Zusammenarbeit mit der Partei Die Linke ist immer noch umstritten. In den Landtagswahlen seit 2009 hat die SPD wieder zugelegt, bei der Bundestagswahl 2013 mit ihrem Kandidaten Peer Steinbrück aber nur geringfügig. Angesichts geeigneter Alternativen bildete die SPD eine **Große Koalition** mit der CDU/CSU.

Die **FDP** konnte sich bei den Bundestagswahlen 2009 kurzfristig wieder als drittstärkste Partei etablieren. Ihr Programm einer größtmöglichen wirtschaftlichen Freiheit und eines klaren Bekenntnisses zum Sozialstaat konnte sie aber nicht überzeugend umsetzen. In den Landtagswahlen ab 2009 hat die Partei deutlich Stimmen verloren. Philipp Rösler löste 2011 Guido Westerwelle als Parteivorsitzenden ab. Mit ihm verpasste die FDP bei den Bundestagswahlen 2013 die 5 %-Hürde und ist zum ersten Mal seit 1949 nicht mehr im Bundestag vertreten.

Die ehemalige PDS wurde zunächst in den alten Bundesländern als Partei des Ostens wahrgenommen, profilierte sich aber bundesweit über eine pazifistisch begründete Verweigerung der bundesdeutschen Beteiligung an ausländischen Militäreinsätzen. Sie fusionierte 2007 mit der WASG, einer Protestpartei ehemaliger SPD-Anhänger und Gewerkschaftler gegen die Reformen Schröders. Die Partei **Die Linke** hat in den neuen Bundesländern vielfach mit der SPD gleichgezogen bzw. sie überholt und ist an mehreren Landesregierungen beteiligt. Unter den Parteivorsitzenden Gysi und Lafontaine, dem ehemaligen SPD-Vorsitzenden, zog sie auch in westdeutsche Landtage ein.

Profitiert von den Verlusten der etablierten Parteien haben vor allem **Bündnis 90/Die Grünen.** In der kurz nach der Reaktorkatastrophe in Fukushima folgenden Landtagswahl in Baden-Württemberg 2011 konnten sie bei hohen Verlusten der CDU stark zulegen und stellen seitdem mit Winfried Kretschmann ihren ersten Ministerpräsidenten einer grün-roten Landesregierung.

Die Ablehnung von Großprojekten wie „Stuttgart 21", die nicht zuletzt durch umstrittene Thesen Thilo Sarrazins aufgeheizte Integrationsdebatte sowie die Europapolitik der Bundesregierung führten in jüngster Zeit zur Bildung von Protestparteien wie den „Piraten“ oder der „Alternative für Deutschland“. Ob diese Parteien langfristig Fuß fassen, ist derzeit noch nicht abzusehen.

Am 31. Mai 2010 trat Bundespräsident Horst Köhler überraschend zurück, weil Teile der Presse ihm und dem **Amt des Bundespräsidenten** nicht genügend Respekt entgegenbrächten. Sein Nachfolger, der niedersächsische Ministerpräsident Christian Wulff, trat nach nur 19 Monaten ebenfalls zurück, und kam damit einem Amtsenthebungsverfahren wegen des Verdachts der Vorteilnahme zuvor. Ihm folgte Joachim Gauck nach, der am 23. März 2012 als 11. Bundespräsident der Bundesrepublik Deutschland vereidigt wurde.

Außen- und Sicherheitspolitik

Zwei Drittel der Bevölkerung Deutschlands haben nach Umfragen die veränderte Rolle Deutschlands akzeptiert bzw. stehen einer verstärkten Beteiligung am internationalen Krisenmanagement positiv gegenüber. Dies ist das Ergebnis eines in den Parteien und der Öffentlichkeit kontrovers geführten Diskussionsprozesses. Als nach dem Zerfall Jugoslawiens und dem drohenden Völkermord im **Kosovo** ein **Eingreifen der NATO** notwendig wurde, geschah dies mit **deutscher Beteiligung**. Wenn auch ein entsprechendes Mandat der UNO in diesem Fall fehlte, so trugen doch viele Friedensaktivisten der 80er-Jahre die Entscheidung mit. Auch an der Entwaffnung der albanischen Befreiungsarmee UCK in Makedonien waren deutsche Soldaten beteiligt.

Nach den Terroranschlägen am 11. 9. 2001 sicherte die Bundesregierung den USA ihre uneingeschränkte Solidarität zu. Als NATO-Mitglied hat sie im Rahmen des von allen Mitgliedern beschlossenen „Bündnisfalls“ See- und Landstreitkräfte für die Bekämpfung des internationalen Terrorismus abgestellt und diese bei der Intervention in Afghanistan auch eingesetzt. Eine dauerhafte Befriedung mit dem Aufbau nachhaltig wirksamer demokratischer und wirtschaftlicher Strukturen gelang auch in der von deutschen Soldaten kontrollierten **Provinz Kundus** nicht im gewünschten Maße. Die Verluste haben der deutschen Bevölkerung vor Augen geführt, dass in Afghanistan deutsche Truppen in einem Krieg kämpfen. Der Truppenabzug ab 2013 wird daher einhellig begrüßt.

Der Ausweitung des „Kampfes gegen den internationalen Terrorismus“ auf den irakischen Machthaber **Saddam Hussein** und dem Einmarsch britischer und amerikanischer Soldaten im **Irak** (März 2003) verweigerte die Bundesregierung ihre Unterstützung. Dies führte vorübergehend zu einer Abkühlung der Beziehungen zu den USA.

Auf der anderen Seite hat sich Deutschland zunehmend zu seiner internationalen Verantwortung bekannt. Deutsche Truppen sicherten als Teil eines EU-Kontingents 2006 die Wahlen im **Kongo** und überwachen den Waffenstillstand zwischen Israel und den Palästinensern vor der **Küste Libanons** sowie die Seewege vor dem **Horn von Afrika** zum Schutz vor Piraten. An der Militäraktion gegen den libyschen Machthaber Gaddafi nahm die Bundeswehr aber nicht teil. Um den veränderten Aufgaben gerecht zu werden, wurde die Bundeswehr im Zuge einer stärkeren Professionalisierung umstrukturiert. Da der allgemeine **Wehrdienst ausgesetzt** ist, treten nur Freiwillige den Dienst an. Damit verbunden ist eine dramatische Verringerung der Streitkräfte auf ca. 190 000 Soldaten.

Wirtschaftliche Entwicklung

Durch die **Reformen** der rot-grünen Regierung (Reform der Arbeitsvermittlung, Absenkung der Arbeitslosenhilfe, Veränderung der „Zumutbarkeitskriterien“) sank nach 2005 die **Arbeitslosigkeit**. Ihre regionale Verteilung (hohe Arbeitslosigkeit im Osten, deutlich geringere im Südwesten) zeigt aber ein dauerhaftes Problem. Der Standort Deutschland steht weiterhin stark unter Druck. Viele Unternehmen verlegen ihre Fertigung in Billiglohnländer, Misswirtschaft (Korruptionsskandal bei VW, Siemens) und Fehlentscheidungen des Managements in Großunternehmen haben zum weiteren Abbau von Arbeitsplätzen geführt. Um Geringverdiener zu schützen, vereinbarten SPD, CDU und CSU bei den Koalitionsverhandlungen im November 2013 die schrittweise Einführung eines flächendeckenden Mindestlohnes von 8,50 Euro.

Mit der Immobilienkrise in den USA 2007 bahnte sich eine **Finanzkrise** an, die sich seit 2008 nach dem Zusammenbruch von wichtigen Hypotheken- und Investmentbanken in den USA und Westeuropa zur größten **Wirtschaftskrise** der letzten Jahrzehnte ausweitete. Die US-Firmen Chrysler und General Motors mussten Konkurs anmelden bzw. von der US-Regierung gerettet werden. Bis Mitte 2009 lagen die weltweiten Verluste weit über 3 000 Milliarden Euro. In Deutschland wurden mit dem **Finanzmarktstabilisierungsgesetz**, einem Konjunkturprogramm und weiteren Hilfen fast 500 Milliarden Euro bereitgestellt, um Banken (Hypo Real Estate) und Unternehmen vor dem Zusammenbruch zu bewahren. Als Folge dieser globalen Krise schrumpfte das Bruttoinlandsprodukt, Deutschland büßte seinen Spitzenplatz als weltweiter Exporteur ein. Die **globale Dimension** der Wirtschaftskrise zeigt sich aber auch darin, dass seit 2009 in den meisten Ländern das Bruttoinlandsprodukt wieder ansteigt und der Welthandel wieder zunimmt. Die wirtschaftliche Erholung ist im Falle der deutschen Wirtschaft besonders ausgeprägt. Die finanziellen Hilfen der Finanz- und Wirtschaftskrise haben aber zur höchsten Staatsverschuldung Deutschlands geführt und offenbaren einen Widerspruch zur im Grundgesetz festgelegten Schuldengrenze.

Nach der Reaktorkatastrophe von Fukushima machte die Bundesregierung die zuvor beschlossene Laufzeitverlängerung für Kernkraftwerke wieder rückgängig und beschloss die sog. **Energiewende**. Sie galt als wichtigstes innenpolitisches Projekt der schwarz-gelben Koalition, ist aber wegen des schleppenden Ausbaus der Stromnetze und steigender Strompreise ins Stocken geraten.

Gesellschaftliche Entwicklungen

Erst im August 2000 wurde nach jahrzehntelangen Diskussionen eine aus der NS-Vergangenheit Deutschlands herrührende Verantwortung zum Abschluss gebracht. Mit der Gründung eines Fonds in Höhe von 10 Milliarden DM haben sich die Bundesrepublik Deutschland, Österreich, die USA und Israel auf die **finanzielle Entschädigung von ehemaligen Zwangsarbeitern**, die aus den zwischen 1939 und 1945 besetzten Gebieten nach Deutschland deportiert worden waren, geeinigt. Als „Mahnmal wider das Vergessen" beschloss der Deutsche Bundestag am 25. 6. 1999 die Errichtung eines **Holocaust-Denkmals** in Berlin, das am 10. Mai 2005 feierlich eingeweiht wurde. Es soll dazu beitragen, das nationale Selbstbild der Deutschen auch künftig einer kritischen Reflexion zu unterziehen. Über einen nationalen Gedenktag der Vertreibung wird weiterhin kontrovers diskutiert. Eine Mordserie gegen Mitbürger mit ausländischen Wurzeln in den Jahren 2000 bis 2006, die erst 2011 dem rechtsterroristischen Nationalsozialistischen Untergrund (NSU) zugeordnet wurde, hat wegen vieler Ermittlungspannen zu einer grundsätzlichen Neubewertung des Verfassungsschutzes geführt.

Angesichts der geringen Geburtenrate von 1,3 Kindern pro Frau und einer ständigen Erhöhung der Lebenserwartung zeichnet sich ein **demografischer Wandel** in Deutschland ab. Wanderungsbewegungen innerhalb Deutschlands verändern die gewachsenen Raumstrukturen, Regionen der Schrumpfung stehen Regionen des Wachstums gegenüber. Die steigende Zahl der Rentner und die sinkende Zahl der Kinder und Erwerbspersonen wird eine Neubewertung der Leistungsstandards zur Folge haben, da immer weniger Personen in die Kassen der Sozialsysteme einzahlen und immer mehr Nichtzahler finanziert werden müssen. Neben einer Erhöhung der Geburtenrate durch familien- und kindergerechte Unterstützung und der Erhöhung der Zahl der Erwerbspersonen (z. B. durch höhere Frauen-Erwerbstätigkeit) braucht Deutschland mehr Zuwanderung, die mit dem Zuwanderungsgesetz (2004) gesteuert werden sollte. Seit einigen Jahren liegt diese aber nur noch geringfügig über der Abwanderung.

Chronologie	
30. Juni 1995	Der Bundestag beschließt den Bosnien-Einsatz der Bundeswehr
27. Sept. 1998	Wahlsieg der SPD und ihres Kanzlerkandidaten Schröder
März – Juni 1999	Kosovo-Krieg (24. 3. –10. 6.)
1. Jan. 2000	Inkrafttreten des neuen Staatsbürgerrechts
6. Juli 2000	Entschädigungsgesetz für ehemalige Zwangsarbeiter des NS-Regimes
2. August 2000	Errichtung einer Stiftung „Erinnerung, Verantwortung und Zukunft“
11. Sept. 2001	Selbstmordanschläge islamistischer Terroristen gegen das World-Trade-Center (New York) und das Pentagon (Washington)
9. Jan. 2002	Gesetz zur Bekämpfung des internationalen Terrorismus
1. Juli 2002	Einrichtung eines Internationalen Strafgerichtshofes für Kriegsverbrechen in Den Haag
20. März 2003	Einmarsch britischer und amerikanischer Soldaten in den Irak
30. Juni 2004	Einführung einer irakischen Übergangsregierung
1. Juli 2004	Amtsantritt Horst Köhlers als Bundespräsident
11. Jan. 2005	Erlass des Luftsicherheitsgesetzes durch die Bundesregierung
18. Sept. 2005	Vorgezogene Bundestagswahlen zum 16. deutschen Bundestag
22. Nov. 2005	Wahl von Angela Merkel zur Bundeskanzlerin
30. Dez. 2006	Hinrichtung des irakischen Machthabers Saddam Hussein
August 2008	Krieg zwischen Georgien und Russland im Südkaukasus
15. Sept. 2008	Bankrott der Investmentbank Lehman Brothers, Beginn der Finanzkrise
17. Okt. 2008	Maßnahmenpaket zur Rettung angeschlagener deutscher Banken
4. Nov. 2008	Barack Obama wird als erster schwarzer US-Präsident gewählt
Dez. 2008–Jan. 2009	Militärische Offensive Israels gegen die Hamas im Gaza-Streifen
27. Sept. 2009	Bundestagswahl: Mehrheit für eine schwarz-gelbe Koalition
31. Mai 2010	Rücktritt Horst Köhlers vom Amt des Bundespräsidenten
30. Juni 2010	Wahl und sofortiger Amtsantritt Christian Wulffs als Bundespräsident
Januar/Februar 2011	Volksaufstände in Ägypten, Tunesien, Libyen gegen langjährige Potentaten
11. März 2011	Erdbeben mit Tsunami in Japan, Beginn der Reaktorkatastrophe in Fukushima
17. Febr. 2012	Rücktritt Christian Wulffs vom Amt des Bundespräsidenten
23. März. 2012	Amtsantritt Joachim Gaucks als Bundespräsident
22. Sept. 2013	Bundestagswahl: Große Koalition aus CDU / CSU und SPD
16. März. 2014	Referendum über den Status der Krim

Literatur

Werner Abelshauser: Deutsche Wirtschaftsgeschichte von 1945 bis zur Gegenwart. München ²2011

Jürgen Elvert: Die Europäische Integration. Geschichte Kompakt. Darmstadt 2012

Curt Gasteyger: Europa von der Spaltung zur Einigung, Dokumentation 1945–1997. Bonn, Schriftenreihe der Bundeszentrale für politische Bildung, Bd. 348, 2001

Dominik Geppert: Die Ära Adenauer. Darmstadt 2012

Manfred Görtemaker: Geschichte der Bundesrepublik Deutschland. München 2004

Helga Haftendorn: Deutsche Außenpolitik seit dem 2. Weltkrieg. Zwischen Selbstbeschränkung und Selbstbehauptung. München 2001

Peter Graf von Kielmansegg: Nach der Katastrophe. Eine Geschichte des geteilten Deutschland. Berlin 2000

Helmut Kistler: Die Bundesrepublik Deutschland. Vorgeschichte und Geschichte 1945–1983. Bonn 1991

Christoph Klessmann: Die doppelte Staatsgründung. Deutsche Geschichte 1945–1955. Bonn, Schriftenreihe der Bundeszentrale für politische Bildung, Bd. 298, ⁵1991

Christoph Klessmann: Zwei Staaten, eine Nation. Deutsche Geschichte 1955–1970. Bonn, Schriftenreihe der Bundeszentrale für politische Bildung, Bd. 343, ²1997

Michael Kruse: Politik und deutsch-deutsche Wirtschaftsbeziehungen von 1945 bis 1989. Berlin 2005

Hans Georg Lehmann: Deutschland-Chronik 1945–2000. Bonn, Schriftenreihe der Bundeszentrale für politische Bildung, Bd. 366, 2000

Wilfried Loth: Ost-West-Konflikt und deutsche Frage. Historische Ortsbestimmungen. München 1996

Werner Maibaum: Geschichte der Deutschlandpolitik. Bonn, Bundeszentrale für politische Bildung 1998

Peter März (Hrsg.): Dokumente zu Deutschland 1944–1994. München 1996

Rudolf Morsey: Die Bundesrepublik Deutschland. Entstehung und Entwicklung bis 1969. München [5]2007

Karlheinz Niclauss: Das Parteiensystem der Bundesrepublik Deutschland. Eine Einführung. Paderborn [2]2002

Gustav Schmidt (Hrsg.): Ost-West-Beziehungen: Konfrontation und Détente 1945–1989. Bochum 2000

Kurt Sontheimer/Wilhelm Bleek: Grundzüge des politischen Systems der neuen Bundesrepublik Deutschland. München [2]1995

Rolf Steininger: Deutsche Geschichte 1945–1961. Darstellung und Dokumente in 2 Bänden. Frankfurt/M. 1983

Rolf Steininger: Der Kalte Krieg. Fischer Kompakt. Frankfurt/M. 2011

Richard Stöss (Hrsg.): Parteien-Handbuch. Die Parteien der Bundesrepublik Deutschland. 2 Bde., Opladen 1986

Hermann Weber: Die DDR 1945–1990. Aktualisierte Aufl. München 2011

Jürgen Weber: Deutsche Geschichte 1945–1990. München, Bayerische Landeszentrale für politische Bildung, 2007

Hans-Ulrich Wehler: Deutsche Gesellschaftsgeschichte. Bd. 5: Bundesrepublik und DDR 1945–1990, München 2008

Werner Weidenfeld/Karl-Rudolf Korte (Hrsgg.): Handwörterbuch zur deutschen Einheit. Frankfurt/M. 1992

Werner Weidenfeld/Hartmut Zimmermann (Hrsgg.): Deutschland-Handbuch. Eine doppelte Bilanz 1949–1989. Bonn, Schriftenreihe der Bundeszentrale für politische Bildung, Bd. 275, 1993

Heinrich August Winkler: Der lange Weg nach Westen. Bd 2: Deutsche Geschichte vom „Dritten Reich“ bis zur Wiedervereinigung. München 2010

Andreas Wirsching: Abschied vom Provisorium. Die Geschichte der Bundesrepublik Deutschland 1982 –1989/90. Geschichte der Bundesrepublik Deutschland, Bd. 6. München 2006

Edgar Wolfrum: Die geglückte Demokratie. Geschichte der Bundesrepublik Deutschland von ihren Anfängen bis zur Gegenwart. Stuttgart 2006

Stefan Wolle: DDR. Fischer Kompakt. Frankfurt /M. 2011

Gilbert Ziebura: Die deutsch-französischen Beziehungen seit 1945. Mythen und Realitäten. Stuttgart 1997

Stichwortverzeichnis

Bildnachweis

Action Press: S. 142

Behrendt/CCC,www.c5.net: S. 47

BMVg, Christian Kiesel: S. 167

bpk: Umschlag, S. 65 u. r. (Will McBride); S. 67 (Jochen Moll); S. 60, 61 r. (Liselotte und Armin Orgel-Köhne); S. 4 o., 77, 84, (Hilmar Pabel); S. 45 r., 53, 97, 138 u. r. (Klaus Lehnartz); S. 98, 109, 113, 120 (Kurt Rohwedder); S. 130 l., 131 l. (Herbert Hensky); S. 4 o., 23, 28, 29, 40 M., 65 o. r., 65 u. l., 101 r. (Hanns Hubmann); S. 130 r. (Manfred Uhlenhut); S. 61 l. (Benno Wundshammer)

Bundesarchiv Koblenz: 86 l.

Bundesbildstelle Berlin: S. 11, 101 l., 123

CDU-Bundesgeschäftsstelle: S. 121

Cinetext: S. 90 u.

dpa-Fotoreport: S. 164 r.

G. Gäbler: S. 138 o. l.

Landesarchiv Berlin: S. 2, 3, 4 u., 45 l., 70, 109

Mediathek Europäische Kommission: S. 154

News Chronicle (Der Spiegel vom 15. 2. 1947): S. 20

Harald Schmidt/STERN/Picture Press: S. 123

H. Singer: S. 162

Sipa-Press: S. 138 o. r.

ullstein bild: Umschlagfoto (Jurisch/L); S. 114 (ADN-Bildarchiv); S. 38, 52, 90 o. r., 102 r., 111, 127 r., 164 l. (AP); S. 154 M. (BPA); S. 72, 75 l., 82, 86 r., 102 l., 138 u. l. (dpa); S. 40 l (KPA); S. 40 r. (Spiegl); S. 90 o. l. (PAI-Foto); S. 127 l. (Rieth); S. 131 r., 135 (Sven Simon); S. 63, 65 o. l. (VW/Audi)

(Bitte blättern Sie um)

Geschichte

Geschichte 1 – Industrialisierung und Soziale Frage, Nationalstaatsgedanke und Nationalismus, Kaiserreich, Imperialismus, Erster Weltkrieg, Weimarer Republik, Nationalsozialismus und Zweiter Weltkrieg .... Best.-Nr. 84763

Geschichte 2 – Deutschland nach dem Zweiten Weltkrieg, die bipolare Welt nach 1945, der Umbruch in der DDR und die Wiedervereinigung, die europäische Einigung, Wendepunkte des 20. Jahrhunderts .... Best.-Nr. 84764

Geschichte 1 – Bayern
Gesellschaft im Wandel (15.–19. Jh.) · Demokratie und Diktatur – Probleme der deutschen Geschichte im 20. Jh. ... Best.-Nr. 947818

Geschichte 2 – Bayern
Historische Komponenten europäischer Kultur und Gesellschaft · Konfliktregionen und Akteure internationaler Politik in historischer Perspektive .... Best.-Nr. 947828

Geschichte 1 – Baden-Württemberg, Veränderungen in Wirtschaft und Gesellschaft durch die Industrialisierung · Die demokratische und nationale Bewegung in der Auseinandersetzung mit dem Obrigkeitsstaat .... Best.-Nr. 84760

Geschichte 2 – Baden-Württemberg
Besatzungszeit und Teilung Deutschlands im Rahmen des Ost-West-Konflikts · Die staatliche Einheit · Die bipolare Welt nach 1945 .... Best.-Nr. 84762

Geschichte 1 – NRW
Nationalstaatsgedanke und Nationalismus · Kaiserreich · Industrialisierung und Imperialismus · Erster Weltkrieg · Weimarer Republik und nationalsozialistische Diktatur .... Best.-Nr. 54761

Geschichte 2 – NRW
Deutschland nach dem Zweiten Weltkrieg · Die bipolare Welt nach 1945 · Der Umbruch in der DDR · Wiedervereinigung · Europäische Einigung · Wendepunkte des 20. Jahrhunderts ... Best.-Nr. 54762

Grundlagen, Arbeitstechniken und Methoden – Geschichte .... Best.-Nr. 94789

Abitur-Wissen Die Antike .... Best.-Nr. 94783

Abitur-Wissen Das Mittelalter .... Best.-Nr. 94788

Abitur-Wissen Französische Revolution .... Best.-Nr. 947812

Abitur-Wissen Die Ära Bismarck: Entstehung und Entwicklung des deutschen Nationalstaats .... Best.-Nr. 94784

Abitur-Wissen Imperialismus und Erster Weltkrieg Best.-Nr. 94785

Abitur-Wissen Die Weimarer Republik .... Best.-Nr. 47815

Abitur-Wissen
Nationalsozialismus und Zweiter Weltkrieg .... Best.-Nr. 94786

Abitur-Wissen
Deutschland von 1945 bis zur Gegenwart .... Best.-Nr. 947811

Abitur-Wissen USA .... Best.-Nr. 947813

Abitur-Wissen Naher Osten .... Best.-Nr. 947814

Kompakt-Wissen Abitur Geschichte Oberstufe ..... Best.-Nr. 947601

Klausuren Geschichte Oberstufe .... Best.-Nr. 107611

Wirtschaft/Recht

Wirtschaft – Wirtschaftliches Handeln im Sektor Unternehmen · Wirtschaftliches Handeln im Sektor Ausland .... Best.-Nr. 84852

Wirtschaft – Bayern .... Best.-Nr. 94852

Sozialwissenschaften NRW .... Best.-Nr. 54801

Recht .... Best.-Nr. 94853

Abitur-Wissen Volkswirtschaft .... Best.-Nr. 94881

Abitur-Wissen Rechtslehre .... Best.-Nr. 94882

Kompakt-Wissen Abitur Volkswirtschaft .... Best.-Nr. 948501

Pädagogik/Psychologie

Pädagogik · Psychologie 1 .... Best.-Nr. 102482

Erziehungswissenschaft

Erziehungswissenschaft
Zentralabitur ab 2014 – NRW .... Best.-Nr. 54942

Kunst

Abitur-Wissen Malerei · Plastik · Architektur .... Best.-Nr. 949618

Abitur-Wissen Werkerschließung .... Best.-Nr. 949628

Kompakt-Wissen Abitur Kunst .... Best.-Nr. 949601

Ethik

Abitur-Wissen Philosophische Ethik .... Best.-Nr. 94952

Abitur-Wissen Glück und Sinnerfüllung .... Best.-Nr. 94953

Abitur-Wissen Freiheit und Determination .... Best.-Nr. 94954

Abitur-Wissen Recht und Gerechtigkeit .... Best.-Nr. 94955

Abitur-Wissen Religion und Weltanschauungen ... Best.-Nr. 94956

Abitur-Wissen
Wissenschaft · Technik · Verantwortung .... Best.-Nr. 94957

Religion

Katholische Religion 1 .... Best.-Nr. 84991

Katholische Religion 2 .... Best.-Nr. 84992

Katholische Religion 1 – Bayern .... Best.-Nr. 94994

Katholische Religion 2 – Bayern .... Best.-Nr. 94995

Abitur-Wissen Jesus Christus .... Best.-Nr. 94978

Abitur-Wissen Die Frage nach dem Menschen ...... Best.-Nr. 94990

Abitur-Wissen Die Bibel .... Best.-Nr. 94992

Abitur-Wissen Christliche Ethik .... Best.-Nr. 94993

Sport

Bewegungslehre · Sportpsychologie .... Best.-Nr. 94981

Trainingslehre .... Best.-Nr. 94982

Kompakt-Wissen Abitur Sport .... Best.-Nr. 949801

Alle so gekennzeichneten Titel sind auch als eBook über **www.stark-verlag.de** erhältlich.

Bestellungen bitte direkt an:

STARK Verlagsgesellschaft mbH & Co. KG · Postfach 1852 · 85318 Freising
Tel. 0180 3 179000* · Fax 0180 3 179001* · www.stark-verlag.de · info@stark-verlag.de

*9 Cent pro Min. aus dem deutschen Festnetz, Mobilfunk bis 42 Cent pro Min. Aus dem Mobilfunknetz wählen Sie die Festnetznummer: 08167 9573-0

Lernen · Wissen · Zukunft
STARK

23-V1T_GW